美国大学博雅教育的古今之变

李德华　著

中国水利水电出版社
www.waterpub.com.cn

·北京·

内 容 提 要

西方博雅教育是通识教育的历史渊源与先驱,研究博雅教育涵义的古今之变,有助于把握其历史经验与精神,以便更好地理解和实施我国的通识教育,也希望为我国大学的"双一流"建设和全面振兴本科教育助一臂之力。

本书共 7 章,从美国大学博雅教育的基本问题、希腊古典博雅教育、欧洲原型大学的博雅教育、美国学院时代的博雅教育、美国大学博雅教育的通识化、美国多元巨型大学的博雅教育及美国当代大学新博雅教育的世界主义方面探讨了博雅教育的古今之变,试图从中寻找美国本科教育强盛的秘诀,为我国大学的"双一流"建设和全面振兴本科教育提供借鉴意义为主要目的。

本书可供从事高等教育教学与研究的人员,以及对美国大学博雅教育感兴趣的教师与学生等人员阅读与参考。

本书得到山东省社科规划基金资助,项目名称:现代性视域下西方自由教育的古今之变(编号 18CJYJ21),同时也得到山东交通学院 2017 年博士启动基金项目的资助,项目名称:开放与封闭:美国大学自由教育理念的研究。

图书在版编目(CIP)数据

美国大学博雅教育的古今之变 / 李德华著. -- 北京:
中国水利水电出版社, 2019.3
ISBN 978-7-5170-7535-6

Ⅰ.①美… Ⅱ.①李… Ⅲ.①高等教育－通识教育－研究－美国 Ⅳ.①G649.712

中国版本图书馆CIP数据核字(2019)第051422号

策划编辑:杨元泓　　责任编辑:杨元泓　　加工编辑:白　璐　　封面设计:梁　燕

书　　名	美国大学博雅教育的古今之变 MEIGUO DAXUE BOYA JIAOYU DE GUJIN ZHI BIAN
作　　者	李德华　著
出版发行	中国水利水电出版社 (北京市海淀区玉渊潭南路 1 号 D 座　100038) 网址:www.waterpub.com.cn E-mail: mchannel@263.net(万水) 　　　sales@waterpub.com.cn 电话:(010)68367658(营销中心)、82562819(万水)
经　　售	全国各地新华书店和相关出版物销售网点
排　　版	北京万水电子信息有限公司
印　　刷	三河市元兴印务有限公司
规　　格	170mm×240mm　16 开本　16 印张　224 千字
版　　次	2019 年 4 月第 1 版　2019 年 4 月第 1 次印刷
印　　数	0001—3000 册
定　　价	68.00 元

前　　言

　　博雅教育是西方高等教育的一条线索，在西方教育史上具有持久的影响力。它不仅是欧洲高等教育成功的核心因素之一，也是美国高等教育傲视全球的文化资本，其重要性可见一斑。当今美国是世界第一大经济体，经济的发展主要来源于科技创新，而科技创新某种程度上源于有活力的美国高等教育。美国大学的生命力植根于西方文明的深处，而博雅教育正是西方文明的精髓和关键。美国大学博雅教育思想的形成和发展，是各派观点相互冲突、交流、对话和创新的过程。本书正是基于对美国高等教育和博雅教育重要性的认识，探讨古典博雅教育及其美国化的过程和特征。

　　溯其源而知其本。古今博雅教育的根本精神在于古典博雅教育。通过考辨和解读古典文本，从源头探索古典博雅教育形成的思想背景与理论。首先，从城邦开始，分别从自然的城邦和城邦的自然两方面论述古典博雅教育产生的哲学基础、政治、经济和文化背景。其次，从城邦人的自由分析古代个人的三种自由的内涵，揭示古代人对于这三种自由的不同态度：抑制欲望的自由，倡导德性的自由，限制沉思的自由。最后，不同的态度决定了古代自由人的品格：拥有自由人的政治身份，追求自由和谐的灵魂，保持一颗好奇、沉思的赤子之心。从而得出古典博雅教育的内涵：非实用教育，公民教育和闲暇教育。

　　中世纪开出了智慧之花——大学。在中世纪，大学和博雅教育第一次真正产生联系，成为考究美国大学博雅教育渊源另一重要资源。中世纪的大学是宗教机构，或者说属于教会。古典博雅教育正是通过僧侣"手抄文书"，而继续在中世纪大学延承。中世纪是个信仰的时代，理性该如何自处？博雅教育如何一边满足世俗生活的需要，一边又朝向上帝？首先，从尘世之城与上帝之城之间关系着笔，说明中世纪大学诞生的条件、特征；其次，探讨博雅教育在中世纪大学尴尬地位。一方面是神学、法学和医学等学科的基础学科，具有基础性和先导性。尤其对于基督教或神学来说，它训练人的理性和心智，让人更好地理解宗教、宣传教义、信仰宗教，成为从尘世之城到上帝之城的通道。另一方面，博雅教育课程，特别是亚里士多德哲学等，具有天然的分离和革命因子，它让人更加确信自我的力量，而不再信仰上帝，使它深陷在世俗的世界里难于自拔。最后，从课程与教学角度，论述了"博雅七艺"的宗教内涵及最终如何在中世纪大学形成的过程。中世纪原型大学为欧美现代大学建设和发展奠定了坚实基础。

美国学院（college）时代是指 1636 年美国第一所殖民地学院哈佛学院建立开始，截止到 1861 年南北战争爆发。学院时代，殖民地学院是美国高等教育的雏形，塑造了美国现代大学最初的性格。美国高等教育在学习和移植欧洲大学模式的过程中遇到了美国本土特殊的环境。美国博雅教育主要表现为继承与本土化。继承主要是指承接中世纪大学和移植英格兰大学博雅教育的维护宗教教育的特点；本土化是指博雅教育在遭遇美国本土发展环境的挑战时，所做出的改变与适应。首先，清教主义是美国精神的底色和根本；清教徒的自由与使命是美国博雅教育发展动力与基础，清教徒是宗教改革派，本身具有革命性，蕴藏渴望自由与解放的特质，加尔文教（calvinism）的专制性使他们的自由与德性为伴，与使命同行；他们自命为"朝圣者"，身负神圣的使命——在北美的旷野上要建立"山巅之城"，创立一所"山巅学校"，光照全世界。其次，论述博雅教育的继承，学院是各个教派的学校，具有教会性质，宗教是博雅教育的灵魂；博雅教育的调适是从实践角度，研究博雅教育面对美国本土的环境发展的三个阶段分别是移植、过渡和本土化。最后，科学教育对博雅教育的发起严峻的挑战，在这种形势下耶鲁大学发布《1828 年报告》，奋力捍卫古典博雅教育价值与地位。所以，博雅教育一方面接受挑战，积极改革，一方面又极力维护古典博雅教育训练心智和充实心灵的根本追求。1829 年美国第一次使用"通识教育"（general education）这个概念。

从美国南北战争后到 20 世纪前半叶的百年时间，美国高等教育进入了现代大学时代。在美国现代大学形成的枢纽时期，真正美国式大学学术生活方式取代了陈旧的、宗教的学院体制，美国博雅教育也发生了转换和分流，开启了真正的美国时代，被称作"作为通识教育的博雅教育"。德国大学模式和实用主义使美国现代大学开始表现为专业化、世俗化、民主化和实用化。博雅教育显得越来越抱残守缺，不能适应工业化时代对于大学的要求，遭遇危机、引起争论，最后不得不改弦易辙。大学的学科变得应有尽有，五花八门。眼花缭乱的学科使大学进入博雅教育向通识教育转换时期。转换分为三个阶段：第一阶段，哈佛大学校长艾略特实施的自由选修制（free electives）和洛厄尔的分类必修；第二阶段，哥伦比亚大学的"西方文明史"课程成为美国大学通识教育多年的范本；第三阶段，哈钦斯的"伟大名著"（great books）课程。

第二次世界大战后（1945－1975），被称为美国高等教育的"黄金时代"，也是美国多元巨型大学（multiversity）时期。流水不腐，世界在变。美国大学已经不是学者的"城镇"，而变成光怪陆离的多元巨型大学。多元巨型大学具有全新的特点，它具有多元目标和职能，向社会所有人开放和倡导学生自由，因此吸引着各种各样的顾客。作为通识教育的博雅教育能够与它和谐相处吗？博雅教育在继续衰落的趋势下，发生了分流，一方是自由派的"哈佛红皮书"的通识教育，另一方施特劳斯学派则呼吁回归古典博雅教育。对于同一个时代的现代性，二者却提出了大相径庭的方案。双方在各自申明对现代性的认识、原因及解决问题的方案中，实现着二者之间隐匿的对话。

进入 21 世纪，世界处于全球化时代，世界更小，人与人距离更近，地球村落出现。每个人都是全人类的一份子，不可能完全遗世而独立，隔绝于其它同胞之外。教育要让人有世界主义的情怀，效忠于世界所有人组成的社会，尊重世界任何地方，任何肤色，任何民族的人；摒弃对人的阶层、性别及身份地位的歧视，爱世界所有的人。美国大学博雅教育需要有新的发展。玛莎·努斯鲍姆（Martha

C. Nussbaum，1947－）正是基于世界全球化的时代大背景及世界和美国多元文化的实际情况，利用古典学学养向斯多葛派寻找资源，重新诠释了博雅教育的意蕴。她认为新博雅教育应该以世界公民为目的，应该重视培养人基本的人性，人性不仅包括理性，还有情感和叙事现象力。

当前，我国进入了加快教育现代化，建设教育强国的关键期。全面振兴本科教育是进行"双一流"建设的基石，没有一流的本科教育就没有一流的大学，而振兴本科教育务必要重视博雅教育。沧海桑田，时代变迁。博雅教育是一种常谈常新的古典教育思想，其根本精神仍然保留在现代通识教育中，这对世界各地的大学本科教育具有不可替代的作用。

作　者
2018 年 12 月

目　　录

第 1 章　美国大学博雅教育的基本问题

当前美国是世界第一大经济体，其经济的发展来源于科技创新，而科技创新的源泉在某种程度上源于美国高等教育的活力。美国的高等教育体系在世界上首屈一指，堪称世界高等教育成功的典范。美国大学产生了世界上最多的诺贝尔奖获得者约占世界的 70%。全球大约 30%的科学和工程类论文和 44%的转摘引用率最高的论文出自美国的大学。[①]"美国毫无问题地主宰世界的一个重大的产业，那就是高等教育。"[②]世界最好的大学中有 2/3～3/4 是美国的大学。美国高等教育体系中比较有特色是它的本科教育，而本科教育中的通识教育是美国高等教育的精华。

1.1　美国大学博雅教育的核心概念

liberal education 或者 liberal arts education 被翻译成"博雅教育""自由教育"等。它的概念好像是自明的，但又晦暗不清，所以值得反思和发问，如果一味地接受板结的定义，也许会窒息思想的活力，堵塞思想的源头。定义之为定义，并非是仅仅对某物是什么的规定，而是对某物之为如何的指引。

---

① Economist staff，侯俊霞. 美国高等教育成功的秘诀[J]. 新东方英语：大学版，2005(12)：108-112.

② 王建华. 从复制到分享：高等教育质量管理的方向[J]. 复旦教育论坛，2010(2)：67-72.

1.1.1　博雅教育

讨论博雅教育时应注意四点，第一，"博雅教育"一词的翻译问题。沈文钦认为 liberal education 应该翻译为"自由教育"。但笔者认为译为"自由教育"有欠妥之处。因为 liberal education 在历史上一直是民主社会教育的主要形式，更加强调教育的政治意义，古希腊时期是培养"自由人"（freeman），现代社会是培养享有自由权利的公民。将 liberal education 翻译为"博雅教育"更能体现古今之间的延续性，而翻译为"自由教育"就会让人认为 liberal education 一直是古典形态的博雅教育，内涵和外延变得狭窄。哈佛大学杜维明教授也支持将其翻译为"博雅教育"，他认为在美国、我国大陆及香港和台湾地区的实践的博雅教育，实质上没有多大区别，可能是译介方面偏好问题。大陆以前称为"素质教育"，现在称为"通识教育"，台湾地区也称为"通识教育"，而香港地区称为"博雅教育"，美国称为 liberal education 或者 liberal arts education。[①]另外，鉴于现在我国大部分汉语文献中将 liberal education 译为"博雅教育"，有约定俗成的趋势，为方便交流对话，本书也倾向于将其翻译成"博雅教育"。

第二，博雅教育的分类问题。博雅教育在本书中，是一种广义的含义，既包括古典博雅教育，也指在美国发生转变的通识教育。通识教育是博雅教育的现代化，可以叫作现代博雅教育，而施特劳斯与布鲁姆则要恢复的是古典博雅教育。而我国同时引进了两种内涵，只不过在译介与引进过程中存在很多混乱的情况，模糊了二者的区别，这个问题也是根本性的，对我国博雅教育形成共识及其实践都是很大的障碍。

第三，博雅教育的内涵问题。博雅教育的定义，可以从内容、目的和理念三个方面解析。本文认为博雅教育首先是一种思想，蕴含在大学本科教育理念之中，

---

① 连进军，解德渤. 作为概念体系的自由教育及其发展脉络——兼与博雅教育、通识教育辨析[J]. 高等教育研究，2013(01)：25-31.

简化为"培养成什么人"和"为了什么社会"两个问题；其次，博雅教育是一种课程与教学实践，简化为"用什么培养"和"怎么培养"两个问题。

第四，博雅教育的外延问题。本书集中讨论的博雅教育属于美国大学层面，主要强调大学本科教育的一种思想和实践。

1. 古典博雅教育内涵界定

在《韦氏大词典》中，liberal arts 有两个含义，第一是指中世纪"三艺"和"四艺"；第二是指相对于职业技术和专业技艺的一些学科包括语言学、哲学、文学和抽象科学，学习这些学科的目的是提供广博和文雅的知识，训练一般的逻辑思考能力和判断能力。[①]

《教育大辞典》中将"博雅教育"与"文雅教育"视为同义词，文雅教育的英语是 general education。

（1）"文雅教育"亦称"博雅教育"或"自由教育"，起源于古希腊的亚里士多德，是以一般文化修养课程为主要内容来促进人的道德、智慧和身体等多方面发展的教育思想；

（2）提倡尊重儿童，促进儿童天性自由发展，使其成为自由人的教育思想，主要代表人物是法国卢梭。[②]实际上，该定义有两点值得肯定：第一，把博雅教育作为一种教育思想；第二，在概念范畴方面对博雅教育进行了分类，也从时间意义上做了区分，博雅教育可以分为古典博雅教育和现代博雅教育。但是，不足之处亦很突出，首先，博雅教育不只是一种教育思想，也包括教育实践，如课程与教学；其次，对博雅教育的本质属性没有深度解释；第三，把现代博雅教育的教育对象只局限于儿童；最后把 general education 作为"文雅教育"对应词有待商榷，教育界内基本上都翻译成"通识教育"或者"普通教育"。

《西方教育词典》对 liberal education 解释为"旨在解放人的精神和思想，避

---

① http://www.merriam-webster.com/dictionary/liberal%20arts
② 顾明远. 教育大辞典[K]. 上海：上海教育出版社，1990：46.

免专门化和不以就业为准备的教育。"① 亦是说，该解释继承了亚里士多德定义博雅教育方式，也秉承了古典博雅教育的精神，博雅教育与"专业教育""职业教育"或者"实用教育"相互对立；博雅教育是为了自由人的教育。但该定义把博雅教育内涵局限于古典博雅教育。这里的实用教育是泛指为了一切实用目的的教育，在教育内容方面主要指科学教育（science education）和技术教育（technical education）；在教育性质方面主要指专业教育（profession education）和职业教育（vocational education）。

纽曼关于博雅教育的概念。《大学的理想》（《The Idea of University》）也有人将其翻译为《大学的理念》，被称为"英语中有关博雅教育的最有影响的著作"。② 纽曼在书中最核心的阐述就是博雅教育，他在博雅教育方面的研究具有很高的价值和权威性，甚至可以说纽曼就是博雅教育思想的代名词。该书一直被广泛阅读和评析，一个主要原因即他关于博雅教育的看法，尤其在博雅教育的理念、博雅教育的功能和博雅教育本身的局限性方面最为大家所赞同。

在书中，纽曼经常用"liberal arts and studies"或"liberal education""liberal knowledge"等指代博雅教育，认为这是一个绅士乃至一所大学所特有的品格或特性。其中，liberal 作定语，指一种永恒的"特定的观念"，是博雅教育的关键所在。关于 liberal 一词，纽曼以"属于绅士的"（gentleman's）、"与奴性相对"（opposed to servile）、"普遍的或综合的"（universal）、"非专业"（non-professional）、"博大的"（large）进行解释，并且认为 liberal knowledge 是"善的知识"（good knowledge）和"哲理性的知识"（philosophical knowledge）。③ 奴性（servile）的工作是指不需

---

① 德·朗特里. 西方教育词典[K]. 陈建平，等译. 上海：上海译文出版社，1988：170.

② Turner，F. M. John Henry Newman：The challenge to evangelical religion[M]. New Haven：Yale University Press，2002：1.

③ Newman，J. H. The idea of a university defined and illustrated[M]. London：Thoemmes Press，1994：102-179.

要心智活动的，体力劳动、机械劳作及诸如此类的工作①。

纽曼认为实用的知识和博雅知识相互对应，人人都应该掌握。实用的知识关系到人日常生活的幸福，有必要性；博雅知识更具有价值和尊严，是绅士和大学特质。实用的知识对应于专业教育，博雅知识对应于博雅教育，在大学应该以传授博雅知识为本质特征。在论述博雅教育的知识时，他认为 liberal 对应的希腊语是 eleutheria（θερια），源于亚里士多德的《修辞学》：第一种东西是使人愉悦的东西是 liberal，除了使用的过程之外，不产生任何实用价值的东西；第二种东西是结出果实，带来收益，有实用价值的东西，与 liberal 相对立。

纽曼没有被亚里士多德博雅教育的概念所束缚，他引申了古典博雅教育的概念，认为"从本质上来讲，博雅教育仅仅是理智的训练，因此，它的目的不是别的，恰恰就是培养卓越的智力。"②他认为人锻炼自己心灵、理性和思考，是与奴性的劳动相对立的，博雅教育与专业教育是对立的。博雅教育在训练人的理智时，没有其他特殊或附属的目的，不是为了某种专门的职业或专业，而是以自身为目的及为了其自身最高的文化而得到训练。博雅教育为了培养人的智慧、适度、公正、自由、镇静等品质，在于理智的训练和使心灵高于变化的实际需要。

所以，本书认为古典博雅教育是自由人的教育，根本目的在于实现人之德性，充分发展人的理性，使人从无知与偏见中解放出来，不受自己内部的欲望和激情驱使，亦不受外物和他人的控制，独立地思考，能够争取到自己身体和意志的自由，亦能够有效地参与公共事务的管理与决策；第二，博雅教育是非实用的教育，它以自己为目的，本身就是价值，而不是其他事务与物品的工具，这也是博雅教育的高贵之处；第三，博雅教育是少数人的公民教育，主要目的培养公民的德性，适应贵族制的政体，这是博雅教育的有用之处；最后，博雅教育是操持闲暇的教育，人们有忙碌也有闲暇，博雅教育正是教育人们在休闲时间内能理智对待自己

① 约翰·亨利·纽曼. 大学的理想[M]. 徐辉，译. 杭州：浙江教育出版社，2001：27.
② 单中惠. 纽曼与《大学的理想》[J]. 教育史研究，2001(1)：53-58.

的心灵与身体，培养自己闲暇时的善德，安排自己的精神生活，过一种高尚文雅的生活，达到人生的大幸福。

2. 现代博雅教育内涵界定

美国芝加哥大学校长哈钦斯（Robert Hutchins，1899—1977）认为博雅教育的传统是西方教育的传统。博雅教育一直重视伟大作品的教学，伟大作品是西方教育的核心，因为"这些作品是理解我们自身及所处社会的途径"，[①]其中有些理念是我们日用而不知的理念。博雅教育是自由人的教育，其"目标是人类在私人领域和公共领域（人是政治动物）中的卓越，是人作为人的卓越和人作为公民的卓越。它把人视作目的而非手段，它关注人生目标而非实现这一目标的手段"。[②]

受过博雅教育的人能够在人类每个领域健全地思考，能够在自己专业领域之外通晓其他任何领域的重点，并且能够把其他领域与自己专业领域贯通融合，采用其他的视角理解自己领域的问题；能够辨别和理解每个领域的基本问题和理念，并理解其相互关系和区别，知道什么是灵魂、正义、国家、宗教和美等人类的永恒问题。自由技艺包括"学习听说读写、理解和思考；还要学习猜想、计量、操纵物体、数量和运动等"。[③]

哈钦斯的博雅教育思想是与其永恒主义哲学相互联系，强调经典文化和传统价值的学习，希望借此能够在学生中能够保留一种西方共同的文化，认识、理解和思考人生、人类和世界的一些基本的问题，这些问题是古今哲人都在思考的问题，通过经典文化的学习，学生能够建立古今之间的联系，学生与学生之间也能够建立共同的联系，为现代社会问题提供不同的解决问题的视角。

后来，耶鲁大学第 19 任校长安吉洛·巴特利特·吉尔马蒂（A.Bartlett Giamatti）对博雅教育进行了界定，他认为"博雅教育的根本意义来自于'liberal'一词的词

---

① 哈钦斯. 大学与博雅教育[M]. 董成龙，译 北京：华夏出版社. 2015：19.
② 哈钦斯. 大学与博雅教育[M]. 董成龙，译 北京：华夏出版社. 2015：19.
③ 哈钦斯. 大学与博雅教育[M]. 董成龙，译 北京：华夏出版社. 2015：21.

根 'liber'（自由）；博雅教育就是指在探究真理的过程中自由地探究、表达思想，与其他思想和精神相互交流联系，使自己的思想与时俱进。博雅教育的目的是培养心胸开阔、意志坚定、深谋远虑、能够灵活运用知识的人；培养对传统文化和价值负责，也同时对新事物积极反应的人。博雅教育让我们在对待新事物和不同事物时候既要仁慈，也要用理智判断。[1]吉尔马蒂对于博雅教育的界定强调自由，尤其强调思想自由的重要性，实际上让人有独立思考和理智判断的能力，能够继承传统的同时，也能够创新创造。

博雅教育是通识教育的主体，博雅教育的理念是通识教育的灵魂。[2]而现代通识教育相对于专业教育而言，既体现博雅教育的理念，也为专业教育做出学习的某种准备，具体包括三方面。第一，通识教育是普通的（general），是面向所有人教育。在专业主义时代，通识教育这个方面的意义尤其重要。第二，是指通识教育的学习内容是普世的（universal）、永恒的，能够传承多世的经典知识，是任何专业学生学习和生活基础和汲取的源泉。这些知识是相对实用知识而言，广义的是指一切有关原理、原因、缘故的知识；而狭义的是指哲学或以哲学为代表的人文科学知识。[3]第三，通识教育教育的目的是为现代民主社会培养能独立思考，具有批判性能力，能够承担责任，积极参与和关注公共事业的公民。

1.1.2 自由教育

liberal education 或者 liberal arts education 有时候也被翻译成"自由教育"，与博雅教育相互区别的原因是由于不同地方对英文的不同翻译，侧重点有所不同。自由教育的翻译侧重于中心词 liberal，而 liberal 是 liberty 的形容词，即"自由"的意思，所以理解"自由"是理解"自由教育"这种翻译的前提。北京大学的沈

---

① A.Bartlett Giamatti. A Free and Ordered Space: the Real World ofthe University[M]. New York: W.W.Norton&Com-pany，1988：109-110.
② 张楚廷．大学的教育理念[M]．重庆：西南师范大学出版社，2015：68.
③ 张楚廷．大学的教育理念[M]．重庆：西南师范大学出版社，2015：68.

文钦教授在其著作[①]中，认为博雅教育中 liberal 一词具有两层基本涵义：从政治角度来说，是符合"自由人"身份的、符合绅士的，具有阶级性，即"文雅"与"粗俗"的区别；从知识的角度来看，其意为广博的、通识的，丰富的、崇尚"广博"。liberal 所表达的自由是指代心灵的自由，直到 18 世纪末，现代民主工业社会时，"不受限制的自由"（相当于 free），第二次世界大战后，liberal education 与 general education 合二为一，liberal education 消除了阶级性的一面。

一方面，"自由"在英语中有三个对应词，分别是 liberal、liberty 和 freedom，前两个属于同一个词根家族，libcral 是形容词，liberty 是名词。《牛津哲学词典》的 liberty 词条中解释道，自由是大多数国家宪法所保护的价值，自由价值取决于康德哲学式中个体理性、自律和自主，而不依赖于集体主义政治哲学中个人的权利。[②]在《韦氏大词典》中，liberty 和拉丁语 libre 是对应词，意思是"自愿、情愿、出于喜欢的动机"，与英语 love 和德语 liebe（爱情）相近。因此，liberty 就有"出于自己的愿望、出于自己的意志"的意思，也就是汉语中"自由"的含义；另外随着中世纪骑士文化在文学艺术中寻求自己的表达形式，liberty 也有"喜爱、喜欢"的意思，相当于用汉语"自由"表达"能干自己喜欢的事情"。在《韦氏大词典》中，liberty 的复数 liberties 是指各种权力和自由，权力包括做自己喜欢的事情的权力、选择的权力；自由是指身体不受束缚的自由，免受暴君和专制统治的自由，享受经济、政治和社会多种权利的自由。

另一方面，liberty 和 freedom 有时候也相互借用，在词典中都有个人不受任何限制（the condition of being free from restrictions）的意思，但是 freedom 的意义可能更广泛一些。可以得出结论，freedom 是具有后现代主义福柯式"绝对自由"的观念，指身体不受拘束限制，个人可以自由自在、天马行空。liberty 则是与政

---

① 沈文钦. 西方博雅教育思想的起源、发展和现代转型：概念史的视角（第 1 版）[M]. 广州：广东高等教育出版社，2011.

② Simon Blackburn. Oxford Dictionary of Philosophy. Oxford University Press，1996.

治有关的自由，强调有政治和法律权威允诺、保护的自由，是指思想、意识、人格等方面的自由，有"自主"的意味。自由包括政治自由、言论自由、思想自由、出版自由、行动自由、结社自由、示威自由、处置自己财产的自由、经济自由。

1.1.3 美国大学

西方大学的源头是中世纪大学，大学是中世纪留给世人的最优秀的遗产。University 一词来源于拉丁语，与 community、college 含义基本相同，意思是"行会或者社团"，这种行会是当时古代许多行会的一种，是对真理有着共同兴趣爱好的一批人聚集在一起，相互探讨高深学问，追求真理，探究知识。博洛尼亚大学和巴黎大学就是中世纪大学的典型代表。①

中世纪大学经过风雨沧桑，在世界各地已经演变成各个民族国家的现代大学，美国大学便是世界现代大学之林中的一种。如果只从名称上追溯美国现代大学的起源，可以追溯到 18 世纪的佐治亚大学（University of Georgia），1785年 1 月 27 日它第一次使用"大学"（university）而不是"学院"（college）称呼自己的学校。19 世纪上半叶，北卡罗来纳大学（University of North Carolina）；田纳西大学（University of Tennessee）等很多学院开始称呼自己的学校为大学，但是真正意义上的美国现代大学还没有建立。②后来，美国加利福尼亚大学校长克拉克·科尔（Clark Kerr）提出"多元巨型大学"（multiversity）概念，具有实质意义的美国现代大学才算真正建立。他认为现代大学具有多元目标、多个权力中心、多个社群，服务于多种顾客，而不崇拜一个上帝。"它标志着有许多真善美的幻想及许多通向这些幻想的道路，它标志着权力的冲突，标志着为多种市场服务和关心大众。"③

---

① 查尔斯·霍默·哈斯金斯. 大学的兴起[M]. 王建妮，译. 上海：上海人民出版社，2007：8.
② 黄宇红. 知识演化进程中的美国大学[M]. 北京：北京师范大学出版社，2008：51.
③ 克拉克·科尔. 大学的功用[M]. 陈学飞，等译. 南昌：江西教育出版社，1993：96.

　　本书所提及的美国大学，首先，不是某个特殊阶段与时期的大学，也不是某个特殊形态的大学，而是指在美国历史上存在过的和现代社会存在的大学的各种变体，既包括殖民地时期的学院，也包括现代大学、多元巨型大学；其次，本文的美国大学不指专科学校和社区学院，不是某个专业如法律或经济方面的研究所，也不是非正规的高校。而是指综合性大学，或者说是研究型高校，包括文理学院，在这里有很多专业背景不同，利益和趣味不同的学者聚集在一起，思考问题，研究解决问题。①

　　根据国际上最著名的美国卡内基教学促进基金会对高等教育机构的分类，（The Carnegie Classification of Institutions of Higher Education），并依据本书研究主题的需要，特把以下几种类型的美国大学确定为研究对象：第一是指招生研究生院和专业学院的研究型大学，这些大学提供博士学位和硕士学位课程学习，同时也提供本科学士学位层次的教育课程；第二是指州立大学②，这些大学由州政府控制的四年制大学和学院具有多个类型和多种层次的地区综合性院校，为社会提供专业性教育服务。③第三是指文理学院（liberal arts college），这是美国高等教育的一种特殊机构，俗称为"小大学"。它们规模比较小，实力很强，属于独立存在的寄宿制精英型学院（residential and selective），主要在人文和科学领域提供博雅教育的课程，进行本科教学。它不同于综合性大学或研究型大学中设立的文理学院，如哈佛大学的哈佛学院，北俄亥俄大学中的文理学院等。由于卡内基教学促进基金会大学分类对高等教育的分类采取了多维度多指标考量方式，所以本书研

---

① 陈平原.大学精神与大学的功用——答《人民日报》记者徐怀谦问[J]. 社会科学论坛，2005(1)：101-110.
② 美国州立大学是指由州政府控制的四年制的地区综合性大学和学院，具有多样性和综合性，包括各种层次、类型的学院和大学。主要特点有，第一，政府控制和财政支持，学费相对低廉；第二，开放性的入学政策；第三，州级高教管理机构可以管理或协调。
③ James JF Forest & Kevin Kinser. Higer Educaiton in the United States：an Encyclopedia[M]. Santa Barbara，CA，2002：564

究的这几种大学或会有交叉重复，比如美国州立大学中也包括几所属于卡内基教学促进基金会大学分类中的博士授予权的大学或研究型大学，同时又也包括四年制的文理学院。

1.2　研究美国大学博雅教育的必要性

"美国大学的生命力在于其自觉地植根于西方文明的深处，这最突出地体现在美国大学的本科通识教育体制中。"[①]而且，从教育思想层面看，"自觉的博雅教育理念在大学的推行，也是大学产生大师级人物的必要条件之一"[②]这也是我国学习美国通识教育的原因之一。美国通识教育起源于西方古典博雅教育和中世纪原型大学的博雅教育，而博雅教育美国化的过程对通识教育在我国的本土化理论和实践有非常重要的借鉴意义。

1.2.1　研究什么？

美国大学具有深厚的博雅教育传统。在学院时代，学院教育是以博雅教育为基本模式，19 世纪后期专业学院（professional school）才逐渐建立，学院变成了真正的大学。美国独立战争后，博雅教育的理念经常受到社会和时代的质疑，因为美国社会市场化力量非常强大，实用主义盛行于大学校园。美国家长和学生不时会产生疑问："学生花费这么多学费学习的这些自由之艺的课程都不能直接拿来赚钱，到底有什么用？"但是，美国的哈佛大学、耶鲁大学、斯坦福大学、哥伦比亚大学、芝加哥大学大学等名校，还有很多优秀的、私立的文理学院都在坚持这种教育理念，认为博雅教育才是大学精华的真正所在。

欧洲博雅教育美国化，是博雅教育在美国创造性转换的过程，也是博雅教育

---

① 甘阳. 大学之道与文化自觉[J]. 教育，2008(5)：46-47.
② 张楚廷. 高等教育哲学导论[M]. 北京：人民教育出版社，2010：62.

现代化的过程，更是美国人尊重传统，赞赏改革，守正出新的改革精神反映。博雅教育在美国的转换过程也是美国大学逐步现代化、世俗化和本土化的过程。伴随着美国由农业社会向工业社会的发展变化，城镇化过程积极推进，殖民地时期古典学院演变成 20 世纪初"现代大学"①，再发展成 20 世纪中后期的"多元巨型大学"（multiversity）②。大学的宗教精神逐渐消失，科学精神逐渐升腾，而人文科学逐渐衰落，大学的精神从沿着宗教—世俗人文主义—相对主义的路径更加世俗化。③美国大学本土化经历了受英国古典大学影响到移植德国研究型大学，一直到美国自主创新，创建本土化大学。质言之，这些变化一定程度上可以归结于 18 世纪法国启蒙运动和美国独立革命的影响，现代性发展，知识观转型，社会逐渐"祛魅"的过程。

本书以古希腊的博雅教育思想与美国社会、政治、文化相互结合过程为线索，以启蒙运动、现代性、高等教育现代化问题为原因预设，以美国学院到现代大学再到多元巨型大学的演变过程为背景参照，通过历史梳理和逻辑论证的方式，致力于回答各个历史时期关于博雅教育的下列问题：博雅教育如何与美国本土环境相结合，成功实现博雅教育美国化？博雅教育美国化过程中，美国大学正在经历什么变化与问题？什么是大学博雅教育美国化的变革主体？什么原因造成了美国大学博雅教育变化与变异？美国大学博雅教育发生变化的逻辑是什么？大学博雅教育变革的意义和影响是什么？在这个变化过程中，宗教教育逐渐淡出大学，而科学教育逐渐兴盛，成为新的信仰与黏合剂，博雅教育在中间徘徊踯躅，与各种新旧力量相互妥协，得以生存。

---

① 亚伯拉罕·弗莱克斯纳著. 现代大学论——美英德大学研究[M]. 徐辉，陈晓菲，等译. 杭州：浙江教育出版社，2001：1.
② 克拉克·科尔. 大学的功用[M]. 陈学飞，等译. 南昌：江西教育出版社，1993：2.
③ 安东尼·克龙曼. 教育的终结：大学何以放弃了对人生意义的追求[M]. 诸惠芳，译. 北京：北京大学出版社，2013：1.

1.2.2　为什么要研究?

本书研究基于借鉴国外经验,观照国内高等教育问题,希望对我国文化立国、高等教育现代性危机、现代大学制度及"双一流"建设、通识教育遭遇的困境能提供借鉴意义。

1. 博雅教育关系到我国文化立国,也关系到人与人之间需要有"共同的文化传统"①

进入 21 世纪,中国经济迅速崛起,很快成为世界第二大经济体,有些省份的 GDP 甚至"富可敌国"。但是,真正的崛起是文化的崛起,中国人不能只做土豪,还应该成为有教养、有文化的人,中国也应该成为一个文明国家,从富裕走向文雅。②"中国若想成为一个有尊严的、文化独立的民族,就必须重新确立文化认同,这也是中国教育改革在 21 世纪的最核心的任务。"③教育改革的任务是如何造就有教养的,受过教育的"中国人"。而一个有教养的,受过教育的中国人,心灵应该有着共同的文化认同,精神应该被共同的传统所塑造。而我国大学没有负担起这样的责任,其直接原因是中国现代大学的无根性。大学失去了自己的文化根基,这成为我国大学致命的根本问题。"因为中国现代大学从一开始就没有植根于中国文明传统之中,事实上中国现代大学的诞生恰恰以与中国传统文明断裂为标志。"④

我们与传统文化的断裂,以新文化运动的开始为背景,伴随着国家自强与独立,实业救国。当时"五四"运动的爆发,"打倒孔家店",废除科举八股文,筹建新式学堂,学习新知识,确实起到除旧布新效果,但是也同时把传统文化逼进了死胡同,我们成了没有文化归属的人。直到现在我们要恢复我们的传统,学习和认识自己文化都必须从西方认识方式入手,格致中国文化。萨缪尔·亨廷顿

---

① 哈佛委员会. 哈佛通识教育红皮书[M]. 李曼丽,译. 北京:北京大学出版社,2010:24.
② 甘阳. 文明·国家·大学[M]. 北京:生活·读书·新知三联书店,2012.
③ 高伟. 中国教育改革的文化逻辑[J]. 教育学报,2014,10(4):3-11.
④ 甘阳. 大学之道与文化自觉[J]. 教育,2008(5):46-47.

（Huntington Samuel，1927—2008）在《文明的冲突与世界秩序的重建》一书中提出"文明冲突"的概念，认为当今世界上很多国家或地区间的冲突本质上是文明的冲突，而本土文明也是民族国家立国之本。所以，中国文明若能够与西方文明平等地展开对话，在对话中能汲取力量又不被洗脑，这种责任非教育莫属。教育要用中国传统的经典文化，使国人涵养心灵与提升品味，追求人的卓越。正如列奥·施特劳斯（Leo Strauss，1899—1973）在《什么是博雅教育》[①]（《What Is Liberal Education?》）中认为的那样：博雅教育的实施要在文化中，而且要朝向文化，其目标是培养一个有文化的人。

大学实施博雅教育关系到我国文化立国的大事，同时也关系到每个人的心灵与精神。改革开放以来，传统计划经济被市场经济代替，传统"公天下"观念被民族国家所代替，传统伦理观念被科学技术真理观代替，我们的时代因此不得不被现代性所镌刻，集中表现为"分化"。"隔离""断裂""虚无"等概念就时刻围绕在我们身边，宏观到大社会共同体，细微到我们的身份认同、角色变换、职业归宿感、学科划分等，社会"分工"越来越精细化，管理越来越精致化，我们的心理、收入、社会地位、家庭关系等也在不断分层、断裂。与此同时，我们好像越来越孤独。"孤独，不是身边没有人，而是因为没有共同语言，具体一点说，就是没有了一个可共享、可分享的共同世界。"[②]

2. 博雅教育之于我国高等教育现代性危机

自18世纪英国工业革命、法国政治革命与美国的民主革命以来，现代化浪潮席卷全世界。工具理性僭越价值理性，其功利性、实利性和目的性支配着我们的需求。

中国不得不被卷入"现代性"的问题中，一个急功近利的世界就是我们的教育和高等教育所面临的共同基础。现代教育一方面教育人追求实利的科学知识，

---

① STRAUSS L. What Is Liberal Education？[J]. *Academic Questions*，2003，17(1)：31，32.
② 陈家琪. 我们这个时代的"基础教育"[J]. 教师博览，2013(5)：9-10.

使人聪明、算计、精明和精致；另一方面舍弃了灵魂的教育，教育不再追求人类的终极价值，不再关心人类的精神生活，真理、善、美、正义、自由、智慧等都被忽视和排斥在科学知识之外。而科学知识是看石头只是石头，沙粒就是沙粒，无视"一沙一世界，一花一天堂"的意义。科学教育成为信仰，博雅教育衰微，大学沦为职业训练的工具。高等教育也只能在时代精神下运转。高等教育现代性危机主要表现为大众化、专业化、职业化和师生关系契约化，其中大众化是根本原因。

一方面，从理论层面分析，高等教育的大众化主要表现在培养规模、学生数量的突飞猛进。高等教育入学比例的一组数字就能说明这个问题，在校大学生在18~21岁的人群中的比例，90年代初仅占3%左右，可见高考竞争是多么激烈；到1997—1998年时是7%左右；经过近几年的扩招，2002年达到15%，这是一个具有里程碑性质的数字，它被视为高等教育由精英化教育进入大众化教育的门槛[①]。超过15%意味着高等教育进入大众化阶段，超过40%意味着进入普及化阶段。2005年时达到21%，到2010年达到25%，这比1999年扩招前增长了3倍左右。与此同时，我们也应看到，在高等教育突飞猛进、入学率极大提高之前，对高等教育的批评也从来没有像今天这么多。

高等教育专业化主要表现在，各个学科和专业之间相互隔离，不能"对话"；职业化指大学成为职业培训场所，以学生就业为第一要务；学生上大学是为了获得谋生的实利技能，仅仅是为了找到一份好的工作。世俗化指大学人文教育衰落、大学不再追求人灵魂的卓越，不再追求高雅的文化；学生上大学不是为了追求德性，不是为了学习高深的知识，而是为了学习技术和技能。"北大清华是得天下英才而摧毁之"，"北大清华是正在培养一批绝对的精致利己主义者"。总之，大学放弃了对人生意义的追求，沦为实用理性下"制器"的工具，而不是让人提升灵魂，修炼品格的象牙塔。在现代大学，喜欢欧几里德的学生成为小众，而追求实用与

---

① 别敦荣. 普及化高等教育的基本逻辑[J]. 中国高教研究，2016(3)：12-12.

功利的人成为大多数，这是我国高等教育目的大众化的最根本的表现。

现代大学正在堕落，它成为社会政治、经济部门的附庸，成为完成教育之外目的的工具；专业教育的兴盛使大学成为职业培训场所，成为"吃饭"的大学，上大学仅仅为了找到一份好工作；大学从真理与知识的殿堂扭曲为知识的百货公司，一味地满足社会的需要而开设相应的专业，迁就社会的需求而遗忘大学精神。大学精神在于对社会的引领和对人灵魂的提升。高等教育成为国家意识形态的代言人和生成的工厂。

另一方面，从大学的现实层面观察，克拉克·科尔所定义的"多元巨型大学"也正在中国大地上如火如荼地建设。大学成为社会的中心，走向开放，面向社会，成为社会的服务站，受到社会的制约。在中国大学，你会看到一番比美国有过之而不及的实用主义的影响下的景象：为了拉动内需，服务经济发展，政府鼓励大学到处圈地扩张校园，以力挺万钧之势建设大楼；大学"校园越来越美丽，学校大门越来越大"，但是大学却成了获得实用技能、进行职业培训的场所。[①]

高等教育大众化使师生关系表现出契约化、疏离化。大学城的扩张和建设，学生数量骤增，但师资有限，教学资源严重短缺。教师每天都面对大班额学生上课，不仅教学效果堪忧，而且使教师很难顾及与学生的情感交流和道德培养，教学慢慢变成谋生的工具。学生上课乌合而来，下课做鸟兽散，视谋一份职业为上大学的第一要务。教师清晨风尘仆仆乘班车而来，晚上下课后急匆匆集体返回市里；大学城只留下一帮二十岁左右的青年学生休闲、娱乐和游逛，他们放纵了欲望也放逐了灵魂。教师作为文化传播者，不能给予学生精神的陪伴，师生关系变得疏离似乎在意料之中。师生的权利与义务关系取代中国传统私学和书院教育中的师生情谊。传统亲如父子的师生关系被现代平等的契约化师生关系所代替，洗刷掉了所有的温情。师生像极了市场上服务者与消费者。

---

① 李政涛. 没有灵魂的教育[J]. 新课程：综合版，2000(2)：1-1.

3. 博雅教育之于现代大学制度和"双一流"建设的意义

2010年,《国家中长期教育改革和发展规划纲要(2010—2020年)》颁布,提出了构建现代大学制度的方案和方向。博雅教育的演变与现代大学的发展息息相关,甚至可以说"通识教育的演进史就是大学发展史的主轴与缩影"。①我国研究者杨东平先生在论述大学精神与现代大学制度时认为将现代大学制度"定位为——大学自治、学术自由、教授治学、通才教育、学生自治。这也是全世界普遍认为的大学的基本特征和学术价值"。

博雅教育作为一种古老而又先进的理念,是西方很多大学本科教育的特色,在许多世界一流大学中得到贯彻和实践。某种程度上,博雅教育理念是世界一流大学持续发展,走向辉煌的有力保障。博雅教育伴随着大学的创建、成长与发展,与大学形影不离。但是,我国大学从诞生之日就缺少博雅教育的传统。我国大学的创办的目的是实业救国,培养高级的专门人才,具有很强的实业性,而欧美大学与古典博雅教育思想有着紧密的联系。比如,我国最早建立的两所大学天津大学(1895)和上海交通大学(1896),其前身是北洋学堂和南洋公学。为了造就实业人才,以实业救国,北洋学堂的本科设立实用类专业,比如土木工程、机械工程、采矿冶金、法学等②;南洋公学先后设立了商务专科、铁路工程、电机、航海专科等。③中国大学先天缺乏博雅教育的传统,后天的学习与模仿对于现代大学制度的建立就非常必要。特别是在我国推进世界一流大学和一流学科建设之重要时刻,美国大学的博雅教育的源流研究显得尤为重要。

4. 博雅教育对我国通识教育遭遇的困境具有借鉴意义

作为"舶来品"的通识教育,自从1995年我国在高校加强文化素质教育之时至今已经进入中国二十多年。很多大学相继开始了热火朝天、形式多样的通识教

---

① 黄坤锦. 美国大学的通识教育[M]. 北京:北京大学出版社,2006:27.
② 顾明远. 教育大辞典[M]. 上海:上海教育出版社,1998:1544.
③ 顾明远. 教育大辞典[M]. 上海:上海教育出版社,1998:818.

育改革，呈现一片繁华的景象。但是繁华的背后，改革却遭遇许多困境，主要表现在通识教育思想在与中国文化、经济、政治等各方面现实环境结合的过程中发生了变异，导致通识教育沦为专业教育的辅助。通识教育是专业教育课程的花边点缀，是建设综合大学的锦上添花之举，对学生来说是专业教育之外的小甜点。以上种种现象表明，从根本上远离通识教育的博雅教育精神，更加背离了通识教育培养"全人"及"世界公民"的教育理念。

我国的通识教育改革主要借鉴美国的通识教育理论及经验，而博雅教育是通识教育的理念先驱和精神内涵。所以，对博雅教育在美国变化的研究，有助于明晰博雅教育在美国的发展脉络及影响因素，与社会环境的互动过程，以及当古典博雅教育分化成通识教育与新保守主义博雅教育后，两者之间的共同问题与区别。只有这样，我们才能避免东施效颦，简单套用美国高校通识教育模式，忽视中美教育环境之间存在的差异，在宽阔视野和深远历史背景下反思我国的通识教育改革，分析其遭遇的困境，发生的变化及其原因，为通识教育将来的发展提供可能路径。

概而言之，博雅教育是个人启蒙与理性发展的内核，也是国家改良和民族复兴的关隘。博雅教育本质上蕴含民主与自由的需要，也蕴含现代大学制度的要义，推进博雅教育的改革也是政治改革推进的可行措施之一；是政治走向民主，国民民主素质培养的基础。从某种意义上来说，博雅教育关系到民族危亡与国家兴衰、文化传承与转换、个人启蒙，集三重使命于一身。实施通识教育改革，培养未来有理性的人，方能变革现在、改变未来，使国家走向民主、自由与公正。

1.3　美国与中国对博雅教育的研究

不同的人应该接受不同的教育，博雅教育与职业训练有所区别。博雅教育

（liberal education）溯源于古希腊自由人的教育，是建立在亚里士多德的政治哲学基础之上，少数贵族阶级享受的教育。后来，博雅教育在美国转化为"通识教育"（general education），成为面向全体学生的公民教育，开设课程也涵盖三大领域：人文学科、社会科学及自然科学领域。博雅教育贯穿西方教育和美国高等教育整个过程，直到今天仍然影响着美国甚至全世界。所以，相关研究非常多，现从西方和我国两个角度综述。

1.3.1 西方关于博雅教育的研究

博雅教育，是一种教育理念，教育倡导个性自由，培养人之为人的教育；教育不是训练，教育是顺其人之本性的教育；教育肯定人的主体性与自然性，教育为人服务，使人获得辨别是非的智慧。关于博雅教育思想的研究，西方社会先前的研究着重于欧洲博雅教育思想的概念分析和发展的问题研究，主要区别和分析不同的相关概念、内涵。

1. 古典博雅教育研究

首先，亚里士多德在《政治学》中考查分析了古希腊博雅教育，认为古典博雅教育是自由人的教育，学习内容为自由人应该掌握的技艺；博雅教育具有培养哲学家传统，训练城邦人的理性和德性，为19世纪英国纽曼的博雅教育的绅士教育传统提供资源，也树立了传统的标准。相应地，liberal 的含义主要是指城邦公民的政治自由，是一个享受博雅教育的资格，以与奴隶的政治身份相区别。

其次，古罗马西塞罗评述博雅教育，他认为古罗马人对于抽象思维学科，比如几何等都没有兴趣，反而对文学经典兴趣浓厚，因此博雅教育具有演说家的传统，具有实用性和人文性；相应地，liberal 的含义由"政治自由"向"精神自由"转变，但是博雅教育是自由人的教育传统没有改变。[①]

---

① 沈文钦. 西方博雅教育思想的起源、发展和现代转型：概念史的视角（第1版）[M]. 广州：广东高等教育出版社，2011：111.

最后，在中世纪基督教时期，博雅教育主要是自由之艺学科的学习，自由之艺这里专指"自由七艺"，包括文法、修辞学、逻辑学、算术、几何学、天文学和音乐。自由之艺成为世俗学科的代表，相对应的学科是神学，神学知识被当时的人认为是最高的知识，自由之艺只能是一个阶梯，作为向神学攀升的工具；自由之艺是指向心灵的教育，而机械技艺是指向手工与身体的技艺，这被看作西方体力劳动与智力劳动二元划分的起源。①

2. 17 世纪以来的博雅教育研究

17 世纪和 18 世纪英国剑桥大学和牛津大学的博雅教育具有代表性，自由之艺的范围进一步扩大，绘画、雕塑、建筑等视觉艺术学科进入自由之艺，liberal 的含义也在精神自由的基础之上增加了广博文雅的意思。

首先，乔治·特恩布尔、约瑟夫·普莱斯特里和维赛斯莫·诺克斯三位博雅教育研究者都认为博雅教育与公民社会、公民自由有紧密联系，强调博雅教育的公民教育意义。②

其次，纽曼的《大学理念》③中对博雅教育思想进行细致阐述，认为博雅教育有必要向亚里士多德传统致敬并获取精神资源。当时博雅教育所处的背景是传统的绅士教育受到挑战，现代语言和自然科学等现代学科开始进入大学，大学世俗化、功利主义的倾向严重；博雅教育与专业教育相对应，指向普遍知识（universal knowledge）的获得，普遍知识意味着知识的统一性和整体性，而不是分离的、具体的，神学便是普遍知识中的最高等级。大学应该实施博雅教育，教授学生普遍知识，以训练学生心智为目的，专业化教育只会使人心智狭隘。心智的训练不是获得知识和才艺，而是培养学生良好的判断力、清晰的思维能力、具有理性、自

---

① 沈文钦. 西方博雅教育思想的起源、发展和现代转型：概念史的视角（第 1 版）[M]. 广州：广东高等教育出版社，2011：129.

② 沈文钦. 西方博雅教育思想的起源、发展和现代转型：概念史的视角（第 1 版）[M]. 广州：广东高等教育出版社，2011：190.

③ 约翰·亨利·纽曼. 大学的理想[M]. 徐辉，译. 杭州：浙江教育出版社，2001.

制和公正品质，善于用联系和整体观点看问题、解决问题的能力。大学应该捍卫古典语言和古典文学为基础的古典博雅教育，也要维护神学在大学中及知识序列中的崇高地位。虽然，纽曼的大学理念和博雅教育思想没有真正实现，现代自然科学、现代语言等于 19 世纪末 20 世纪初都逐步进入本科教育课程，但是在强调教育之于人心智自由、心灵自由的作用方面一直是后世研究者不可超越的丰碑，更是现代大学时时需要返回寻找灵感和灵魂的源泉。①

最后，从 19 世纪开始，由于法国启蒙运动、美国独立战争的影响，人们开始批判古典博雅教育的绅士教育传统，知识与文雅、慷慨和宽宏等绅士德性的联系被分离，而与自由、平等、科学、民主与进步相互联系起来，博雅教育概念发生了现代转型：

（1）liberal 被认为心灵从自然和人为当中解放出来，从无知、宗教与局限中解放出来；

（2）博雅教育开始与权利、自由、解放、自由主义等联系在一起，其现代政治意义越发明显；

（3）liberal education 被翻译成博雅教育变得更加合适，与通识教育（general education）的区别变得模糊，甚至有时会成为同义词。

3. 20 世纪美国的博雅教育研究

美国博雅教育得到最充分的发展，成为世界博雅教育发展和学习的榜样。②

首先，约翰·杜威（John Dewey，1859—1952）在《民主主义与教育》中，从民主社会的角度论述博雅教育，认为博雅教育是促进实现个人自由与民主社会的教育。③现代自由对于个人是一种权利，对于社会更是一种责任与义务，自由与

---

① 沈文钦. 西方博雅教育思想的起源、发展和现代转型：概念史的视角（第 1 版）[M]. 广州：广东高等教育出版社，2011：273-283.
② 沈文钦. 西方博雅教育思想的起源、发展和现代转型：概念史的视角（第 1 版）[M]. 广州：广东高等教育出版社，2011：286-295.
③ 约翰·杜威. 民主主义与教育[M]. 王承绪，译. 北京：人民教育出版社，2001：97.

民主是相互联系，民主可以促进自由，民主是手段，自由是目的。自由是以理性为依据，不是无拘无束、天马行空、任意妄为的自由；自由是思想自由，独立形成自己的见解与目标。杜威从政治哲学中"自由"的涵义来谈博雅教育，强调博雅教育的政治性格及其对个人自由与民主社会的作用，强调培养自由人的教育是解放人，而不是束缚人，但他忽视了博雅教育本身历史的发展脉络，及博雅教育如何在美国如何转换演变的过程。

其次，查尔斯·贝利（Charles Bailey）在《博雅教育理论》中，将博雅教育其概括为自由、基础性与普遍性、内在的价值目标和理性，认为通识教育和博雅教育的意思是相同的，并提出了 general liberal education 和 liberal general education 两个概念，并认为这两个概念和博雅教育是一致的。该研究仅仅孤立地分析概念，很少涉及博雅教育发生、发展的文化背景，这样会使博雅教育思想孤立和僵化为概念条目，难于理解。

最后，布鲁斯·金博尔（Bruce Kimball）在《雄辩家与哲学家：博雅教育观念史》（《A Historical and Typological Analysis of Ideas of Liberal Education in America》）中[①]，认为博雅教育的历史一直是按两条线索发展，分别是哲学家传统和演说家传统。前者，注重知识的增长和自由探究，注重培养人的反思能力，主要表现为 19 世纪的德国大学及 20 世纪的研究型大学的博雅教育；后者，注重培养人的演讲才能，造就领导型精英人才，主要表现为意大利文艺复兴及 18 世纪的美国和英国的博雅教育。实际上，布鲁斯·金博尔是从哲学与政治的关系方面对博雅教育培养目的进行分析，他认为博雅教育可以培养少数的哲学家和政治家，结果却忽视了现代博雅教育对全体公民的培养。

---

① Kimball B A. Orators & Philosophers: A History of the Idea of Liberal Education[M]. New York: College Board Publications，1994.

1.3.2 我国关于博雅教育的研究

1. 博雅教育的演变问题

北京大学的陈向明教授在《美国哈佛大学本科课程体系的四次改革浪潮》^①一文中，通过哈佛大学在美国殖民地时期 1636 年说起，一直到 1982 年哈佛大学第四次通识教育改革结束。陈向明教授按照发生学的方法，把哈佛大学通识教育改革分成四个阶段：校长查理·艾略特（Charles Eliot）带领的第一次改革（1869—1909）；校长劳伦斯·洛厄尔领导的第二次改革（1909—1945）；校长詹姆士·科南特主持的第三次改革（1945—1975）；校长德里克·博克（Dereck Bok）和文理学院的院长亨利·罗索夫斯基（Henry Rosovsky）实施的第四次改革（1975—）。该文集中介绍了第一次改革的"自由选修"制（free electives）；第二次改革的"集中与分配制"（concentration and distribution）修课制度和引进英国导师制等；第三次改革是著名的《美国通识教育红皮书》（《The Red book》），题名为《自由社会中的普通教育》（《General Education in a Free Society》）等。但是，该文以点带面，大致描述了博雅教育课程在哈佛大学的荣辱兴衰，美中不足的地方是没有对博雅教育与通识教育的概念和时间演变的差别进行明确的区分，并且缺少了美国其他高校的博雅教育的情况。这恰恰是笔者在研究上可以着重用力的空间。

黄福涛教授的《从博雅教育到通识教育——历史与比较的视角》^②一文，主要采取历史和比较的视角，对博雅教育开始—变化—传播的过程和博雅教育与通识教育的转换作了大脉络的描述，从中区别了博雅教育与通识教育的概念，概括了博雅教育与通识教育的对象、目的与课程设置方面发生的既有延续性又有创新发展的不同特征，这些变化有些是根本性的。限于篇幅，文章没有把博雅教育在美

---

① 陈向明. 美国哈佛大学本科课程体系的四次改革浪潮[J]. 比较教育研究，1997(3): 21-27.
② 黄福涛. 从博雅教育到通识教育——历史与比较的视角[J]. 复旦教育论坛，2006, 4(4): 19-24.

国的发展变化作为主体，对博雅教育在美国发生变化的原因、改革主体及其与大学理念的互动没有作更加详细的论述和考察。

另外，还有以时间为线索，用历史梳理范式，从古希腊博雅教育—中世纪博雅教育—洪堡大学理念—纽曼博雅教育思想—美国博雅教育运动，一直到施特劳斯博雅教育思想，对西方博雅教育的演变过程进行了分析和描述，理清了西方博雅教育的发展脉络。比如：汕头大学于汝霜的《博雅教育向通识教育的演变》（2010），南京师范大学王剑的《博雅教育及其当代形态》（2007），刘晓霞的《博雅教育涵义的演变》（2004）。

2. 博雅教育的分类及代表人物思想研究

黄坤锦在《美国大学的通识教育》[①]一书中介绍了三种通识教育的理论倾向，分别在不同的学校实施：第一种是以芝加哥大学和圣约翰大学为代表的"理想常经主义"，主张学生在人文学科、社会科学和自然科学三个领域分类必修（distribution）；学生应该学习和阅读经得起时间考验与岁月冲刷的西方经典；第二种是以美国加利福尼亚大学伯克利分校和东岸的布朗大学为代表的"实用进步主义"，他们认为万事万物是变化的，没有固定和永恒的东西，大学应该给学生以自由的空间，任意选修课程，规定学生只要修够规定学分就可以毕业，不论学生选修的是什么科目，这种理念与"理想常经主义"想法对立；第三种比较中和，是以哈佛大学为代表的"精粹本质主义"，强调集中和分配（concentration and distribution）双轨制和核心课程（core curriculum），充分调和前两类的优点，既不是让学生完全自由的自助餐，也不是由厨师和营养师完全配好的、扼杀学生主动性的套餐。

另外，以代表人物的博雅教育思想为研究对象，对其深度分析，总结出某个时期或某个重要代表人物的博雅教育的内涵和特点。比如华东师范大学吴妍明的《自由造就"巨人"——拉伯雷《巨人传》中的博雅教育思想探析》（2012），浙

---

① 黄坤锦. 美国大学的通识教育[M]. 北京：北京大学出版社，2006.

江师范大学周应中的《怀特海博雅教育思想研究》（2006），山东师范大学刘正正的《论施特劳斯博雅教育思想》（2008），还有山东师范大学魏芳芳的《纽曼大学博雅教育思想研究》（2007）。

对于特定代表人物博雅教育思想概念的分析，可以在理解其哲学基础的基础之上分析博雅教育思想的概念和内涵。但是这两种研究都会出现以下局限性。首先，这些论文的结论有些突兀，处于"知道了什么"阶段，而没有分析"为什么会这样变化"，使思想的研究变成孤立知识点的获取，通过研究人们获得很多博雅教育的知识，但是却不知道这些知识点之间是如何联系的；其次，这些论文会出现去背景化现象，博雅教育被剥离了它产生、生长、发展变化的背景（context），就如我们学习英语时不从上下文联系（context）中理解单词，而是教条地依照词典中的意思理解，这样会对博雅教育思想的理解也许会产生偏差。

3. 从概念史的视角对博雅教育思想历史梳理

北京大学沈文钦的博士论文《近代英国博雅教育及其古典渊源——概念史的视角》（2008）以概念史为研究视角对博雅教育"liberal education"和自由之艺"liberal arts"进行了考证，以纽曼的《大学理想》中的博雅教育思想为研究文本。他从博雅教育的古典渊源开始梳理，比如亚里士多德、西塞罗和塞涅卡等人的古典博雅教育思想，然后是中世纪对自由七艺的解释。

概念史（begriffsgeschichten）是出自黑格尔的《历史哲学》中的一个概念，指基于普遍概念撰述历史的方式。概念不是固定不变的，在漫长的历史长河中，概念具有历史性，随着历史当中不同的经济和政治环境的变化而发生变化。所谓概念史的视角，即把概念放置在其所在思想体系、社会政治、经济和文化中进行研究，通过纵向对比，研究这个核心概念涵义的演变，以概念的历史涵义的变化折射思想体系的变化；通过横向对比，考查某个核心概念在某个具体历史时期的涵义及与它相近概念、对立概念的关系。概念史研究可以达到两个目的，一方面能厘清某个思想体系中核心概念的涵义，另一方面在这种对比与演化过程中，折射出思想体系的演变。

博雅教育作为西方教育史上一个延续 2000 多年的重要概念，其内涵和外延都在变化，在一定程度上符合概念史研究方法的典型特征。本书主要从古典博雅教育与现代博雅教育两大部分考查博雅教育概念史的发展变化。实际上，沈文钦教授的博雅教育研究继承了布鲁斯·金博尔（Bruce Kimball）研究方法。概念史研究具有一定的优势，特别是对于像博雅教育这样的概念，随着历史演变而变化多样，通过概念史研究可以列出一条博雅教育谱系的清晰的线索，但是也存在局限性。首先，沈文钦的论文对于博雅教育的把握，有点止步于单纯地罗列和陈述古今博雅教育概念，使得博雅教育这一西方重要教育思想，变得成碎片化、孤立化、模糊不清；其次，忽视博雅教育与西方经济、政治和文化等社会方面相互关系，而直接截取一个孤立的概念，这样博雅教育只能成为僵死、隔离的概念，而不是变化、鲜活的思想；最后，忽视博雅教育与大学之间的天然联系，对大学理念、制度、文化与博雅教育之间的关系关注不够。

4. 从政治哲学的视角对博雅教育的研究。

西南大学吴妍的博士论文《西方博雅教育的流变与分化——政治哲学视角下的博雅教育研究》，从政治哲学的视角，对西方博雅教育的政治哲学涵义进行了剖析，强调博雅教育一直具有政治教育的属性，认为政治教育是博雅教育的核心自然属性。在博雅教育的流变与分化过程中发现博雅教育与通识教育既相互联系又相互区分，在古今之间寻找隐藏在现象背后的影响博雅教育实践的因素。该文分别从以下几个基本方面分析：①

（1）博雅教育的确立时期，聚焦于古典时代，包括古希腊、古罗马和中世纪；

（2）博雅教育分化时期，认为博雅教育与不同国家社会契约关系不同，因而

---

① 吴妍. 民主与大学的契合——西方博雅教育的政治哲学解读[M]. 重庆：重庆大学出版社，2014：10-11.

产生了英国纽曼的博雅教育和德国洪堡大学时期的博雅教育；

（3）博雅教育的美国时期，主要论述了第二次世界大战前后美国博雅教育的三次转变，认为美国现代博雅教育是大众民主社会的救赎；

（4）美国博雅教育的回归古典教育时期，主要介绍了保守的列奥·施特劳斯学派的博雅教育，强调博雅教育回归古典是抵抗现代民主弊端的"解毒剂"，最后得出结论"只有在公民社会与公共空间中，博雅教育才能获得现代意义的生存机会，"[①]也许回归古典博雅教育，注重培养德性，才能使现代社会和现代人更好地对抗现代性及其虚无主义。

单一视角的研究，会更加深刻地理解与分析概念或思想的特殊属性，但同时也会遮蔽概念和思想的其他方面，就像美国人经常所说的那样，"如果你手里只有一把锤子作为工具，那么你的每个问题也学许就会是一根钉子。"所以，从政治哲学视角研究博雅教育，就会在博雅教育的政治哲学属性方面做到精深的研究和透彻分析，但是也可能会忽视博雅教育的其他涵义，比如对于个人自由、塑造完整人性、德性与理性等方面，而这些方面也是博雅教育不可或缺的部分；另外，研究较少地涉及博雅教育在大学之内的属性、作用及其与大学理念的互动关系，而实施博雅教育最根本的场所却是大学，特别是美国大学，所以大学理念对于博雅教育转变的影响不可低估与忽视，这也是笔者研究的重点之一。

5. 通识教育在中国本土化的研究。

通识教育研究主要隐含在大学与高等教育研究的书籍里面，属于高等教育研究的下位概念。研究主要以中国的通识教育理论探索和实践总结为主题，辅以美国通识教育的经验与改革为主题，代表专著有李曼丽的《通识教育：一种大学教育观》[②]、庞海芍的《通识教育：困境与希望》[③]和甘阳的《文明·国家·大

---

① 吴妍. 西方博雅教育的流变与分化——政治哲学视域下的博雅教育研究[D]. 重庆：西南大学，2009：1.
② 李曼丽. 通识教育：一种大学教育观[M]. 北京：清华大学出版社，1999.
③ 庞海芍. 通识教育：困境与希望[M]. 北京：北京理工大学出版社，2009.

学》①等。研究者也比较多，除了李曼丽、庞海芍、甘阳外，还有鲁洁、陈向明、王义遒、杨叔子、黄坤锦、黄福涛等。在理论方面，研究主要集中在通识教育的内涵、概念、特点与意义以及发展的历史；在实践方面主要集中通识教育的课程、原则及其教学方法、教学评价等，研究方法主要是案例研究。

庞海芍教授在《通识教育：困境与希望》②一书中，首先，坚持认为通识教育是人类的教育理想，也是我国大学发展的方向。然后，对我国通识教育在实践中的困境进行了描述，认为人类需要和谐发展，整全的精神需要也受到大学现实制度和条件的限制；既受到世界现实问题综合化和跨学科要求，又遭遇知识分化、专业分工等挑战；既受到大学生综合素质、全面发展的要求，又面临着大学专业教育之必然性问题。通识教育处于这些两难问题之间，徘徊踯躅，体制和机制的改革更是牵一发而动全身。作者从理念困境、制度困境、课程与教学困境三个方面论述了我国通识教育所遭遇的困境，并且根据美国我国两岸三地的通识教育案例研究，得出通识教育实践的经验与教训，为我国通识教育实施献计献策。该研究是针对我国高等教育及通识教育状况的应用型研究，并没有深入理解博雅教育的古典渊源以及它在美国的发展状况。

1.4　美国大学博雅教育的历史分期

博雅教育在欧洲是古典教育之渊源，也是欧洲现代大学制度的一个核心因素，并且成为美国各个历史大学不可或缺的教育思想和实践。当今美国大学的成功与发展在某种程度上也得益于博雅教育的精神和改革创新。

---

① 甘阳. 文明·国家·大学[M]. 北京：生活·读书·新知三联书店，2012.
② 庞海芍. 通识教育：困境与希望[M]. 北京：北京理工大学出版社，2009.

1.4.1　研究思路

首先，从美国大学博雅教育源头处考辨，基于古典博雅教育和中世纪大学博雅教育的理解，揭示博雅教育在源头所显示的意义；其次，从美国大学的各重要历史时期的时代背景、各种形式的大学的特征出发，在美国大学教育实践中理解博雅教育思想，试图探究博雅教育与美国大学改革和创新之间的关系，即博雅教育在美国大学美国化的过程。博雅教育不仅受到大学之外的美国经济、政治和文化等因素影响，而且也受到大学的理念、组织、大学师生及校长等内在因素的影响。美国大学、政府和社会，以及博雅教育本身的规定性，共同塑造着欧洲博雅教育在美国的发展变化。最终，通过对博雅教育源头和分流的对比总结，得出美国博雅教育古今之变的特征。

1.4.2　历史分期

本书把美国博雅教育思想和实践放在美国大学的发展背景和宏观社会的环境中、历史演进脉络中去考察。以时间为维度，依据美国博雅教育自身演变的特点和美国大学发展的自身规律，两相结合而进行历史分期。研究中在确定历史分期时充分利用了美国学者对本国高等教育的研究成果，并以此为参考依据。

首先，依据美国加利福尼亚大学著名高等教育专家亚瑟·科恩（Arthur M.Cochen）的《美国高等教育通史》对美国大学发展阶段的分期，他以专题和发展趋势为经，以时间顺序为纬，形成一个矩阵来考查和组织美国高等教育发展历程，总共分为五个时期，分别为：第一阶段为殖民地时期，建立旧式学院（1636—1789）；第二阶段为建国时期，成百上千小学院建立（1790—1869）；第三阶段为大学转型时期，研究型大学开始出现（1870—1944）；第四阶段为高等教育大众化时期，学生数量增长，高等教育规模和数量扩大（1945—1975）；第五阶段为当代大学发展阶段，政府对大学控制加强（1976—1998）。每个阶段都有一个相应的关键历史事件作为标志。①

其次，依据美国肯塔基大学教授约翰·塞林（John Thelin）的《美国高等教育史（第二版）》，他采用"组织叙事"的方法考查了影响和塑造美国高等教育机构与生活的重要因素，分别包括社会、政治与经济。他大致以 30 年为限将美国大学发展阶段分为九个阶段：第一，1636—1785 年，殖民地学院时期；第二，1785—1860 年，创制"美国方式"的高等教育；第三，1860—1890 年，美国高等教育的困境和张力；第四，1880—1910 年，大学创建者：工业巨头与学术巨子；第五，1890—1920 年，美国人涌入大学；第六，1920—1945 年，高等教育的扩张与改革；第七，1945—1970 年，高等教育的"黄金时代"；第八，1970—2000 年，美国高等教育的成年：陷入麻烦的巨人；第九，重构 21 世纪的美国高等教育。②

除了依据上述美国大学的历史分期之外，还应该特别注意美国博雅教育自身发展的特点。首先，美国高等教育专家布鲁贝克在《高等教育哲学》中，认为通识教育的古典先驱是博雅教育，"博雅教育思想起源于古希腊罗马时代。"③古典博雅教育的兴起是美国大学博雅教育最初之源。其次，美国殖民地学院开始时直接移植英国牛津大学和剑桥大学教育模式和大学章程④，"殖民地学院实施的是传统的博雅教育"⑤。而英国的牛津大学和剑桥大学由中世纪大学发展而来，因此美国大学博雅教育模式也同样来源于中世纪原型大学的博雅教育。而且，美国殖民地学院时代博雅教育维护宗教教育的特征，正是源于中世纪大学的博雅教育。

所以，探究美国大学博雅教育之源，有必要以古典博雅教育和中世纪大学博雅教育起点。为了研究方便和需要，我们把美国大学的博雅教育划分为以下三个

---

① 亚瑟·科恩. 美国高等教育通史[M]. 李子江，译. 北京：北京大学出版社，2010：5.
② 约翰·塞林. 美国高等教育史[M]. 孙益，林伟，刘冬青，译. 北京：北京大学出版社，2014.
③ 约翰·S.布鲁贝克. 高等教育哲学[M]. 王承绪，译. 杭州：浙江教育出版社，1998：81.
④ Samuel E. Morison. The Founding of Harvard college [M]. Cambridge: Harvard University Press，1963：248.
⑤ 贾宇. 交流与借鉴——美国高等教育模式创立的催化剂[C]// 中国教育学会教育史分会学术年会. 2006.

时期：第一时期是美国大学博雅教育之源，包括古典博雅教育和中世纪大学博雅教育；第二时期是美国大学博雅教育本土化，包括美国学院时代的博雅教育（1636—1861）和现代大学时期博雅教育（1862—1944）；第三时期是美国大学博雅教育分流，包括美国多元巨型大学时期博雅教育（1945—1975）和当代美国大学博雅教育（1976—）。具体来说，本书结合博雅教育本身的特征和美国大学发展的历史分期，把美国大学博雅教育分为六个阶段。第一，美国大学博雅教育之源：古典博雅教育的兴起；第二，美国大学博雅教育的演进：中世纪大学的博雅教育；第三，美国大学博雅教育的本土化：学院时代的博雅教育；第四，美国大学博雅教育的通识化：现代大学的博雅教育；第五，美国大学博雅教育的分流：多元巨型大学时期博雅教育；第六，当代美国大学博雅教育的新发展：走向世界公民教育。

第2章 西方古典博雅教育

知识是每个人灵魂里都有的一种能力，而每个人用以学习的器官就像眼睛。——整个身体不改变方向，眼睛是无法离开黑暗转向光明的。同样，作为整体的灵魂必须转离变化的世界，直至它的"眼睛"得以正面观看实在，观看所有实在中最明亮者，即我们所说的善者。

——柏拉图《理想国》

古希腊是一个充满奇迹的地方，是西方文明的发源地。它位于欧洲南部，地中海的东北部，包括希腊半岛、爱琴海和爱奥尼亚群岛、马其顿、色雷斯、土耳其西南沿岸、意大利西部和西西里岛东部沿岸地区、小亚细亚等地。古希腊文明形成于公元前6世纪到公元前5世纪，特别是波希战争以后，希腊在经济方面繁荣昌盛，城邦政治盛极一时，文化更是百花齐放、星光闪烁，在哲学思想、诗歌、建筑、科学、文学、戏剧、神话等诸多方面有很深的造诣。古希腊文明成为整个西方文明的重要精神源泉。古典博雅教育是古希腊文明中一颗璀璨的明星，它起源于古代雅典民主城邦由兴盛走向衰落的时期。

大学没有诞生之前，古典博雅教育已经存在，古典博雅教育是世界各国大学通识教育的古典源泉，当然也是美国大学博雅教育之源。古典博雅教育产生于城邦之中，具有政治哲学意义，维护城邦的政治秩序；同时也具有伦理学意义，是提升人、改善人，使人止于至善。城邦与人是古典博雅教育考辨的出发点，关涉一个根本的问题是"教育究竟应该为何种社会培养何种品行的人"[①]。首先，从城

---

① 吴妍. 民主与大学的契合——西方博雅教育的政治哲学解读[M]. 重庆：重庆大学出版社，2014：1

邦开始，分别从自然的城邦和城邦的自然两方面论述古典博雅教育产生的哲学基础和政治、经济和文化背景。其次，城邦人的自由，是从古代个人的三种自由内涵分析，揭示古代人对于这三种自由的不同态度。第三，从古代自由人品格论述，得出博雅教育的古典内涵；自由与自由人论述实际上解决了博雅教育的目的问题，同时也为博雅教育实践提供理论基础。最后，通过揭示古典博雅教育的培养目标、教育方法及课程涵义等，得出结论：美国现代博雅教育存在的问题与革新其实在古典博雅教育时期已经播下了种子，是古典博雅教育的延伸与新时代的变异体。

古典博雅教育在苏格拉底和柏拉图时代初见雏形，其基本价值和品格在亚里士多德时代得到正式确立。古典博雅教育主要起源于古代雅典，本书故特对城邦所指做出限定，主要指古代希腊城邦，以雅典和罗马城邦为主要研究对象。

2.1　城邦的自然

在公元前 5 世纪以前，古希腊自然哲学家灿若群星，他们思索日月星辰，发现自然，亚里士多德把这些自然哲学家称为谈论自然的人，以区别那些谈论诸神的人，他们从变换中寻求不变的东西，尽力寻找世界的始基。这个时候"自然"主要是指物理世界。米利都学派的泰勒斯通过观察到的事实运用理性解释自然世界，认为"水是万物的本源"。这种解释世界的方式代替了原来用古希腊神话解释世界的方式，对人来说是一种主体性的解放。后来自然哲学家发现和谐与均衡是自然的正义，使得自然的内涵得到扩充，延伸到道德和政治领域，引出了正义即是你所付出的和你得到的是成比例的均衡状态。

"自然"与"习俗"的拉丁文音译词分别是 physis 和 nomos，希腊文分别是 φυσις 和 voμoς。"自然"（physis）大致有三个意思：一是"自然而然的"相对于"人工制造的"；二是"本性使然的"相对于"人为约定的"（即"习俗"）；三是

"自然界的"相对于"社会共同体的"。①城邦的自然中的"自然"主要摘取的是第二个意思,"本性使然的",即城邦的自然可以理解为城邦的本性。城邦在本性具有超越性、理想性和自足性,需要实现完满德性的"好人",这时的"好人"与"好公民"是一致的。

2.1.1 城邦优先于个人

城邦,古希腊语是"Polis","Polis"是政治的意思。人类祖先长期生活在以血缘关系为纽带的家庭、部落或氏族中,在社会发展进程中,为了共同抵御外族入侵或者不可预测自然灾害,一些家庭、部落或氏族之间开始联合成城邦,人类生活超越于家庭或氏族之外,开始进入城邦之中。城邦生活的开始,标志着西方文明社会中人与人之间由血缘关系向政治关系转变,生活在城邦中的自由人成为公民,公民属于城邦。

城邦从地理意义上说是外地入侵希腊后形成相互隔离的村庄,而村庄位于地势较高地方,易于防守和避难,又可以设立供奉诸神的庙宇,村庄继续扩大就变成了"城邦",提供避难的地方就成了"卫城"或"高城"。城邦周围一般都具有土壤肥沃,交通便利的优势,多数都可以直接通达大海,易于发展农业和工商业,也可以吸引周围更多移民聚集生活。②在《顾准文集》中,顾准分别从地理意义和政治角度对城邦作出限定,认为城邦在地理意义上"一个城市连同其周围不大的一片乡村区域";从政治意义上说是"以城市为中心的主权国家"。他认为古希腊城邦的主要特点有三方面:一是主权在民与直接民主;二是经济自给自足;三是依法治国,管理自治。③

---

① 汪子嵩. 希腊哲学史(第二卷)[M]. 北京:人民出版社,1993:203-206.
② 斯塔夫里阿诺斯. 全球通史:从史前史到21世纪(第7版修订版)(上)[M]. 吴象婴,等译. 北京:北京大学出版社,2006:102.
③ 顾准. 希腊城邦制度——读希腊史笔记. 顾准文集(第1版)[M]. 北京:中国市场出版社,2007:6-18.

亚里士多德依照自然生长理论，认为家庭在自然发展顺序中先于城邦而存在，城邦是家庭、"村坊"自然生长的终点，也最能体现事物本性和目的。城邦是实现最高善的政治社团或者城市社团，其目的是为了实现人们美好生活。由此可知，城邦在西方是最早的以政治关系为纽带的单位。"人是城邦的动物""人是政治的动物"都在传达一个意思，人天然属于城邦，人不能离开城邦生活，除非他是一只野兽或者一位神祇。人天生是合群的，有些人如果因为本性原因或偶性因素而出族、失去坛火，成为没家没邦的人，会被认为是自然丢弃的人，也被认为是不再被神所庇护保佑的人，这在古代人看来是比死亡更可怕、更悲惨的事情。①

雅典城邦已经称得上早期意义上的国家，虽然与现代民族国家有很大的区别。城邦作为政治单位，自由民或公民的集体组织，"作为他们所已有的国家，本质上负有保护自由民、公民的义务。城邦有义务保护本邦公民，不使其沦为奴隶。"如果本邦人因为拖欠债务而被奴役，城邦要规定年限，减免债务，解放他们；如果有被卖到国外为奴隶者，国家有责任用国家财政把他们赎回。②这需要教育，而教育是在城邦内获得的。城邦对个人来说是保护人，像家庭里的父亲和教育中的教师一样。

城邦利益高于个人利益，古人的爱邦爱国之情也是真心实意。城邦或国家是他们心中的圣地，那里有祖先的土地，有家和家火，有掩埋祖先的坟茔；更有城邦神，有神庙，有邦火，有每天影响着自己的宗教仪式。古人的财产、安全、权利、信仰以及生存的意义都在城邦之中。失去城邦，人无所依归，心无所安，形单影只，成为孤魂野鬼。城邦若失，一切皆失。城邦之外，人不能找到生活的意义，找不到生活的尊严，也找不到精神的家园。个人没了城邦，就像一座神庙里没有了神一样。个人爱国就如服从神一样，全心全意。无论城邦荣辱兴衰，仁慈与否，个人依然爱它，就像亚伯拉罕对上帝之爱，爱到可以献出儿子的性命。城

---

① 亚里士多德. 政治学[M]. 吴寿彭，译. 北京：商务印书馆，2013：7-9.
② 日知. 古代城邦史研究[M]. 北京：人民出版社，1989：2.

邦有难，遭遇侵犯，每个公民都有义务为城邦而战，为城邦而死，是信仰给于他们力量，是诸神给予他们勇敢，是没有城邦的悲惨境地让他们这样做。①

由此可见，古希腊城邦相对于个人具有优先性、先验性和等级性，个人相对于城邦来说具有有限性和依赖性。首先，人们热爱自己的城邦，关心公共生活，喜欢城邦政治生活。人们熟悉和关心政治，既关心个人自己的事物，也关心国家的事务，"就是那些最忙于他们自己的事务的人，对于一般政治也是很熟悉的——这是我们的特点：一个不关心政治的人，我们不说他是一个注意自己事务的人，而说他根本没有事务。"②其次，古代的个人不可能有现代人所谓不可让渡的自由与个人权利。"在古代，并没有什么个人自由可言，个人在精神上无法脱离城邦。……城邦是唯一的力量所在，没有什么东西能够置之度外，无论是国家的统一还是个人的自由，都不能超越它。"③

2.1.2　城邦的三种人

前苏格拉底时代，智者普罗泰戈拉认为"人是万物的尺度"。这种感觉论观点最初只局限于认识领域，后来被移植到政治和伦理领域，就出现了极端个人主义。色拉叙马霍斯认为"正义是强者的利益"，就是这种个人的意见极端膨胀的表现。④对于苏格拉底来说，城邦是他热爱的地方。他最关心的就是这种观点可能危害城邦，破坏道德基础，消解了知识。他认为自然是事物的本性，实在是事物的真理，而现实世界是常识和意见。知识可以区分为两种：一种知识是事物的表面知识，称之为习俗或意见；另一种知识是事物的本质，称之为自然或真理。真理存在于意见之中，重视意见则是重视通向真理的途径，哲学的任务就是从意见通向真理。

---

① 库朗热. 古代城邦[M]. 谭立铸，译. 上海：华东师范大学出版社，2006：186.
② 修昔底德. 伯罗奔尼撒战争史[M]. 谢德风，译. 北京：商务印书馆，1978：132.
③ 库朗热. 古代城邦[M]. 谭立铸，译. 上海：华东师范大学出版社，2006：329.
④ 柏拉图. 理想国[M]. 郭斌和、张竹明，译. 北京：商务印书馆，2012：31.

如果想厘清柏拉图式城邦的形式，要从柏拉图哲学的理念论开始。柏拉图在《理想国》中描绘了城邦的理念，理想城邦是人间现实城邦的本质。理念的城邦是完善的城邦，是人们可以把握的永恒之物，而现实的城邦（自然的城邦）是多种多样、形式各异的。以人的本性来比喻城邦的本性，人要过一种善的生活，城邦本质就是追求正义。他认为人的灵魂分为理性、欲望和激情三部分，唯有理性能够以智慧驾驭激情与欲望，人方能称之为人。城邦的正义与否在于组成城邦的人。城邦的统治者或创建者的灵魂决定城邦的灵魂，也决定城邦政治制度。如果统治者是灵魂和谐的好人（good man），城邦也就是一个正义的城邦。首先，人的本性或自然本质在于理性的灵魂，理性引导人的灵魂向上看，面向太阳，走出洞穴。哲学王经历严格的教育与训练，享受理性的自由，自由思考、理解和行动，所以这种生活是理想和完美的生活；其次，人的灵魂其他部分占据了主导地位，就会产生不同类型的人，或军人，或手工业者。他们依据自己的自然本性服务城邦，各尽所能，捍卫生命的自然等级秩序，组成一个正义的城邦。哲学家是真正实现了人的本性的一类人，他们走出了洞穴，见到太阳。但是他们又时时回望其他的人与事，心理处于陷于矛盾之中，重回洞穴指导政治，人性完善会遭遇损害。理想国在现实中并不存在，存在的是各种法律和习俗建立的国家，这些现实国家可以无限地接近这些标准与理念。

因此，柏拉图在承认生命存在自然的等级秩序基础上，他把人进行分类，分别是黄金、白银和铜铁三类人，这三类人都有不同的德性和天赋。"每个人天赋适合做什么，就应该派给他什么任务，""每个人在国家内做他自己分内的事"[①]大家各就各业，组成一个正义的城邦。铜铁材料的人代表低级的欲望，成为工商业者，追求财富；白银材料的人作为军人，要勇敢防御外敌，代表了激情；最高层的是黄金材料的人，是哲学王，代表理性，有能力成为理想国的统治者。哲学王经受过良好的哲学训练，眼睛盯着真理，最具有理性，能够限制欲望，最适合作为统治者。"除

---

① 柏拉图. 理想国[M]. 郭斌和，张竹明，译. 北京：商务印书馆，2012：140-157.

非哲学家成为我们这些国家的国王，或者我们目前称之为国王和统治者的那些人物，能严肃认真地追求智慧，使政治权力和聪明才智合而为一；那些得此失彼、不能兼有的庸庸碌碌之徒，必须排除出去，否则的话……对国家甚至我想对全人类都将祸害无穷，永无宁日。"①正义的城邦还具有其智慧、节制与勇敢的德性。

2.1.3　城邦的共同善

亚里士多德论述城邦是从他的形而上学推演出来，他认为哲学应该是研究、寻求事物发生、发展的根本原因的。他在《形而上学》中提出事物根本原因包括四种：质料因、形式因、动力因、目的因。质料因是指事物的物质原因，回答"事物由什么物质构成?"如木门的质料是木头；形式因是指事物的理念，事物因分有它而存在。如一个人美丽的形式不是指她的外表美，而是指她分有了理念美，至美是美丽的本质。动力因是指事物运动静止的原因和源泉，如雕像的制作者雕刻家就是雕像的动力因。目的因是引导过程的目标或目的，指事物"最善的终结"。亚里士多德认为这四个原因中，目的因具有特殊地位，它是理解其他三因的重要基础。因为，首先，目的因是质料因的原因，而不是相反的；其次，目的因与形式因、动力因在很多情况下可以三者合一，目的因成为把握动力因和形式因的关键所在。②目的因具有非常重要的作用和地位，它是大家理解亚里士多德城邦目的论的主要途径之一。

亚里士多德在《政治学》第一卷中直奔主题道："我们见到每一个城邦（城市）各是某一种类的社会团体，一切社会团体的建立，其目的总是为了完成某些善业——所有人类的每一种作为，在他们自己看来，其本意总是在求取某一善果。既然一切社会团体都以善业为目的，那么我们也可说社会团体中最高而包含最广的一种，它所求的善业也一定是最高而最广的：这种至高而广泛的社会团体就是所

---

① 柏拉图. 理想国[M]. 郭斌和，张竹明，译. 北京：商务印书馆，2012：217.
② 亚里士多德. 形而上学[M]. 吴寿彭，译. 商务印书馆，1959：49-56.

谓的‘城邦’，即政治社团（城市社团）。"①城邦的"善业"是城邦存在的目的因，"善业"具有什么样的形式呢？亚氏仍然用"自然"的观点论述城邦的目的。他认为世间男女结合是为了生儿育女，延续血脉子嗣，满足了人自然生理的需要；主人与奴隶之间的统治与被统治关系是自然合理的关系，这是因为主人具有理智能够操持远见，而奴隶具有体力能听从吩咐进行劳动，满足了彼此"得到共同保全"的需要；家庭的产生是人类为了满足基本的"日常生活需要"，是人类以血缘关系为纽带的基本单位；"村坊"是在人类生活的天地更加广阔时，为了满足"适应更广大的生活需要"。②

从个人、家庭、村坊一直到城邦，这样一个自然生长的过程，城邦是自然事物生长的终点。正因为是事物的终点，方最能展现其本性。城邦是人类社会进化到高级阶段一个表现形式，为了满足人类"优良的生活"。优良的生活是什么样的生活呢？优良的生活是趋向"至善"的生活，是为了满足人类自给自足的需要。自给自足不是我们现代意义中"维持自身需要而不需要别人帮助"的意思，不是仅仅满足人生理、安全及日常生活需要，而是有更高的追求。那么古代城邦所谓"自给自足"什么含义？③亚里士多德接着在《尼各马可伦理学》中继续论述，他认为"自给自足"是人完满的善，完满的善是幸福，而幸福是因自身之故而为善的东西，不同于因成为其他手段而善的事物。"那些因自身而值得欲求的东西比那些因它物而值得欲求的东西更完善；那些从不因它物而值得欲求的东西比那些既因自身又因它物而值得欲求的东西更完善。所以，我们把那些始终因其自身而从不因它物而值得欲求的东西称为最完善的。"④所以，人的幸福是最完满的善，我们会因为幸福而选择努斯（Nous）、快乐、荣誉和每种德性，虽然我们也会因它们自身之故而选择它们。由此可见，幸福永远是因

---

① 亚里士多德. 政治学[M]. 吴寿彭，译. 北京：商务印书馆，1965. 3.
② 亚里士多德. 政治学[M]. 吴寿彭，译. 北京：商务印书馆，2013：3-6.
③ 亚里士多德. 政治学[M]. 吴寿彭，译. 北京：商务印书馆，2013：7.
④ 亚里士多德. 尼各马可伦理学[M]. 廖中白，译. 北京：商务印书馆，2003：18.

自身之故而非其他而被选择的事物。城邦满足人类自给自足的需要，是在强调为了满足人自身完备的善需要——幸福。在城邦中，人达到了自我完善，就像艺术追求美，医术追求健康，战术追求胜利一样。[①]

2.2　自然的城邦

自然的城邦中的"自然"主要取"自然而然"的意思，是指现实中的城邦形态。[②]城邦的自然（本性）与自然的城邦存在一种天然的紧张关系，正如好人与好公民之间矛盾统一的关系。自然的城邦是现实中的城邦，与理念中的城邦交相辉映，相互区别、相互关照。

"海客谈瀛洲，烟波微茫信难求。"城邦的自然具有超越性和理想性，而自然的城邦具有现实性和粗糙性，它有很多变化。城邦不是一座乌托邦，它不能只是逻辑推理出来的至善的城邦，实现人类幸福的城邦。它不是空中楼阁，更非建立在沙丘之上。它是什么，就是什么。城邦在古代是圣地，城邦的人信仰城邦的宗教和城邦神。神话是他们日常生活的解释载体，他们会去神庙求的神谕，也会参加有关神的活动与仪式。当然，也有些追求卓越的人，他们一方面信仰城邦的神，日常生活中也去参拜神，表虔诚之心，也不敢做违背神旨意的事情，另一方面，他们开始用自己的心灵去思考问题，偷偷引进新的理性神，怀疑神话传说，追寻真理。苏格拉底就是这样善于思考的哲人。城邦组成的人各具特色，虽然人具有自然本性，但总是有的人高尚，喜欢正义、节制、勇敢，具有理性和德性，而有的人可能自私、狭隘、纵欲，欲望与激情统治他们的灵魂。"城邦由不同分子构成，就如生物由灵魂和身体组成，灵魂由理性与情欲组成，家庭由夫妇组成一样。"[③]部

① 亚里士多德. 尼各马可伦理学[M]. 廖申白，译. 北京：商务印书馆，2003：17.
② 金林南. 自然的城邦和城邦的自然——亚里士多德政治观中的张力分析[J]. 浙江社会科学，2008，2008(10)：36-41.
③ 亚里士多德. 政治学[M]. 吴寿彭，译. 北京：商务印书馆，2013：124.

分决定整体，城邦多种个性的人决定城邦的政体，政体也随不同人组合方式而发生变化。亚里士多德认为政体可以分为正宗政体与变态政体：正宗政体有君主制、贵族制和共和制；变态政体包括僭主制、寡头制和平民制。①

2.2.1 信仰"神"的城邦

法国史学家库朗热（Fustel de Coulanges）认为在认识和评价历史时，我们要用古人的眼睛来，而不是用今人的眼睛，这样才会真正地理解古人。我们有必要从古代内在的逻辑与价值观理解古人和古代城邦。在《古代城邦》一书中，库朗热认为古代的政治制度是基于当时宗教信仰和家族制度，信仰在古代城邦政治发展中起到异乎寻常的作用。②古人的信仰是从对死亡恐惧开始，认为死去的人灵魂还在，尊敬死去的人是他们秉承的信念。首先从家庭开始，"家人"在希腊语中的意思是"围绕圣火的人"，家庭在古人眼里不是自然意义上的组织，而是更具有宗教意义的组织。死去的祖先是他们第一信仰的神，敬拜祖先是他们的第一宗教。家火必须是纯洁的，需要时时爱护，保持永不熄灭。家里的父亲是他们宗教的教父，具有教权、财产所有权和审判权。随着社会的发展与进步，家庭、氏族一直延伸到城邦，城邦成为一种政治组织。人们开始过一种城邦的生活，城邦里有着人们信仰的城邦神。神超越于人之上，人在有困难时，伤心失意时，会去向神求助，希望得到神谕或者神的帮助。他们认为神支配人的命运，也决定许多其他事情的成败，比如战争开始前要求神谕，求神保佑。人要做神所喜欢的事，不要冒犯神，否则会被众人认为不虔诚，亵渎神灵，这是最大的罪过。苏格拉底被判喝毒酒而死，其中第一条罪名就是亵渎城邦诸神，妄图信仰新的神。

城邦在最初时期是城邦之神居住的圣地，并非普通民众居住之地，只有君主和教士可以居住。城邦里有神庙，神庙里供着城邦之神，每到各种节日、重大祭

---

① 亚里士多德. 政治学[M]. 吴寿彭，译. 北京：商务印书馆，2013：181.
② 库朗热. 古代城邦（序言）[M]. 谭立铸，译. 上海：华东师范大学出版社，2006：2-3.

祀或者有重大事务要商议时，人们才会从周围居处赶来，参加公共政治或祭祀活动，听取神的旨意。比如国家要发动战争，战争胜利士兵凯旋回来，还有取洁礼节等。取洁礼节为古代城邦重要的节日之一，它在雅典每年举行一次，目的是祛除公民对宗教所犯下的所有罪过。节日当天，只有本邦公民才能参加行礼，他们的妻子、奴隶、产业、动产与不动产在某种意义上都由家长一人代替获得了洁净。城邦与城邦之间相互独立，拥有不同的神作为信仰，礼仪和祷告词也都不同。

在日常生活中，他们也随时随地都与神共在，与神联系，就餐时与诸神分食；起床就寝要向家火、家神和祖先祷告；出门时也会遇见神庙，能看见圣物。人从出生、入教到成年礼和婚礼，都会在宗教意义上举行庆典，另外经常还会参加城邦的各种事件纪念日庆典活动。

"公民"在希腊语中有"分享神物"的意思。[①]公民在城邦中，信仰共同的神，参加共同节日庆典，参与共餐。外邦人不能参与祈祷和祭祀，也不能分享神物，神物在外邦人手里就会成为俗物。所以在一个城邦征服了另一个城邦时，失败的一方只能成为奴隶，不能分享胜利方城邦中的圣物，譬如神、圣曲、节日、法律等这些珍贵遗产。胜利者经常会冲进失败方神庙里捣毁或抢劫到他们的城邦神，这样战争才算真正取得胜利，因为毁坏的城邦神就不能再庇佑战败方的人民。

城邦是什么样的，城邦里的人要做什么，人的信仰为其树立边界。城邦里的人信仰神，信仰塑造着他们的心灵，也影响他们的日常生活。

没有什么比信仰更能影响人的心灵了，信仰是我们思想的产物，但我们不能随心所欲地处置它。它是我们的作品，我们对此并不知道。它出自于人，而我们却以为它是神。它是我们自身力量的反映，但它却比我们更有威力。它在我们之内，须臾不离，时刻地主使着我们。它要我们服从，我们就服从；它说你应当做，我们就照办。人固然可以降服自然，但却总是他自己思想的奴隶。[②]

---

① 库朗热. 古代城邦[M]. 谭立铸，译. 上海：华东师范大学出版社，2006：180.
② 库朗热. 古代城邦[M]. 谭立铸，译. 上海：华东师范大学出版社，2006：121.

2.2.2 民主的城邦

雅典是古希腊的一个城邦，它被誉为"西方文明的摇篮"、欧洲哲学的发源地，并且还是当今西方文明重要价值观——民主的发源地。这里有被誉为"西方文化的象征"的，最著名的雅典卫城的帕特农神庙，还哺育了希腊哲学三贤苏格拉底（Socrates，公元前 469 年—公元前 399 年）、柏拉图（Plato，约公元前 427 年—公元前 347 年）、亚里士多德（Aristotle，公元前 384 年—前 322 年）等一大批历史伟人。

公元前 5 世纪，希腊与波斯爆发两次波希战争（公元前 499 年—公元前 490 年），雅典取得最终胜利，稳固了海上的霸权地位，开启了繁荣的民主时代。这是希腊一个最好的时代，它是展现希腊奇迹和希腊辉煌的一个时代，被称为"伯里克利的黄金时代"。民主政治在伯里克利时期达到了巅峰状态（公元前 461 年—公元前 429 年）。①

公元前 5 世纪末期，以雅典为首的提洛同盟与以斯巴达为首的伯罗奔尼撒联盟之间又发生了伯罗奔尼撒战争，战争旷日持久从公元前 431 年持续到公元前 404 年。这场战争是古代雅典的一个转折点，结束了雅典繁荣与光荣，城邦遭遇危机，民主政治开始衰落，道德观念日渐沦丧。这个时期正是苏格拉底、柏拉图和亚里士多德生活的时代，民主制过去的光荣已经成为遥远的回忆，作为雅典人自豪感和自信心也随之消失殆尽。他们亲眼目睹的是雅典由盛转衰的乱象：派系斗争尖锐，社会动荡不安，政局扑朔迷离，道德变得世风日下。雅典每天都在经历着混乱、无序、多变、罪恶、争斗，都伴随着逮捕、审判、放逐、处死、没收财产等。那时候"大多数人宁愿称恶为聪明，而不愿称头脑单纯为正直。他们以第一品质

---

① 斯塔夫里阿诺斯. 全球通史：从史前史到 21 世纪（第 7 版修订版）（上）[M]. 吴象婴，等译. 北京：北京大学出版社，2006：101-116

为自豪，而以第二品质为耻辱。"①可以想象，生活于这样一个四分五裂的境地，时刻处于无定形的煎熬当中，这些哲学家是何等苦恼，思考如何生活，如何生存，如何教育下一代变成了他们日益迫切思考的任务。古典博雅教育就产生于这样的存亡之秋。

1. 雅典民主的发展

在政治上，大约于公元前 6 世纪上半叶，古代雅典城邦实行民主制度，并且经过了长期发展的过程。依照古希腊史学家的分析，把雅典城邦民主政治的发展分为三个阶段。

第一个阶段是公元 6 世纪上半叶一直到公元前 461 年埃菲阿尔特斯改革，这一阶段属于雅典民主发展的开始阶段，持续时间很长，但是政体的性质已经改变，国家事务管理不再是贵族制，主要表现在首先是原先由氏族贵族控制的执政官委员会和由卸任执政官组成的设在战神的议事会，处于从属地位；其次国家成立了主要议事机构包括公民大会、五百人会议和民众法庭；最后，国家分为四个阶层（富农、骑士、中农和贫农。全体阿提卡公民按照法定财产资格（以地产收入为基础）分为四个等级；富农、骑士、中农和贫农。前三个等级的年土地收入分别在 500、300、200 墨狄那（每墨狄那约等于 41 公升），无土地收入或其收入在 200 个墨狄那以下者是贫民。）的公民都能参政议政，真正管理国家。②

第二个阶段是从公元前 461 年到公元前 429 年伯利克里去世，这是雅典城邦民主的鼎盛时期。在这个黄金时代，雅典打败庞大的波斯帝国，取得战争胜利。波希战争使雅典成为海上霸主，经济飞速发展，人民富足，文化昌盛，促进民主政治的发展。公民各个阶层都能积极参加政治活动，各个民主机构活动活跃而有效。伯利克里热爱民主，"将权力转移到由全体公民组成的公民大会手中。公民大

① 修昔底德. 伯罗奔尼撒战争史[M]. 谢德风，译. 北京：商务印书馆，1978：141
② 廖学盛. 公元前 6—4 世纪雅典民主政治的若干问题. 古代城邦史研究[M]. 北京：人民出版社，1989：237.

会是处理雅典事务的最高权力机构。他一年召开 40 次例会，如果有需要的话，还召开临时会议"，会议议题包括外交、军事和财政等一切领域的政策。他还实行公职薪酬制度，鼓励贫民参政出任公职。特别是在殉国将士葬礼演说词中，他更是以睥睨天下的自信，表达对自己城邦民主的由衷赞美。他认为雅典的政治制度是自己城邦的发明，不是模仿其他邻邦而来，可以被称为民主政治。民主政治下，政权属于全体公民，而不是属于一个人或者少数。法律面前一律平等，法律使每个人心悦诚服，凭借法律可以解决私人争执，也可以治理国家。一个能够担任公共职位，是凭借他们真正的才能，而不是因为他所属的特殊阶级。

任何人，只要他能够对国家有所贡献，绝对不会因为贫穷而在政治上湮没无闻。正因为我们的政治生活是自由而公开的，我们彼此间的日常生活也是这样的。当我们邻人为所欲为的时候，我们不致于因此而生气；我们也不会因此而给他以难看的脸色，以伤他的情感，尽管这种颜色对他没有实际的损害。在我们私人生活中，我们是自由的和宽恕的；但是在公家的事务中，我们遵守法律。[①]

第三阶段是雅典民主制的衰落时期，主要指伯罗奔尼撒战争失败以后，特别是公元前 411 年和公元前 404 年两次寡头政变，民主制度已经由于经济的衰退而名存实亡，最后在公元前 338 年，雅典被马其顿打败后沦为附庸，国家破败，民主政治寿终正寝。

2. 雅典民主的特点

首先是直接民主，主权在民。直接民主不是代议制，是每个公民都直接参与城邦的治理。公民大会是城邦最高权力机关，每月定期召开 2～4 次，对外宣战、媾和、缔结和解除盟约、规定宗教或重大庆典的利益，制定修改国家的法律、解决财政收支、制定大政方针及政策，听取和审判国内刑事或民事案件，选举和评审政府官员，判决官员入刑（包括施行、放逐和罚金）。公民通过公民大会直接管理国家。每个公民在大会中都有选举权，且公民大会用抽签的方式选举出五百人

---

① 修昔底德. 伯罗奔尼撒战争史[M]. 谢德风, 译. 北京：商务印书馆, 1978: 130.

议事会、陪审员和一般行政人员。这种民主形式适合领土比较狭小的城市国家。[①]

雅典民主轮番而治。轮番而治在亚里士多德看来是"自由人对自由人的统治"。在公民范围内,人与人是平等,人人都可以参加民主决策,参政议政,担任公职,既可以统治别人,也可以被别人统治。在这样政体中,作为统治者和被统治者需要不同的德性,好人和好公民德性在最大程度上达到统一。当公民作为统治者要有治理城邦的技艺和德性,要有理智德性,能够"明智"(wisdom);当作为被统治者时,要具有"信从"(或"识真"),即有真实的意见,要学会服从。但是两者都应该具有温厚(节制)和正义的德性。博雅教育的目的之一就是培养公民的德性,实现德性。[②]

雅典民主依法治国。"法律(礼俗)就是某种秩序;普遍良好的秩序基于普遍遵守法律的习惯。"[③]城邦的法律与神联系紧密,从某种意义上说古代法律是神的法律。"克里特人不说法律是米诺斯所制,而说它来自朱庇特。"斯巴达人也认为阿波罗是立法者。"真正的立法者并非人,而是人类自身拥有的信仰。"[④]城邦要有各种法律并且是良好的法律,比如关于公民资格、权利及义务,对于议事机构和陪审法庭的选举、组织、责任和义务的宪法;也要有关于个人的私法,比如财产继承、契约、犯罪的刑法等。在民主制度下,法律面前人人平等,人人都遵守法律,人人都有法律可依从,法律成为民主的保障。法律在任何时候任何地方都应该受到尊重,具有至高无上的权威,无论执政人员和公民团体都应该在法律范围内行事。各国家机关也依照法律运作,真正实现依法治国。"法律恰恰是免除一切情欲影响的神祇和理智的体现。"[⑤]法律是最好的统治者,以法治代替人治,可以

---

① 顾准. 希腊城邦制度——读希腊史笔记. 顾准文集(第1版)[M]. 北京:中国市场出版社,2007:13-14.
② 亚里士多德. 政治学[M]. 吴寿彭,译. 北京:商务印书馆,2013:127-128.
③ 亚里士多德. 政治学[M]. 吴寿彭,译. 北京:商务印书馆,2013:359.
④ 库朗热. 古代城邦[M]. 谭立铸,译. 上海:华东师范大学出版社,2006:176.
⑤ 亚里士多德. 政治学[M]. 吴寿彭,译. 北京:商务印书馆,2013:172.

避免政治中混入人的兽性因素。遵守法律是来自于人们对法律的服从，而服从法律需要人们形成习惯，而习惯的形成在某种程度上是教育可以完成的。

雅典的民主是少数人的民主。"少数人"具体指自由民，拥有一定数量的财产，父母祖籍均属本城邦（纯属本邦血统），能够自己购买武装服兵役的成年男子。在《伯罗奔尼撒战争史》中，修昔底德借尼西阿斯（古雅典将军）之口说："男人就是城邦。"表明了雅典民主所覆盖的人的范围，广大的奴隶、妇女、穷人及外邦人并不能享受到民主的。这种民主是以奴隶制为前提，平等和自由有范围限制，公民之间的平等则对应于对奴隶的不平等。另外，在雅典民主历史上，也从来没有穷人真正拥有权力，奴役富人公民的现时代。民主不是穷人的民主。[①]

3. 雅典民主的缺陷

苏格拉底对民主批评主要是，参与民主决策的人会存在没有专业技术知识，在审批或决定有关专业技术方面的政治问题时，会出现"外行人领导内行人"的错误，比如要审核一个房屋建筑或者船舶制造方面的议案，理论上应该是木匠和造船工匠最具有判断力和发言权，但是如果让铜匠、鞋匠、商人等人随意发表建议、做出决策，这是何等糟糕啊。同样道理，讨论一个国家治理的政治问题，许多人如果没有政治技艺，那么就有可能做出错误的决策，给城邦带来巨大的损失。苏格拉底的悲剧就是雅典民主存在缺陷的最好注脚。

柏拉图则批评民主制度中的自由，他认为在理想国中，真正的政治领导者是少数极具天赋，而且经受过严格的高等教育，接受过实际训练的人；而现实民主中大部分人属于农工阶级，他们没有专业知识，也没有严格民主训练。如果给予大部分人自由，就像灵魂交予欲望来领导，理性得不到伸张。这种自由是"人人各行其意愿"，各自随心所欲，本质上是一种卑劣的自由。[②]实际上，雅典民

---

① 廖学胜. 公元前 6—4 世纪雅典民主政治的若干问题. 古代城邦史研究[M]. 北京：人民出版社，1989：258.

② 亚里士多德. 政治学[M]. 吴寿彭，译. 北京：商务印书馆，2013：281.

主的公民大会，公民大约不到 3 万人，而经常出席会议的有 6000 人左右，国家的管理与政府决策都决定于这 6000 人，但是因为会议频繁，需消耗大量的时间，造成在具有公民资格的人中，有着正当工作的、住所远离城邦的及贫穷的公民不能出席会议；而出席的是懒惰的、没有职业的、没知识的公民。"国家大政即由他们中间多数人的意见所决定，或为又能言善辩、娴熟于政治技巧、操纵大会的人所左右。至于多数纯良优秀，实际上乃是国家的中坚分子的公民却为他们统治。"①

2.3　城邦人的自由

古希腊的雅典产生了一种自由，这种自由是世界其他民族没有拥有的自由。希腊雅典城邦的自由行动，"奠定了西方所有自由的意识、自由思想和自由的现实的基础。它构成了希腊的社会精神，把巨大的机会与危险赠给人类。"②这种自由闪耀着历史的光辉，成为人类追求自由的启明星。古希腊人生活比较简朴，把自己日常需要降到最低程度。他们认为外在的物品及物质需要仅仅是为了生存，不能成为奴役人的力量。他们重视身心自由，并享受这种自由，因而对自己的文明和追求都非常自信，敢于为自己的追求而做出勇敢的牺牲。这种自由是哪几种类型的自由呢？自由都是与人的灵魂哪部分有关系呢？

自由显然属于自由人，自由人与自由在古代城邦中具有不同意义，不同于启蒙运动后现代社会的自由和自由人。自由人与自由的深入理解是解开古典博雅教育面纱的必经路径。以人的灵魂组成为依据，自由在古希腊可以分为三种自由③，德性的自由与沉思的自由属于自由人的自由，也是古希腊人尊崇的自由；欲望的

---

① 陈康. 论希腊哲学[M]. 北京：商务印书馆，2011：526.

② 卡尔·雅斯贝斯. 历史的起源与目标[M]. 魏楚雄，俞新天，译. 北京：华夏出版社，1989：74-75.

③ 张文涛. 古典教育与自由的三种概念[J]. 江汉论坛. 2015.（6）80-85.

自由属于奴隶的自由，是一种相对的自由，也是现代大多数人所享受的自由；沉思的自由是极少数具有天赋的哲学王享受的自由。

2.3.1 欲望的自由

在古希腊，苏格拉底和柏拉图等哲学家把人分为身体和灵魂，而灵魂又分为三部分：理性、欲望与激情，欲望最顽劣、蛮横，以需要的直接满足为目标追求。三个部分对应人的三种德性，理性对应智慧，欲望对应节制，激情对应勇敢。

欲望是人身体流淌的力比多，柏拉图在《理想国》中把人的欲望分成两种，一种是"必要的欲望"，比如为了维持身体健康，人口渴时要喝水，人饥饿时就会想吃肉等；另一种是"不必要的欲望"，这种欲望是必须消除的，对人身体的和谐发展没有任何好处，只有坏处。[①] 两种欲望具有共同的本质特征，欲望只会欲求自己本性所需要的东西，缺乏任何规范自身的手段，口渴只会欲求饮料，而饥渴只会欲求食物。[②] 欲望与欲望的对象之间存在一种必然性的联系。就如荀子所说："目好色，耳好声，口好味，心好利，骨体肤理好愉逸。"欲望是灵魂的非理性部分，它能量巨大，日夜不歇，有时像熊熊烈火，有时犹如滔滔洪水，让人欲罢不能。如果第二种欲望占据人灵魂的主宰地位，它就会奴役人的身体，限制人的灵魂，使人为它服务，受它驱使，成为它的奴隶。"饮食男女，人之大欲存焉。"（《礼记》）城邦成为一个"猪的城邦"，一切"战争、革命和争斗的唯一原因是肉体和各种欲望。因为一切战争的产生都是为了赚钱，我们是为了肉体而被迫赚钱。我们是为了发财而奔走的奴隶。"[③] 肉体渴望得到满足，感官希望得到快乐，满足和快乐的伙伴是欲望。欲望秉性耿直，贪欲无限，追求财富，渴望物质的丰裕。人的灵魂服从欲望与欲望对象的必然性联系，从而得到了自由，我们可以称之为"欲

---

① 柏拉图. 理想国[M]. 郭斌和，张竹明，译. 北京：商务印书馆，2012：237.
② 柏拉图. 理想国[M]. 郭斌和，张竹明，译. 北京：商务印书馆，2012：164.
③ 柏拉图. 柏拉图对话集[M]. 王太庆，译. 北京：商务印书馆，2012：219.

望的自由"。这种自由让人欲壑难填，贪欲呈几何级增长，这种欲望的自由还是一种自由吗？如果个人的欲望自由延伸到城邦政治当中，那会出现什么样的社会状态呢？

在古希腊三贤看来，人和城邦具有同构关系，可以用人比拟城邦。每个人灵魂的和谐会促成优良的城邦，人的至善能够形成城邦公共的善。反之，在一个城邦里，如果大多数人都是欲望的自由占据其灵魂的人，追求财富和更多的财富便是这个城邦和城邦里的人都重视的事情。这个城邦的政体便是平民民主政治，任何自由人都有机会作为统治者和被统治者。在生活上，自由表现为每个人的随心所欲，过日子"爱怎么过就怎么过"，人物各色各样，五彩缤纷；生活"像是一袭华丽的旗袍，爬满了虱子"（张爱玲）；人们沉迷于低级下贱的快乐，生活没有节制，没有秩序，他们感觉他们的生活方式是幸福的，快乐的，自由的；他们不但不崇尚美德，反而贬低高贵，年轻人受此影响"在灿烂辉煌的花冠有幸队伍中走在最前头，率领着傲慢、放纵、奢侈、无耻进行时，他们赞不绝口，称傲慢为有礼，放纵为自由，奢侈为慷慨，无耻为勇敢。"[1]在文化方面，自由与平等得到张扬。首先，一切都是平等的，快乐没有高贵与低贱区别，父亲与儿子平等、外国人与本国人平等，奴隶与主人平起平坐。在学校里教师恐惧和迎合学生，学生漠视教师，老人为人谦和、态度和顺，年轻人则目无尊长、桀骜不驯。国家自由到登峰造极的地步，世界秩序也在颠倒，一切都变成平面化的。但是，如此以来，极端的自由则会导致极端的的奴役，欲望的自由成了通往奴役之路的通行证，民主制也会遭到破坏而发展成僭主制。[2]

在以欲望自由为考量标准的城邦里，宽容是基本的态度，国家可以容许人们满足自己"必要的欲望"以及"不必要的欲望"。各种欲望之间都处于一种平等的地位，没有高低贵贱之分，德性在这里失去价值和意义。甚至一些"不法的欲望"

---

[1] 柏拉图. 理想国[M]. 郭斌和，张竹明，译. 北京：商务印书馆，2012：340-341.
[2] 柏拉图. 理想国[M]. 郭斌和，张竹明，译. 北京：商务印书馆，2012：344-345.

也会得到满足。这种使古代民主制度与现代民主制在理念上没有什么不同，都在尊奉一种价值多元主义。事物没有"好"与"坏"，人们不辨"善"与"恶"，取消"低俗"与"优异"差别，所有的一切都是平等的。质言之，这种民主制会从根本上反对人的"卓越"与"德性"。这样看来，欲望的自由无法与德性取得统一，两者之间的紧张关系又给我们提出了问题，德性与自由是矛盾的吗？是否存在另外一种自由，这种自由会尊崇德性，推崇人的"卓越"呢？

2.3.2 德性的自由

德性（罗马语：virtue）是伦理学中的重要概念，也是古希腊自由人所尊崇的品质。德性（希腊语：arete）在希腊语中原指事物的特性、品格、特长、功能，亦即一事物成为该事物的本性。古典博雅教育的目的是要让青年成为有德性的人。德性包括智慧、节制、勇敢、审慎、慷慨、大方、正义等，具有这些德性的人方可以称之为自由人或者"受过教育的人"。

德性不仅是个人的重要品质，而且也是维持家庭和城邦所必需的品质。在《荷马史诗》的描述中，通过阿基琉斯的故事，德性当初被认为是神所赋予的，少数卓越的人具有的高贵品质，具有整全性；个人的德性必须适应社会既定的社会结构，"宇宙有一种单一的基本秩序，这一秩序既使自然有了一定的结构，也使社会有了一定的结构……要成为正义的（dikaios），就是要按照这一秩序来规导自己的行动和事务。"[①]只有这样，人才能体会到德性与自由关系，理解德性的自由内涵。

亚里士多德对德性与自由关系论证最多也最详细，尤其在《尼各马可伦理学》和《政治学》中。亚里士多德认为德性不得不面对人本性的有限性和城邦具体环境的现实性，人的自然天性和城邦里各色人等不容小觑。他改变了思考问题角度，超越柏拉图哲学理念论，认为德性不是遥不可及的"理念"。亚里士多德正是于此

---

① 阿拉斯代尔·麦金太尔. 谁之正义？何种合理性？[M]. 万俊人，等译. 北京：当代中国出版社，1996：19-20.

批评柏拉图，他认为柏拉图的形而上学深刻影响了其伦理学。

亚里士多德的德性观具有实践理性特征。在亚里士多德看来"一切德性，只要某物以它为德性，它就不但要使该物状况良好，并且要给予该物以优秀的功能。例如眼睛的德性，就不但要使双目明亮，还要让它功能良好（眼睛的德性，就意味着视力敏锐）。马的德性也是这样，它要使马成为一匹良马。"①那么人的德性既是使人成其为人的特性，也是使人能够更好地完满实现其卓越功能的品质。

亚里士多德从功能论角度论述德性，首先从个人方面，人具有各种各样的功能，所以人具有各种不同的德性，德性之间会相互冲突，那么人如何统一这些德性呢？人能够成为一个有德性的人是由于他具有一种或几种德性，还是具有全部的德性呢？显然，亚里士多德希望人具有完整的德性，成为一个德性完备的人，实现人的至高目的——幸福，达到人的至善。其次，从城邦方面，个人生活在城邦中，每个人的都生活在社会结构当中，社会结构规定着个人不同的社会角色。决定希腊人社会角色的是城邦，城邦要求不同人实现不同的社会功能。德性就是人能够实现其卓越功能及角色的品质，"德性的实践是在城邦这个环境中进行的，而且依据城邦，德性才可得到界定。"②功能的实现为了目的，人在城邦中实现不同功能，占据一个社会位置，人这个位置不是静止的，而是朝向既定目标前进的。不同的个体组成城邦，城邦就是一个共同体，在共同体需要认同共同的城邦生活，具有共同的目的——整体幸福的观念。③

亚里士多德把人的灵魂分为无逻各斯部分和有逻各斯部分，无逻各斯部分是灵魂的生长和营养部分，不能产生理性；两部分交集处是分有逻各斯，听从逻各斯教导的无逻各斯部分。相应地，德性划分为理智德性和道德德性，智慧、理解和明智是理智德性，慷慨与节制是道德德性。道德德性不是自然产生的，自然仅

① 亚里士多德. 尼各马可伦理学[M]. 苗力田，译. 北京：中国社会科学出版社，1990：32.
② 阿拉斯代尔·麦金太尔. 德性之后[M]. 龚群，等译. 北京：中国社会科学出版社，1995：170.
③ 汤剑波. 追寻美德的统一——古希腊德性统一性问题[J]. 伦理学研究，2006(4)：59-66.

仅赋予人们接受德性的潜能，我们通过应用它们而获得德性。"我们通过做公正的事成为公正的人，通过节制成为节制的人，通过做事勇敢成为勇敢的人。"①

人在做事（行为）的情境中是自由的，人到底选择过或者不及，或者从善还是作恶呢？人在选择时要依据知识，根据当时的情境和自己的意愿，不要过度与不及，方能做出适度的决定。人只有做出合乎德性的行为才能说这个人具有德性，不是说他有德性的知识就说他有德性。德性的自由是选择的自由，选择的根本依据与目的在于幸福。德性是自愿的、有意识的、有目的的自由选择的行动。自由选择是否适度由逻各斯决定，要避免两种恶：过度与不及。"德性是一种倾向或习惯，包括审慎的目的或选择。道德在于中庸之道，这取决于我们自己，由理性来确定，或者像一个审慎的人会予以确定的那样。"②

道德德性的这种自由，主要来自于理智德性中的明智，明智也称为实践理性（实践智慧）。实践理性是连结理论理性和人类事务的中间部分，是多数人都可以从事，以实践的善为目的，并指导这一目的的行为能力。用麦金太尔的话来说："实践理智是把有关对如此这般的一类个人或这些个人本身来说一般地做或在某些特殊境况中做某事是善的真理，应用到特殊情形中的某个人自身的那种实践能力。"③道德德性在选择时应该考虑时间、地点、程度、方式等当时现实环境，做出适度（中庸之道）选择，需要实践理性这种能力。一定程度上说，具有了实践理性也就具有做出德性行为的可能性。实践理性正是德性自由的运用与实现。

但是，人的本性是"都爱自己，而自爱出于天赋，并不是偶发的冲动。自私固然应该受到谴责，但所谴责的不是自爱的本性，而是那超过限度的私意。"④所以，面对人性的缺陷，自由选择是困难的，特别是以适当的方式、程度，在适当

---

① 亚里士多德. 尼各马可伦理学[M]. 廖中白，译. 北京：商务印书馆，2003：36.
② 梯利，伍德增补. 西方哲学史[M]. 葛力，译. 北京：商务印书馆，2015：95.
③ 阿拉斯代尔·麦金太尔. 谁之正义？何种合理性？[M]. 万俊人，等译. 北京：当代中国出版社，1996：164.
④ 亚里士多德. 政治学[M]. 吴寿彭，译. 北京：商务印书馆，2013：55.

的时间和地点出于适当的理由，对待适当的人和事，做到自由选择的适度非常不易。那么，正因为困难，我们才认为做出这种适度行为的人是高尚的，值得称赞的。[①]德性具体化为人在实践活动中选择所表现出好的行为品质，也是人们对于人能够出色地完成人的实践的生命活动的称赞，如勇敢、节制、慷慨、大方、大度、温和、诚实、机智、羞耻等。

德性的自由是人实践理性的自由，是古希腊人大力推崇和倡导的自由，这种自由是多数人（公民）可以实践的自由。在伦理实践中，人成为有德性的好人；在政治实践中，人成为具有好的公民品质的好公民。但是，对于极少一部分精英分子，这种自由还是不够的，这种德性对于他们不是最完备的，他们渴望最高的一种自由——沉思的自由。

2.3.3 沉思的自由

沉思的活动是神性的活动，人的理性思考似乎是超越于人近乎神的活动，所以人的沉思活动作为理智德性，本身就是自足的。沉思活动是对应于人灵魂中最高的东西——"努斯"（Nous）的实现。"努斯"在古希腊首先由阿那克萨哥拉作为一个哲学概念引入，影响了苏格拉底，造成了古希腊哲学从自然哲学向人的哲学根本转变。相对于被动的、带有物质性的灵魂，努斯是超越的、能动的纯粹精神，它是脱离整个物质世界，与感性相对立的纯理性。这种活动只有少数人才可以实现，属于精英人群，在古希腊是属于神学家和哲学家，也就是柏拉图思想中的哲学王。这种活动最根本产物是智慧，智慧是属于人理智德性当中的一种。[②]智慧这种德性最先为苏格拉底和柏拉图所认识和推崇，他强调人应该关注理念世界，关注美德共同的"相"。

苏格拉底和柏拉图认为德性在于人的理性，灵魂的理性部分是德性的载体。

---

① 亚里士多德. 尼各马可伦理学[M]. 廖申白，译. 北京：商务印书馆，2003：55.
② 亚里士多德. 尼各马可伦理学[M]. 廖申白，译. 北京：商务印书馆，2003：305.

德性是形而上的"相"或"一"，具有整体性和可教性，而不是枚农心里的"一大窝品德"（老人的品德、儿童的品德、奴隶的品德、自由人的品德等）。[①]德性不关涉变化的现象世界，而是对理念世界的统一认识，人的理智本性贯穿在道德本性之中，"正义、自制、勇敢、友爱、虔诚等美德都是同质的，都是由人的理智本性体现为道德本质，它们就不是零散破碎，可以有此无彼地孤立存在的，而是相互贯通有内在联系的整体。"[②]

显然，柏拉图关于德性的论述，是建立在他的理念论基础之上，在个人方面，他肯定人灵魂的理性部分，理性应该统领激情和欲望，使人本身趋向秩序的正义。在城邦方面，他认为在理想国中只有少数人即哲学王具有完备和全部的德性，其他银质和铜铁质的多数人只具有碎片化的道德。所以，哲学王是自由的，但他要重返洞穴，领导和驾驭具有部分道德的人，使他们具有德性。他忽视个人的激情与欲望非理性部分，并且个人的德性还面临着城邦复杂实践情境，以及城邦里不同人的人性，当作为好人的苏格拉底面对基于习俗与法律的城邦及公民时，作为德性代表的哲学王就变得不自由，他将面对好人与非正义城邦的道德困境，而只能以死亡来成全德性的整全性。本质上，这场悲剧隐藏着欲望的自由（城邦各种公民）与沉思自由（哲学王）之间冲突，以及自然与习俗之间对立。亚里士多德对此困境不能不察，但是他还是认为远离政治的沉思的生活是最幸福的，也是最自由的。

沉思是合乎我们德性当中最好部分的实现活动，因而从事沉思活动的人是最幸福的。人在沉思状态中最像神，实现了神最为优越的福祉。亚里士多德认为，首先努斯是我们灵魂中最高的部分，实现努斯的活动相应就是最高等的一种实现活动，得到的知识也是最完善的，最完备的；其次，沉思活动是最为连续，也最为持久的活动，也最为纯净，是所有合乎德性的活动中最令人感到愉悦的；第三，

① 柏拉图. 柏拉图对话集之枚农篇[M]. 王太庆，译. 北京：商务印书馆，2012：156.
② 汪子嵩. 希腊哲学史（第二卷）[M]. 北京：人民出版社，1993：436.

沉思活动本身是自足的，自己就能够沉思，能够不依靠外力就可以拥有智慧；第四，沉思被人喜欢是因为自身之故，而不是由于外在的目的；最后，沉思是神性的活动，是人对超越性需要的追求与满足，与人身上最好的部分相互适应。沉思的自由是不依赖于外在的实践活动，这种自由是自足的，完全的自由。①沉思的自由是没有限制的自由，这种自由属于少数精英人士。世间只有极少一部分人，能成为拥有智慧的人。能拥有智慧，则拥有了世界上最幸福的生活。这种人需要沉思的活动，在纯理性世界里自由遨游，不受任何局限，做到无拘无束，任性于天地之间。在柏拉图与亚里士多德看来，拥有这种自由的人只有哲学家。

　　沉思的生活是最好的生活，沉思的自由是彻底的自由，那么，既然这种自由这么拥有优势，我们是不是该像提倡德性自由那样，大力倡导沉思的自由，让这种自由惠及到所有人呢？这种自由对于人和城邦究竟有什么样的影响呢？在施特劳斯看来，自由分为哲学家的自由和普通人的自由，哲学家所欲的自由并不适合于普通人。古代哲学只是在解释世界，古代哲学家为知识而知识，需要彻底的绝对的自由。哲学从本质上说就具有"癫狂性"，它必须不受任何道德、文化、法律宗教及传统的束缚，也必须嘲笑一切世俗与道德习惯，向神圣和传统提出质疑与批判，所以"哲学作为一种纯粹的知性追求对于任何政治社会都必须是危险的、颠覆性的。"②"哲学旨在以知识取代意见，但是意见却是城邦运行的必备元素，因而哲学带有颠覆性质，哲学家也必须以这样一种隐晦式写作，他要改善而不是颠覆城邦。换句话说，哲学家的思想功效乃达到某种狂热（mania），而哲学家公开演讲的功效乃做到节制、稳健。哲学就本身而论超越政治、宗教和道德，城邦却是而且理应是符合道德和宗教的"③因此，拥有理智能力的人毕竟是少数人，沉思的自由只能是少数哲学家的自由，这种自由是最高的自由，也可能隐藏着最大

① 亚里士多德. 尼各马可伦理学[M]. 廖申白，译. 北京：商务印书馆，2003：305-311.
② 列奥·施特劳斯. 自然权利与历史[M]. 彭刚，译. 北京：生活·读书·新知三联书店，2003. 61.
③ 列奥·施特劳斯. 苏格拉底问题与现代性——施特劳斯讲演与论文集（卷二）[C]. 李永晶，译. 北京：华夏出版社，2008：274.

危险。它可能导致虚无主义的危机，让个人不能有思想的归宿，也可能让城邦与习俗传统遭受破坏。这种自由在古希腊人看来必须受到限制，不能全面普及。

2.4　城邦自由人

从经典文本中，我们总结出古希腊人的三种自由分别是：欲望的自由、德性的自由和沉思的自由。三种自由在古希腊处于不同地位，每一种自由都对应不同的政体制度，古希腊人对待它们也采取有区别的态度，分别是抑制欲望的自由，倡导德性的自由，限制沉思的自由。真正的古典自由应该是德性的自由和沉思的自由，我们所说的自由人，首先，所有的自由人都具有政治意义的自由，在身份上与奴隶相区别，能够抑制欲望的自由；其次，极少数人能够到达沉思的自由，具有好奇精神；第三，自由人中大多数人应该是实践德性的自由，能够成为一个好公民。

2.4.1　自由人的政治身份

在亚里士多德的《政治学》里，自由人就指是自由民，与奴隶相区别。"任何人在本性上不属于自己的人格而从属于别人，则自然为奴隶。"①奴隶与自由人区别明显，不仅仅是在体格上，而且在灵魂方面差异更加明显。奴隶没有理智，仅仅能够感受到别人的理智，自由人具有理智；奴隶因为是财产或用品而被当作工具，属于自由人的私人财产，自由人则拥有自己。自由人与奴隶这种关系在亚里士多德看来是自然正当（nature right），正是大量奴隶的辛苦劳作，才换来自由人的自由与闲暇。自由人几乎不用劳动，就可以满足自己生活的日常需要，还能生活相对比较舒适。所以，自由人是具有身体自由和意志自由的人，具有政治意蕴：首先，身体不属于别人，不会被别人拥有当作工具使用；再者就是具有独立人格，

---

① 亚里士多德. 政治学[M]. 吴寿彭，译. 北京：商务印书馆，2013：13.

有理智，能够独立思考，为自己而活，而不单纯受别人意志的驱使；其次，亚里士多德认为自由人可以"人人轮番当统治者和被统治者"，"政治家所治理的人是自由人"，他们所执掌的权威为"平等的自由人之间所付托的权威"。[①]

从奴隶与自由人对比中，我们发现"自由人"的自由有两方面含义：首先是个人意义上的自由，如以赛亚·柏林所认为的那样，"自由这个词的积极意义来自于个人希望能够做自己的主人。我希望我的生命与决定是依靠我自己的，而不是依靠任何外在的力量；我希望成为自己的工具，而不是别人的意志行为所支配的；我希望自己是一个主体，而不是一个对象；我希望我是由自己的理性及有意识的目的所推动的，而不是被外来的原因所影响。"[②]其次，是政治意义上的自由，这种自由在法国哲学家贡斯当看来主要是一种公民资格，即参与公共事务辩论与决策的权利，"在于以集体的方式直接行使完整主权的若干部分：诸如在广场协商战争与和平问题，与外国政府缔结联盟，投票表决法律并做出判决，审查执政官的财务、法案及管理，宣召执政官出席人民的集会，对其指责、谴责或豁免。"[③]

所有的自由人都应该活得像个自由人，而不能像奴隶一样，身体要自主，不依附于别人；灵魂要独立，不要受欲望驱使。欲望有时就是一位残暴疯狂的主人，使人的灵魂不能独立。在现实中欲望使很多人慕求钱财、荣誉和名声，而鄙视智慧和真理。苏格拉底曾经告诫和质疑城邦里这样的自由人，"高贵的公民啊，你是雅典的公民，这里是最伟大城邦，最以智慧和力量闻名，如果你只关心获取钱财，只斤斤计较于名声和尊荣，既不关心，也想不到智慧、真理和自己的灵魂，你不感到惭愧吗？"[④]他认为自由人不要只关心自己的欲望与钱财，轻视自己的灵魂；

① 亚里士多德. 政治学[M]. 吴寿彭，译. 北京：商务印书馆，2013：19.
② 石元康. 当代西方自由主义理论[M]. 上海：上海三联书店，2000：11.
③ 邦雅曼·贡斯当. 古代人的自由与现代人的自由[M]. 阎克文，刘满贵，译. 上海：上海人民出版社，2005：34.
④ 柏拉图. 柏拉图对话集[M]. 王太庆，译. 北京：商务印书馆，2012：41.

应该关心美德，美德是钱财和一切福利的来源。自由人能够具有一颗和谐自由的
灵魂是最重要的事。

2.4.2 自由人的和谐灵魂

在柏来图看来，自由人具有和谐的灵魂，而和谐的灵魂就是灵魂的正义。一
个自由人如果具有一颗和谐的灵魂，那么他的灵魂就会像一个音乐家，将高音、
低音和中音以及其他音节合在一起，调配出最美的交响曲，是用自己的生命在演
奏，自由人的一切行动和言行都能做到和谐一致，因此而成为一个好公民。为了
讨论这个问题，柏拉图把人分为身体和灵魂，而灵魂又分为三部分并且以马车隐
喻灵魂，"把每个灵魂划分为三部分，前两部分像两匹马，第三部分像一个御车人。
我们现在姑且还依这种划分。你也许还记得，这两匹马之中一匹驯良、一匹顽劣。
究竟它们驯良在哪里，顽劣在哪里，我们还没有说明，现在就要说明了。头一匹马
样子顶美，身材挺直，颈项高举，鼻子像鹰钩，白毛黑眼。它爱好荣誉，谦逊和节
制，因为懂事，要驾驭它并不要鞭策，只消劝导一声就行。至于顽劣的马恰相反，
庞大，拳曲而丑陋，颈项短而粗，面庞平板，皮毛黝黑，眼睛灰土色里带血红色，
不规矩而又骄横，耳朵长满了乱毛，又聋，鞭打脚踢都难得使它听调度。"[1]

隐喻显示人的灵魂包括理性、欲望和激情三个部分，理性是驾驭马车的人，
而欲望和激情是两匹马，激情是一匹性情温良的马，欲望是一匹性情顽劣的马。
灵魂的三个部分显示人的三种德性，理性对应智慧，欲望对应节制，激情对应勇
敢。理性在激情的协助下，谋划领导着整个灵魂，共同领导和监视着欲望，因为
欲望"占每个人灵魂的最大部分，并且本性是最贪得财富的"，"它会因充满了所
谓的肉体快乐而变大变强而不再恪守本分，企图去控制支配那些它所不应该控制
支配的部分，从而毁了人的整个生命。"[2]三个部分各行其职，各安其位，灵魂就

---

[1] 柏拉图. 柏拉图文艺对话集[M]. 朱光潜，译. 北京：人民文学出版社，1963：131.
[2] 柏拉图. 理想国[M]. 郭斌和，张竹明，译. 北京：商务印书馆，2012：172.

会和谐、正义、善好和健康。自由人才能在爱钱财、爱荣誉和爱智慧中找到平衡点，能够成为一个好人，过一种合乎自然又美好的生活。但是，如果三个部分不合乎自然，灵魂就会生病，"健康的造成在于身体内建立起这样的一些成分：它们合自然地有的统治着有的被统治着，而疾病的造成则在于建立起了这样一些成份：它们仅自然地有的统治着有的被统治着"。[1]一个具有和谐灵魂的人就是一个正义的好人，一个由好人组成的城邦才能成为一个正义的城邦。

质言之，自由人是少数的奴隶主与工商业主代表，他们的自由是积极的自由。博雅教育的目的既拯救人于外在的他人与他物的束缚；也强调培养人能够参与公共事务管理，参政议政能力和品质。如何获取自由，成为自由人是一门艺术，自由不能靠欲望与本能获得，只有通过理性教育与净化灵魂而获得，自由之艺的教育对于人获取自由具有必要性。人的本质特点不是依靠直觉和受欲望驱使，而是自己能够自主地、有意识地选择、决定和规划自己生活的能力。自由不能被滥用或者误用，这在以后《圣经》当中也有所反映，比如亚当和夏娃在伊甸园经受不住毒蛇的诱惑而犯下的错误。博雅教育是为了让人知道什么是好的，什么是坏的，什么是人性的卑劣，什么是人性的高贵之处，博雅教育是让人成为人的教育，是人性的教育。[2]博雅教育是培育自由人和谐灵魂的教育。

2.4.3 自由人的沉思与好奇

沉思与好奇是自由人的精神之一。在古希腊，社会中总会有极少一部份自由人具有"好奇"精神，喜欢沉思，柏拉图称之为"哲学王"，亚里士多德认为他们是实现最高德性——智慧的人，而苏格拉底就是这些人的典型代表。苏格拉底的悲剧恰恰在于他具有绝对沉思的自由，愿意做城邦和牛虻，而不顾政治现实的粗

---

① 柏拉图. 理想国[M]. 郭斌和，张竹明，译. 北京：商务印书馆，2012：177.

② Patrick J. Deneen. Science and the Decline of the Liberal Arts[J]. The New Atlantis, 2009, 26（4）：60-68.

糙与蒙昧，一味地以理性之光启蒙民众，最后被雅典民主毒死。哲学家的自由是危险，哲学家在也可能成为社会的"火药桶"①。

"好奇"不仅仅是指心理学上的人所具有的"好奇心"，更具有哲学层面和人的精神层面意义。"不论现在，还是最初，人们都是由于好奇而开始哲学思考的。……一个感到疑难和好奇的人，便觉得自己无知（所以，在某种意义上，个爱智慧的人也就是爱奥秘的人，奥秘由好奇构成）。如若人们为了摆脱无知而进行哲学思考，那么，很显然他们是为了知而追求知识，而并不以某种实用为目的。……显然，我们追求它并不是为了其他效用，正如我们把一个为自己，并不为他人而是人的人称为自由人一样，在各种科学中唯有这种科学才是自由的，只有它才仅是为了自身而科学。"② "好奇"对于奴隶来说是一种奢侈品，只有自由人才配消费这种奢侈，他们是"闲暇"的人。好奇、闲暇和自由是一个问题的不同表达方式。因此，"知识智慧"源于"好奇"，就等于说，"知识智慧"源于"自由"。③自由是摆脱狭隘功利的一种精神状态，这种精神状态具有主动性，而不是被动的。自由人生活必需品得到满足，也满足了生活舒适的需要，他们才会为了求知而研究学习。学习自由之艺，不是为了其他实用需要，而是为了寻求智慧；为了自己生存而生存，不为别人的生存而生存，这是自由人学习自由之艺应有的态度与品格。

2.5 古典博雅教育与"自由之艺"

欲望的自由是具有现代意义的自由，在启蒙运动以后得到了普及和宣传，但在古代社会是受到抑制的。具体到教育领域中，欲望的自由对应于实用的教育，

---

① 刘良华. 柏拉图的教育理想[J]. 今日教育，2015(3)：64-65.
② 亚里士多德. 亚里士多德选集：形而上学卷[M]. 苗力田，译. 北京：中国人民大学出版社，2000：28-31.
③ 叶秀山，王树人. 西方哲学史（第一卷）[M]. 苏州：江苏人民出版社，2004：7.

追逐物质财富和功利的东西，这种教育不是博雅教育，不适合教育自由人，应该受到贬低；德性的自由就是自由人的道德德性得到充分实现，而实现的途径是对自由人中大多数人实施公民教育，特别是在正宗的共和政体中；沉思的自由对应于哲学家闲暇教育，三者共同诠释博雅教育的内涵。

2.5.1　古典博雅教育的内涵

1. 博雅教育是非实用的教育

亚里士多德认为博雅教育是非实用教育，具有非功利化、非实用性特点；其目的在于培养人理性和德性，实现人的德性和发挥沉思的自由，而沉思是人最高层次的活动，甚至规定着人的特质，实现人的功能，使人成其为人，使人性向神性靠近；博雅教育是文雅和广博的，为知识而知识，培养人发展自身的素质，是高尚的或高贵的教育。而实用教育实质是一种技艺学习的训练，具有外在的实用目的，属于非自由的教育；目的是为了谋生和从事某种职业作准备，是"卑贱"或"卑陋"的。两者对比，博雅教育高于实用教育。当时的古希腊自由人，都愿意让自己的孩子接受自由之艺的教育，"父辈对于诸子应该乐意他们受到一种既非必需亦无实用而毋宁是性属自由、本身内含美善的教育"，"事事必求实用是不合于豁达的胸襟和自由的精神的"。[①]他们认为博雅教育的最终目的是指向人类至高的理性活动，切合人生的目的，而技艺训练属于实用课程，使人从事具体业务，虽属必需，但是被外物所役使，也"只可视为遂生达命的手段"。质言之，职业或者专业的教育是实用的，是谋生的教育，这种教育在亚里士多德看来是鄙贱的，会束缚人的心智和善德；而博雅教育是无用的教育，却能实现人的精神自由，超越人的生存需要，展示人灵魂的卓越。

这里会有一个问题，为什么技艺训练的实用教育的地位就是卑贱的，而自由之艺的学习就是高贵呢？对于这个问题的回答，有以下两点：首先，来源于人们

---

① 亚里士多德. 政治学[M]. 吴寿彭，译. 北京：商务印书馆，2013：417-419.

评价学科的标准是身心二元论（mind-body dualism）：非物质和精神是第一位的，而感觉和物质是第二位的，精神高于物质。人的理性能够控制人肉体的欲望，是人本性的表现。博雅教育采用理智学科（intellectual studies），而技艺训练则是采用实用学科（useful studies）；理智学科的价值大于实用学科，理智学科与贵族和上层阶级关系密切，而下层阶级多以感觉为动力。博雅教育价值不在于产生任何实用价值，而是因为它们与人内在的本性相联系，因此博雅教育自身就蕴含着价值，价值是自足的和本身固有的。而实用教育的技艺训练只是一种手段，正是作为一种目的实现的工具，它们的价值在于其所达成的目的。一种教育如果只是作为一种工具而具有价值，是一种外在价值，那就意味着这种教育是低层次或者是卑下的，就像奴隶服侍奴隶主一样，奴隶只是工具。

其次，在于技艺和明智、智慧、努斯在揭示真理及生存论意义上的不同特点。亚里士多德在《形而上学》中提出事物根本原因包括四种：质料因、形式因、动力因、目的因。其中，动力因是指事物运动静止的原因和源泉，是与制作者相关的原因，如雕像的制作者雕刻家就是雕像的动力因。[①]技艺的目的在于制作一种东西，而参与技艺训练的人日后也从事制作事物，成为制作者。人作为制作者在参与制作期间，制作出有用之物，制作者在制作活动之中并不能持于自身，他要不断地损耗自身，就像工具一样，制作者的生命已经融合到年复一年的制作活动之中，无法从中抽身出来。制作者实体化，与其周遭的环境融合在一起，亲密得没有丝毫空隙。正如海德格尔在《存在与时间》论述的那样，技艺制作活动中一直以"为了作某某之用（Um—zu）"[②]的存在为标记，而且每一个"为了作某某之用（Um—zu）"都不是自足的，都不能回复于自身，每一个"为了作某某之用（Um—zu）"一直是无缝隙地为了另一个"为了作某某之用（Um—zu）"。技艺的目的不同于那些自足意义上的目的，比如智慧。非自足意义的目的所规定的关联

---

① 亚里士多德. 形而上学[M]. 吴寿彭，译. 北京：商务印书馆，1995：6-7.
② 海德格尔. 存在与时间[M]. 陈嘉映，译. 北京：生活·读书·新知三联书店，2012：87-88.

域充斥着"为了作某某之用（Um—zu）"，这样的世界看起来似乎为自身不充足的目的——外在的目的——所规定，实质上是为有用性所限定，一者为了另一者，每一者只是作为手段而消耗自身，尽管在这种消耗之中进入其存在。这样技艺所揭示的关联域就只是一个工具性的关联域，在这个关联域中存在的每一物——包括制作者——都是作为有用的东西，如此，制作者作为处于技艺所揭示的关联中的并为有用性所规定的"人"，他们的存在淹没于外在目的的关联中，而变得晦暗①。

运用自由之艺的领域是实践活动和理论活动，通过明智、智慧和努斯三种方式，明智实现的领域是伦理实践和政治实践，而智慧与努斯是在理论活动。明智在实践中，虽然与技艺一样面对可变化的对象即"始点（archc）不变"，但是目的既可以是外在的，也可以是实践本身；实践是连接人的理性和人类事务的中介，它因理性之光而照耀人类事务，它以德性为目的，发布命令而指向行为。人在实践领域具有能动性，他以善为目的，以中庸为原则，审时度势，尽量做到适度。追求善的行为自身自始至终都离不开明智。由此可见，明智的始点和目标都是人生活的善，是善的实践活动。明智揭示出了行动的始点和目标。智慧和努斯的对象是不变的事物，具有永恒的和普遍性特点，这种揭示真理的活动被称为沉思。而沉思本身是自足的、神性的活动，是人类最高级的活动。所以，自由之艺的高贵性，在明智、努斯和智慧三种认识和揭示世界的方式和活动中得到确证；而技艺之粗鄙与低级的性质也在技艺的制作活动中得到证明。博雅教育与技艺训练两种教育形式的品格与地位也因此而得到解释与安顿。

2. 博雅教育是公民教育

自由人具有德性的自由，针对德性的自由进行的教育是公民教育，公民教育是博雅教育最本质的教育形式。在公民教育中，自由之艺得到实践，实现了个人

---

① 朱清华. 海德格尔对亚里士多德实践智慧（Phronesis）的存在论诠释[J]. 现代哲学，2009，(6)：60-67.

完善的德性，使人成为一个好人，也在正确处理城邦的公共事务中使其成为一个好公民。古典的公民教育在柏拉图《理想国》中主要表现为国家护卫者的教育，而在亚里士多德的伦理学和政治学著作中主要表现为正宗共和政体中的公民的教育。两者都强调公民的德性教育，但是在教育对象的数量和群体方面存在差异。

首先，柏拉图的公民教育主要是国家护卫者的教育。护卫者在城邦中责任重大，他们维护城邦的良好秩序，也保护自由人的生命和财产免受侵犯。胜任这种工作，需要护卫者具有"爱好智慧""秉性刚烈""敏捷有力"的品质，而且在对待公民和敌人方面要做到爱憎分明，心底无私。显然，对于护卫者的教育是国家大事，也决定人的一生。教育城邦未来的护卫者，"就需要有比别种人更多的空闲，需要有最多的知识和最多的训练"。[①]在这种教育中，柏拉图除了关心用体操来训练自由人身体，更为重要是"用音乐来陶冶心灵"，用诗歌和故事影响人的美德。所以，选择诗歌和故事就是教育者的头等大事，为了培养的公民美德，柏拉图制定了选摘课程标准。

为了培养美德，不能把所有的诗、故事都引入到教育，教育应该选择最优美最高尚的故事，比如应该选择写出神的本质是善的诗歌和故事，要把神的勇敢、诚实和忠诚展示给受教育者，而不要把英雄描写得庸俗不堪、相互争斗、放纵欲望、怨天尤人等作品选进来。未来的护卫者在正面教育的影响下，学到故事和诗歌当中优秀的品质，并以具有这种品质的人为榜样，模仿他们的言行，才不至于走上歧途。哲学王为此要审查和规定诗人的写作。另一方面是音乐教育，音乐在古希腊时期是指文艺教育，泛指诗人主宰的任何艺术，狭义而言是指节奏，节奏既存在诗歌和竖琴的旋律学习中，也在舞蹈和文学中得到体现，特别是在诗歌中得到充分表现。诗歌包括歌词、调子和节奏。他们认为音乐是针对人心灵当中的理智部分，而体育在于强健人的身体，对应人的激情部分，所以，音乐的学习在于其能平衡体育与智育（intellectual education）之间的比重。音乐教育在于净化人

---

① 柏拉图. 理想国[M]. 郭斌和，张竹明，译. 北京：商务印书馆，2012：71-75.

的心灵，达到身心的和谐发展，以及"对美的，有秩序的事物的和谐热爱。"①

　　其次，亚里士多德把公民教育放置在城邦政体中理解。他首先在《尼各马可伦理学》中，指出人的"德性作为对于我们的中道，它是一种具有选择能力的品质，它受到逻各斯的规定，像一个明智人那样提出要求。"②在人在实践中能做出中庸之道的选择是伦理德性的实现，而选择主要依赖于人的实践智慧。为了实现德性自由，此在面对选择做出决定是困难的，此在通常会在日常世界中迷失自己，成为"常人"的状态，在与"世界"共在中，世界是环境、地点、时间和其他此在的构成的境域。人就处在这种境域之中，如果此在不能与逻各斯（logos）结合，没有独立思考的能力，就会很容易失去自己本身的存在，而成为他在，被"常人"的存在所遮蔽，任由他人来调遣，此在成为"非本真"的存在。而公民教育的目的，就是在于训练人的理智，让人不依附他人、独立思考，达到理智的自由，从而审慎地做出决定，开始明智的行动，实现自我的本真的存在。③

　　然后，在《政治学》中，亚里士多德认为城邦的善是最高的善，人作为城邦的材料要服从于城邦目的，人对美好生活的追求只有在城邦中才能得以实现，城邦政体对于人的要求就是博雅教育作为当时公民教育的目的所在。亚里士多德依照统治者的数量为准分为以下正宗政体，分别是君主制、贵族制和共和制，这三种政体是好的政体。正宗政体分别对应有变态的形式，是僭主制、寡头制和多数人暴政的平民政体，这三种形式是坏的政体。④他认为在不同的政体中公民应该有不同的德性，特别是在共和政体中，公民的德性更应该受到重视，否者就会危及城邦的健康运行。如果天时地利人和，部分城邦会采用共和政体，共和政体被亚里士多德认为是最理想的政体形式。在共和政体中所有公民轮番执政，既可以作

① 柏拉图. 理想国[M]. 郭斌和，张竹明，译. 北京：商务印书馆，2012：113.

② 亚里士多德. 尼各马可伦理学[M]. 廖中白，译. 北京：商务印书馆，2003：47-48.

③ 朱清华. 海德格尔对亚里士多德实践智慧（Phronesis）的存在论诠释[J]. 现代哲学，2009，(6)：60-67.

④ 亚里士多德. 政治学[M]. 吴寿彭，译. 北京：商务印书馆，2013：136-137.

为统治者也可作为被统治者，民主、自由和平等是共和政体中主导价值理念。在亚里士多德看来，公民教育是为了民主社会而培养有德性的公民，公民的德性是政治实践中首要的因素。欲望与德性的对比即是"拙劣"与"优异"，"高贵"与"低俗"，"好"与"坏"的区分。各种价值之间有着不同价值序列，建立欲望基础之上的自由是低等自由，而德性的自由是高贵的。"城邦即学校"，公民德性的获得在于政治实践，公民教育就是人的一种生活方式，其核心是实践智慧。实践智慧分有逻各斯，否者就空无一物。培养德性的教育在于习惯的养成，这里亚里士多德继承了柏拉图传统，认为音乐教育够陶冶性情、造就和谐、培植品质，能够影响人的灵魂。在音乐教育中人的情感得到升华，灵魂受到洗涤，人的品格和个性得到塑造。比如杜里调神凝气和，它合于中道，最适合少年的性格发展；最为庄重，适合表现勇毅的品质。① 由此可知，博雅教育在公民教育意义上是一种德性的教育，是一种德性的政治实践活动。

3. 博雅教育是闲暇教育

"闲暇"一词来源于拉丁语，原意为"许可"，指人在辛苦劳动之余进行的活动，泛指摆脱劳动后能得到自由时间和自由活动的许可。古希腊先哲柏拉图认为闲暇有四层含义，即"空闲""从活动中获得自由""一种自我控制的自由状态"和"休闲的状态"。② 柏拉图给青年人授课的"学园"，希腊语是 schole，现在英语叫作 school（学校），意思是有闲暇的人能去读书的地方。从事战争和政治活动是辛苦和繁忙的，是闲暇的对立状态。闲暇是一种心灵的自由状态，是生存问题解决之后的，供个人自由支配的时间，但是闲暇并不意味着懒散，无所事事，缺乏目的性或虚掷时间。③

亚里士多德把闲暇称为"手边的时间"，从三个方面说明了闲暇的意义。首先

---

① 亚里士多德. 政治学[M]. 吴寿彭，译. 北京：商务印书馆，2013：428-429.
② 冯建军，万亚平. 闲暇及闲暇教育[J]. 教育研究，2000，(9)：37-40.
③ 瑟夫·皮珀. 闲暇：文化的基础[M]. 刘森尧，译. 北京：新星出版社，2005：35-40.

他认为闲暇是个人与城邦优良生活的必要条件之一。"对个人和对集体而言，人生的终极目的都是相同的；最优良的个人的目的也就是最优良的政体的目的。所以这是明显的，个人和城邦都应具备操持闲暇的品德；我们也反复论证和平为战争的目的，而闲暇又正是勤劳（繁忙）的目的（那么这些品性当然特别重要）。操持闲暇和培养思想的品德有些就操持于闲暇时和闲暇之中，另些则操持于繁忙时和繁忙之中"[①]。在亚里士多德看来闲暇与和平对应勤劳与战争，闲暇是勤劳的目的，两种生活对个人与城邦都应该有各自不同的善德，战争与繁忙的善德是勇毅与坚忍，而和平与闲暇的善德是智慧，两者共有的善德是节制与正义。在古希腊时期，战争与和平是人们生活的两大主题，当人们进行战争后就有一大段时间无所事事，如何在和平时间能够有一种善德就是操持闲暇。操持闲暇的善德是让人能够节制而不至于堕落，受欲望与情感的支配，过一种和谐、高尚和文雅的生活。

其次，亚里士多德认为闲暇是一种自由的活动，闲暇具有自由的本质。[②]自由精神是人区别与动物本能的特殊精神活动。人在闲暇时候所作所为应该完全出于自己意愿，而不是像繁忙这种活动是为他人或他物所驱使。在这个意义上闲暇不仅具有时间意义上客观性，而且具有心理意义的主观认知，在闲暇时候，人们心理有一个时间而不是客观钟表，人们依据心理时间，自由地安排自己的生活。闲暇具有自主性和自由选择的特点，因此，操持闲暇根本目的在于促进人们能够明智地、有价值地利用闲暇，在闲暇中进行自我安排与自我决断，能够随自我意识而行动。自由操持闲暇，不是任性地以娱乐和游戏消遣闲暇，闲暇本身就具有内在价值与目的，也同时具有让人愉悦的特点，还与人生幸福紧密联系。人在闲暇中，应该培养善德，发展理性，以造就豁达的胸襟和自由的精神。这就需要有专门的教育教会人们享受闲暇，博雅教育正是这样的教育。

第三，闲暇与人生的幸福相联系。幸福是最高的善，幸福不是表面上可见的

① 亚里士多德. 政治学[M]. 吴寿彭，译. 北京：商务印书馆，2013：416.
② J. 曼蒂，L. 奥杜姆. 闲暇教育理论与实践[M]. 叶京，等译. 北京：春秋出版社，1989：8.

快乐、财富与荣誉，虽然人们在有些时候会把他们相互混淆，比如生病时感觉幸福是健康，穷苦潦倒时候说幸福是财富，失败失意时说幸福是荣誉等。幸福是人生的目的，是最高的善，是始点也是终点。幸福是因自身自故而善，始终被我们作为目的而追求，而不是当作手段和工具追求，其他的追求都是为着它的。合乎德性的活动是人特有的活动，幸福是人合乎德性的活动，符合灵魂逻各斯部分的德性实现的活动。这种合乎德性的活动是本身就是愉悦的，也同时令高尚的人感到愉悦。人有三种生活：享乐的生活、政治的生活和沉思的生活。沉思的生活是合乎智慧这种德性的生活，是最好的生活，拥有沉思生活的人是最幸福的，但是这种生活只有少数人能够达到；沉思的生活是最持久，最稳定的，属于自己，不可能被人拿走的，也是最幸福的，这种生活是神圣的，具有神的品质。^①"幸福似乎包含着闲暇"，闲暇是完全出于自己兴趣而没有其他外在目的的活动。"闲暇是人生的一种作为或活动，这种活动出于理性部分，而犹以理性中的玄想部分为主。^②闲暇有其内在的快乐，蕴含人生的幸福，是人生的目的，而繁忙是人总在追逐外在目的与目标，继续尚未完成的事业，是很难能够体会到这种安闲的幸福。^③在闲暇中，其精神内核是人对于精神和个性的开发，以及处于自由时间的态度与性情，时间不是人所考虑的因素，如果你开始筹划时间，也许闲暇就从身边溜走了。为了操持闲暇，培养人在闲暇时间的善德，这就需要博雅教育。博雅教育是为了培养人的德性，为了教导人们如何操持闲暇，而操持闲暇就是为了让人获得幸福，因为幸福就是让人能够合德性地行动着、思考着。操持闲暇和人生的幸福密不可分，人"唯独在闲暇时才有幸福可言，恰当地利用闲暇是一生做自由人的基础"。^④

概而言之，古典博雅教育的精神在于自由，自由是人之德性的自由和沉思的自由，而非欲望的自由。第一，博雅教育是为自由人之自由的教育，根本目的在

① 亚里士多德. 尼各马可伦理学[M]. 廖申白，译. 北京：商务印书馆，2003：11-28.
② 亚里士多德. 政治学[M]. 吴寿彭，译. 北京：商务印书馆，2013：399.
③ 亚里士多德. 政治学[M]. 吴寿彭，译. 北京：商务印书馆，2013：416.
④ J. 曼蒂，L. 奥杜姆. 闲暇教育理论与实践[M]. 叶京，等译. 北京：春秋出版社，1989：19.

于实现人之德性，充分发展人的理性，使人从无知与偏见中解放出来，不受自己内部的欲望和激情驱使，亦不受外物和他人的控制，独立地思考，能够争取到自己身体和意志的自由，亦能够有效地参与公共事务的管理与决策；第二，博雅教育是非实用的教育，它以自己为目的，本身就是价值，而不是其他事务与物品的工具，这也是博雅教育的高贵之处；第三，博雅教育是公民教育，主要目的培养公民的德性，适应不同的政体，这是博雅教育的有用之处；最后，博雅教育是操持闲暇的教育，人们有忙碌也有闲暇，博雅教育正是教育人们在休闲时间内能理智对待自己的心灵与身体，培养自己闲暇时的善德，安排自己的精神生活，过一种高尚文雅的生活，达到人生的大幸福。

2.5.2 古典 "博雅之艺"

古希腊时代一些学派就设置了不同的博雅教育课程内容，毕达哥拉斯学派认为音乐、算术、几何和天文可以作为必修课程，而智者学派认为雄辩术是适应当时民主发展的必修课程；柏拉图吸收和发展了智者的 "三艺" 及斯巴达的军事体育课程，结合雅典的教学实践经验，第一次在教育史上提出了 "四艺"（算术、几何、天文、音乐）；亚里士多德则继承了前人的课程设置经验，把阅读、书写，体育锻炼，音乐和绘画作为博雅教育的课程。古罗马时代瓦罗提出 "自由之艺" 的概念，并在《自由学科 IX》（Disciplinarum Libri IX）中对以前博雅教育课程进行了总结和分类，即

I	II	III
文法	几何	医学
修辞	算术	建筑学
辩证法	天文	
	音乐	

资料来源：根据 Olaf Pedersen. The First Universities. English translation by Richard North. Cambridge University Press. 1997 中有关内容整理而成。

这三个分类中，第 I 类中是在古罗马和古希腊时期，为培养雄辩家而设置的基础课程；第 II 类是指毕达哥拉斯学派的课程，柏拉图《理想国》中也强调该课程学习的重要性；第 III 类课程是偏实用性的，在古罗马时期成为高等教育的内容，但是后来却没有被列入"博雅之艺"范围（"博雅之艺"课程是学习高层次学问的预备性和基础性课程）。[①] 在公元 5 世纪前半叶，卡佩拉（Martianus Capella）的百科全书中正式提出"自由之艺"，包括第 I 类和第 II 类中的文法、修辞、辩证法、算术、音乐、几何和天文。最终自由"七艺"（seven liberal arts）便成了古希腊课程体系的主干和导源，支配了欧洲的中等与高等教育达 1500 年之久。

"三艺"（trivium）包括文法、修辞、辩证法，培养目标是指向人的自然语言（natural language），自然语言是人类在长期生活当中自然发展而形成的。这些课程内容源于希腊人、特别是雅典人日常生活的需要，而他们日常生活的主体就是公共政治生活。希腊民族一直是用民主的方式管理城邦的典型代表，倾向于用公众讨论与辩论的方式来管理他们的城邦重大事务。在城邦公民集会上，公民能够根据自己的观点，发表有理有据的演说，说服民众是非常重要的一项能力。为此，为了使语言更加具有说服力和号召力，人们发现有必要对语言的实践进行分析，运用语言的巧妙的结构和修辞效果。那个时代的智者（Sophist）普罗泰哥拉（Protagoras，公元前 481 年—公元前 411 年），适应时代需要开设文法，注重文法规则的语言训练。在文法方面普罗泰哥拉做出了重要贡献，他最早通过划分和辨别构成句子的成分，命名各个句子成分，并确定其使用的规则，以实现让人们更加准确演讲和表达自己。后来有柏拉图，更为突出的是亚里士多德，为辩证法和修辞作出了卓越的贡献。另外，"三艺"本身固有结构与法则，符合心灵（mind）本身的规律，能够作为训练理智（intellect）和塑造人的灵魂（soul）的工具，教师就如雕塑家，而他的工具即"三艺"。柏拉图把辩证法作为基础课程之一，不仅是因为辩证法能够增加人在辩论中获胜的概率，也是由于辩证法是领会真理世界

---

① 黄福涛. 外国高等教育史（第二版）[M]. 上海：上海教育出版社，2008：32.

的基础。通过辩证法，人的理性自身可以认识到美、正义、勇敢等理念，以至最高的理念"善"。

"四艺"（quadrivium）包括算术、几何、天文和音乐，设置目的仍然是训练人的理智，但具体目标是指向人类人工语言（artificial language）。[①]其中，算术和几何是数学的两门重要分支学科。无论外在世界的解释还是内在精神世界的描述，数学都必不可少。古希腊数学家、哲学家毕达哥拉斯就悟出这样的观念："万物皆数"，"数是万物的本质"。他最早认为万事万物背后起作用是数的法则，数是"存在由之构成的原则"，而整个宇宙是数及其关系的和谐的体系。数学是一种描述世界的人工语言，描述的方式是对世界抽象推理，而不涉及人的现实世界（可见世界），因此，数学能够使人的心智（mind）敏锐，通向真理，提高智慧。在柏拉图看来，数学知识使人能够达到可知世界的第一部分数理理念，是通向可知世界第二部分理念世界和真理王国的简捷途径。

设置天文学是和古希腊时期宇宙观有着必要的联系。在柏拉图时代之前，宇宙观是以思辨性的宇宙论占主导地位，人们认为天文学是占星术，并且发现和认识了日月食的成因、日光的反照等现象。后来，柏拉图形成自己的数学宇宙观，认为天文学可以作为数学的一个部分，"天文学和几何学一样，可以靠提出问题和解决问题来研究，而不去管天上的星界。"他还认为宇宙最开始是混沌一片，后来由混沌变得秩序井然，宇宙的井然有序也象征着人间美好生活的秩序。人通过接受天体运行的规律来塑造自己的心灵，体会造物主为世界制定的理性方案，这也是设置天文学的目的。

希腊人对音乐非常重视，柏拉图认为音乐在德行（virtue）培养方面的贡献比其他课程重要。音乐在古希腊时期是指文艺教育，泛指诗人主宰的任何艺术，狭义而言是指节奏，节奏既存在诗歌和竖琴的旋律学习中，也在舞蹈和文学中得到体现，特别是在诗歌中得到充分表现。诗歌包括歌词、调子和节奏。他们认为音

① Kathleen Haney，The Liberal Arts and the End of Education [J]. Philosophy of Education.

乐是针对人心灵当中的理智部分，而体育在于强健人的身体，对应人的激情部分，所以，音乐的学习在于其能平衡体育与智育（intellectual education）之间的比重。音乐教育在于净化人的心灵，达到身心的和谐发展，以及"对美的热爱"。①

亚里士多德则认为音乐不是必需品，也不具有实际效用，它的价值在于是一种操持闲暇的理性活动。他认为音乐在三个方面具有很大的作用，分别是陶冶性情、娱乐身心和操修心灵。所以，当时的希腊人都同意孩子学习一门乐器，但是不应该花费太多时间在上面，也不应该像佣工（乐工）一样登场演奏，否则就会使自己变得庸俗，也降低了博雅教育（liberal education）的质量。另外，亚里士多德认为人即使不学习音乐演奏，也可以学习音乐欣赏，这样才能够欣赏和评价别人的演奏，也能够自己娱乐。

在亚里士多德《形而上学》中"最初人们之所以惊赞感觉上非同寻常的技艺，或许并非仅因其实用价值，而是因其有与众不同的智慧；随着此种技艺之积累，其中有的为适应需要（必须），有的则是适应休闲，而后者总是被认为在智慧上比前者要高，因为它不是为了有用。一旦在这些技术充分发展后，那些既非为了必需，又非为了愉快的知识就会出现，而此种知识首先会在人们有闲暇的地方出现。因此，关于数学的技艺，首先在埃及出现，因为那里的僧侣享有闲暇。"②而中世纪大学的博雅教育正是从僧侣的"手抄文书"中得到传承。

---

① 柏拉图. 理想国[M]. 郭斌和，张竹明，译. 北京：商务印书馆，2012：113.
② 亚里士多德. 形而上学[M]. 吴寿彭，译. 北京：商务印书馆，1995：3.

第 3 章　欧洲原型大学的博雅教育

"除非你信，否则不会理解。"（"Unless you believe, you will not understand."）

——《旧约》

理性是人最高、最卓越的官能，是人生命的主宰。

——奥古斯丁《论自由意志》

古典博雅教育在中世纪的继续，其主要特点是处于尘世之城与上帝之城之间，既面向世俗，又仰望上帝。中世纪最大发明之一就是中世纪大学。博雅教育如何在中世纪大学发展，受制于中世纪大学诞生及其特征，更受制于基督教与博雅教育之间紧张关系。大学与博雅教育的第一次联系是美国大学博雅教育的原型。

中世纪大学的博雅教育一方面为世俗生活服务，在大学里具有先导和基础作用，自由之艺虽然作为低级学科，却是法学、医学、神学等高级学科的先行基础；另一方面，博雅教育的内容之一亚里士多德哲学的引进，因为学科本身逻辑的原因，它既能够加强训练人的理性，为宗教服务，使人更好地认识信仰基督教的必要性，经院哲学（scholasticism）正是基督教与亚里士多德哲学的奇怪结合；同时它天生具有一种与宗教分离的基因，理性的自由会摧毁信仰，产生科学，所以教会对其是爱恨交加。博雅教育知识不可能改变本性，它终究要蔑视一切权威和世俗的需要，追寻真理，质疑宗教，使人独立，这就出现自由与宗教，自由之艺与实用技艺之间的一种紧张关系，或者叫作悖论。中世纪的教父奥古斯丁就认为博雅教育不是通往上帝之城的阶梯，它仍然深陷在世俗的尘世之城，所以，基督才是内在之光，信仰要高于理性。博雅教育夹在两城之间，地位非常尴尬，像中世纪大学一样处于尘世与上帝之间。

3.1 尘世之城：城市与自由

依照《欧洲中世纪史》^①的观点，中世纪在世界史中专门指欧洲历史的时间分期，认为中世纪开始于 476 年西罗马帝国灭亡，结束于 1640 年英国资产阶级革命爆发。中世纪大学主要诞生于 12 世纪，属于中世纪的中期。^②

中世纪在我们的印象中，可能总是与"黑暗"联系在一起，这种观念主要源于 17、18 世纪启蒙运动代表人物康德和伏尔泰的作品。在他们看来，这个时代处于黑暗、愚昧和落后状态中，历史似乎也在倒退，教会制度、骑士精神成为时代标志性事物。基督教教会在社会中处于主宰地位，像一张密不透风的网笼罩着整个欧洲。信仰高于理性，上帝之城高于世俗世界，人们的思想受到宰制，当时哲学、文化、文学、艺术及教育等方面都受到宗教和教会的影响。14 世纪意大利文艺复兴时期的人文主义学者彼特拉克，他认为与古希腊罗马时期的辉煌时代相比，中世纪欧洲这 1000 多年各方面发展，尤其是文化、文学方面没有那么璀璨耀眼，古典文化发展遭到影响而停滞，所以中世纪才会被误认为是"黑暗时代"。

这是一种比较落后的史学观点，认为中世纪是一个障碍，就像一片沉睡的荒原，横亘于过去的荣光与当前的希望之间。实际上，如果我们把眼光放在他们的时代，也许他们的习俗没有那么"原始"，生活方式没有那么"粗野"，价值观也

---

① 朱迪斯·M.本内特（Judith M.bennett），C.沃伦·霍利斯特（C.Warren Hollister）. 欧洲中世纪史（第 10 版）[M]. 杨宁，李韵，译. 上海：上海社会科学院出版社，2007：导言 2.

② 中世纪早期（Early Middle Ages，约 500—1000），西罗马分裂衰落，西欧文明开始出现；中世纪中期（Central Middle Ages，约 1000—1300），西欧各方面都得到很好的发展，包括财富增加，城市繁荣，教育振兴，领土扩张等；中世纪晚期（Later Middle Ages，约 1300—1500），西欧各国总体上走向现代化，民族国家开始形成，现代欧洲已经渐露端倪。

不是那么"可怕"。①查理·哈斯金就认为："历史的连续性排除了中世纪与文艺复兴这两个紧接着的历史时期之间有巨大差别的可能性，现代研究表明，中世纪不是曾经被认为的那么黑，也不是那么停滞不前；文艺复兴没有那么亮丽，也没有那么突出。"

3.1.1 中世纪的城市与社会

公元 7 世纪、8 世纪是黑暗的中世纪，当时哲学是神学的婢女，基督教僧侣阶级压迫哲学家，当时学校几乎荒废，门可罗雀，仅仅有些僧侣阶级们在修道院抄写经典，研究和保存了希腊文化，包括拉丁语、希腊文学、科学和美术等。12世纪，中世纪大学（University）诞生，成为黑暗中世纪的一缕曙光。University一词来源于拉丁语，意思是"行会或者社团"，这种行会是当时古代许多行会的一种，对真理有着共同兴趣爱好的一批人聚集在一起，相互探讨高深学问，追求真理，探究知识。

城市与大学的联系不仅仅在于大学在城市中，城市为大学提供活动的场地，更重要的意义在于城市是大学的发源地②，城市是古希腊城邦繁荣的延续。城市是自由之地，也是自治联盟，城市市民的活动拓宽人们的思维，行会也在城市中诞生。

中世纪早期，西罗马帝国灭亡，奴隶制度结束，西欧和中欧的封建社会开始。封建制度既是一种经济制度或一种政府形式，也作为一种社会结构，甚至作为一种心理状态在西欧和中欧盛行。西欧当时的政治制度是一种分封制，经济形式是采邑制（beneficium）。简单来说，就是君主把土地或金钱分封给服军役或执行其他任务的臣属，君主与封臣之间形成契约关系，君主分封土地或金钱还要保护封

---

① 朱迪斯·M.本内特（Judith M.bennett），C.沃伦·霍利斯特（C.Warren Hollister）. 欧洲中世纪史（第 10 版）[M]. 杨宁，李韵，译. 上海：上海社会科学院出版社，2007：导言 1.
② 宋文红. 欧洲中世纪大学的演进[M]. 北京：商务印书馆，2010：40.

臣利益，而封臣则要向君主每年宣誓效忠（每年一次），并且要服兵役（通常为每年 40 天）。拥有土地的人就拥有了权力，如果君主非常强力，则可以控制局面，聚各地领主为自己所用；但是一个比较软弱的君主就可能使政权就转移到领主手里，土地成为领主的私有财产。①各地封臣又把土地分封给依靠他们而不是依靠君主的农民。农民依附于封建主，而封建主依附于君主，相互之间的等级明显，一级一级限制了人的自由与经济的发展。

公元 10—13 世纪，随着商业的发展，封建制度开始慢慢解体。一些新的中世纪城市开始出现，并得到发展，有的是旧城新发展，有的是依傍修道院而建，有的是围绕城堡而建，有的是一些贵族新"种"出来的。在城市里，社会各个方面都得到和谐发展，宗教机构、法律机构、行政机构等，相互之间融洽相处。"宗教、商业与城市政府并存在城墙以内，但是把城市改变为欧洲的经济中心，并让城市第一次只依靠商人和工匠的活动生存下来的，则是商业活动。"②商业贸易在意大利的威尼斯、米兰和佛罗伦萨等亚平宁半岛北部，及英格兰、波兰和斯堪的纳维亚半岛等这些地区繁荣发展，生产技术得到交流和改进，人口激增，有的城市人口达到了 10 万以上。商业已经从日常生活的边缘逐渐转变成日常生活的中心，人们交易的商品不再只是 10 世纪时的奢侈品，而是扩展到普通人生活中的日常用品，包括英格拉的羊毛、西班牙的皮革、德意志的木材等。一些手工业或者商业中心发展成为重要城市。③城市具有以下三个特征。

第一，城市的劳动分工和行会，一定程度上打破了人的等级限制。城市在中世纪具有较强的自治性，人们共同生活在一起，相互交流，促成了商人和手工业

---

① 斯塔夫里阿诺斯. 全球通史：从史前史到 21 世纪（第 7 版修订版）（上）[M]. 吴象婴，等译. 北京：北京大学出版社. 2006：276.

② 朱迪斯・M.本内特（Judith M.bennett），C.沃伦・霍利斯特（C.Warren Hollister）. 欧洲中世纪史（第 10 版）[M]. 杨宁，李韵，译. 上海：上海社会科学院出版社，2007：181.

③ 斯塔夫里阿诺斯. 全球通史：从史前史到 21 世纪（第 7 版修订版）（上）[M]. 吴象婴，等译. 北京：北京大学出版社. 2006：280.

者新的共同观念和市民精神，他们自己制定法律并自觉遵守，热心参与公共事务，争取个人的利益和自由，也防止他人或组织侵犯自己的自由与利益。"自治联盟"是脱离封建国家的常设机构，自给自足、自己管理，成为主权实体和组织。"每个城市都是一个自治的市民社会，各自制定法律、自行征税、自管司法、自行铸币，甚至根据自己需要结成政治联盟，自行宣战或讲和。"①同理，城市出现不同职业的人，职业归属成为他们自我意识存在的依据之一，他们因为经常生活在一起，有相同的生活经历和感受，也存在共同的利益。以横向联系为基础的行会就此自发地形成，他们平等商讨彼此的义务责任，也商讨如何向领主争取自由和权力。区别于封建社会中个人与领主之间的纵向统治与隶属关系，这些行会成员是自由人。首先，行会在内部实施自治，可以存在等级制度，有相应的法律规定，使得成员执行内部纪律，否则将会被开除。其次，在对外关系上，公共权力不能单独地、直接地与行会成员发生关系，行会有其独立的法人地位。②商人的社团（universitas）就在城市最早出现，有着很浓的宗教意味，在早期被归入"誓约联合体"和共同进餐联合体。其他行会也如雨后春笋般发展起来，如工匠行会等。行会或社团在城市发展中起了举足轻重的作用。行会具有一定政治功能、社会交际、慈善事业和执行教规的功能，最重要是经济功能。③

其次，城市是自由的，彻底打破了许多人身份局限。中世纪有一句俗话："城市的空气使人感到自由"。13 世纪，欧洲的经济商业化和工业化程度越来越强，农业受到威胁，成千上万的农民蜂拥进城市，农村土地价值大为下降。这种情况下，仍然保持以前的社会名望的封建贵族和占有土地的僧侣，却逐渐丧失由特权带来的曾经的经济优势，他们中间出现许多"有地产的穷人"。由此，导致的社会关系的变革，农奴制日益衰落，甚至在有的地区在 1300 年以前，已经没有农奴制。

---

① 汤姆逊. 中世纪晚期欧洲经济社会史[M]. 许家玲，译. 北京：商务印书馆，1992：174.

② 雅克·韦尔热. 中世纪大学[M]. 王晓辉，译. 上海：上海人民出版社，2007：17.

③ 朱迪斯·M.本内特（Judith M.bennett），C.沃伦·霍利斯特（C.Warren Hollister）. 欧洲中世纪史（第 10 版）[M]. 杨宁，李韵，译. 上海：上海社会科学院出版社，2007：188-189.

农奴迁移到城市，自由劳动，人身自由得到解放。当时城市出现了一批新兴力量
——商人阶层，他们拥有巨大财富，希望能够获得更多的自由与自治权。他们更
加自信与独立，他们学会团结，积极争取与地方政权抗争、协商。由于贸易本身
的特点，从事贸易的商人可能会居无定所，所到之处会被当地人视为外乡人，没
人知道他们的身份和地位。在 12 世纪的英国文献中，这些商人会被称为"灰尘脚
板"（pedespulverosi）。依照罗马法规定，凡是法律不能确定其为奴隶的人，必须
视他为自由人。商人于是被看作自由人，离开了乡土，他们变成了自由人。[①]于是，
一些地方的贵族、主教或者修道院，因为各种因素，主动或被动地颁布一些"自
由特许令"或"城市特许令"（urban charters），许诺人身自由、行动自由，享有
自治权，拥有法庭裁判权、私有财产权，免除一些过路费、过堡费等权力。一些
市镇可以当作社团，拥有自己市政厅和法院，个人成为市民，具有法律地位，成
为自由人。

第三，城市的市民阶级形成，使原来法律受到商业挑战。工商业的发展促进
了城市生活，城市生活促使社会形成新的阶级，即资产阶级或市民阶级。城市承
认商人团体成为一个半自治的政法实体"市自治体"（commune）。[②]商人是被政府
保护，享受到自由与特权。他们成为城市居民中最活跃最富裕，也是最有影响的
一类人。商人由于商业的职业特性，向法律提出了新的要求，原来的法律是以农
业文明为基础制定的法律，司法程序也可能过于形式主义和僵硬，耽搁时间，有
些甚至是偶然性判决的"神的旨意"。更加迅速，更加公平，也更加简便的法律及
司法，成为商人的需要。[③]法律的学习也成为时代所需，中世纪大学的产生也是顺
应了时代对法律提出的挑战而产生，比如，中世纪博洛尼亚大学就是以复兴和讲
学罗马法而盛名。法律在城市开启了一个时代，市民越来越多地参与政治，参与

---

① 亨利·皮雷纳. 中世纪城市[M]. 陈国樑，译. 北京：商务印书馆，1985：78.
② C.沃伦·霍莱斯特. 欧洲中世纪简史[M]. 陶松寿，译. 北京：商务印书馆，1988：148.
③ 亨利·皮雷纳. 中世纪城市[M]. 陈国樑，译. 北京：商务印书馆，1985：79.

城市的管理，最后城市发成市民自己的城市。为了适应欧洲新兴城市的发展与教育需求，教育需求日益增长，城市需要大量受过训练的管理者、律师、文书、医生和牧师来承担城市管理与建设工作。中世纪大学的实用性基因正是来源于城市的需要。

劳动分工、城市自由的产生和市民阶级的形成，西欧城市的三个特征相互联系，彼此影响，其中自由居于三者之中心地位。自由指的是行动和商业交易的自由，市民要求的自由仅仅是获得自由后的利益，而没有将自由上升到天赋人权的高度，与现代自由不可同日而语。虽然，这种自由是一种有限的自由，它建立在私人财产的占有基础之上，但是市民阶级具有一种合法的身份后，自由就不仅是一种个人特权，也是城市土地所具有的地区特权。①贸易活动的自由，也会带来思想的自由，这一定程度上预示着近代的开始和中世纪的消失。

在尘世之城，人在现实城市中，生活、交流、做生意，解放了人，使人能够组织各种职业的行会、管理自己的城市，维护个人利益，也争取个人的自由，不仅为中世纪大学塑造了组织原型，也为中世纪大学的学术自由与特权地位奠定了基础。

3.2 上帝之城：文化与信仰

西欧在中世纪晚期出现了多元化的趋势，社会有很多利益群体组成，包括以下四个部分。首先是教会，不受君主支配；其次代替皇权的封建君主和封建领主；第三，代替罗马时期的奴隶种植园，分别开垦荒地的自治的采邑；最后，是新生力量——商人接触，他们反对贵族、教士和君主，又要与其周旋妥协。这种多元化的趋势反映在文化方面就表现出宗教文化、商业文化与骑士文化，在教育方面就有教会学校、城市学校与骑士教育。其中，基督教的文化和教会学校塑造了中

---

① 亨利·皮朗. 中世纪欧洲经济社会史[M]. 乐文，译. 上海：上海人民出版社，2014：48-53.

世纪的文化，也为中世纪大学诞生提供了早期的知识基础。

3.2.1 基督教文化与教会学校

基督教和一些破败衰落而失掉文明的城市，是中世纪从之前古代世界中继承的唯一财产。首先，从思想史角度看，基督教神学思想不是单一文明演变而成，而是犹太思想、古希腊思想和基督教思想共同融合的结果，中世纪早期的教父哲学就是最先融合的证明。甚至早期教会人士还没有认识到它们的来源之前，古希腊柏拉图思想和亚里士多德思想等异教徒思想已经融入基督神学。①

其次，从发展形态看，基督教作为犹太教的分支在公元 1 世纪产生，当时正值罗马帝国强盛时期，下层贫苦人民在强权之下受到征服、奴役、压迫，急需寻找精神上的安慰。人们感觉到不安，依赖权威，对于现世和来世的安全有一种恐惧感，人人都期待着天国和末日审判。现世生活成为进入天国的暂时准备，信仰成了一个来世问题，人们厌弃现世生活。世俗思想和古典哲学因不能使他们来世得到拯救，也随之被拒绝。早期基督教满足了农民、匠人、妇女、儿童、乞丐、奴隶等绝大多数基督徒的心理需要，教义宣称人人都是上帝的子民，在上帝面前人人平等；信仰基督的人都会在来世得救；教友之间要相互友爱，患难与共。到了公元 2 世纪后半期，基督教宣扬爱邻如己，爱一切人；君主是神的代表，君主应该受到神一样的尊敬，适应了统治阶级的需要。

3 世纪初，罗马皇帝君士坦丁一世对于基督教的支持，使基督教的教民成分从下层人增加了很多有文化教养的上层人士，也使基督教从秘密走向公开，从民间信仰转变为官方认可的宗教。君士坦丁一世等皇帝的支持，最终从根本上改变了基督教在帝国中的命运，于公元 4 世纪，基督教成为罗马帝国的国教。②基督教

---

① W.C.丹皮尔. 科学史及其与哲学和宗教的关系[M]. 李珩，译. 桂林：广西师范大学出版社，2001：59.
② 奥古斯丁. 上帝之城[M]. 王晓朝，译. 北京：人民出版社，2006：序言6-7.

在罗马帝国衰落的过程中，一直在履行着政府本该承担职能。而且，在基督教统一的精神世界里，西方各民族有了共同的文化，使得它与其他世界文明区别开来。

1. 信仰的自由

奥古斯丁生活在公元4世纪，是中世纪教父哲学的代表人物，也是时代转型期的关键人物。他在古希腊哲学浸淫下成长，尤其受到新柏拉图主义哲学体系影响；另一方面，他又在人生后期信仰基督教，成为中世纪是思想的先驱和基督教教义的奠基人。《忏悔录》就叙述了他从希腊哲学皈依基督教的心路历程，正是他人生的转折体现了古典理性与基督信仰之间博弈过程，也体现了博雅教育在基督教主导的时代如何为自己辩护的过程。他以新柏拉图主义来论证基督教义，认为现实世界来源于理念世界，超感觉的理念世界是美好、真实和智慧的王国，神是最高的理念，真正的知识来自信仰。

在奥古斯丁看来，古典哲学存在最大的依据是人是一种理性的存在物，理性被认为是人类最高力量，人能够通过理性获得真理和知识，实现有德性的美好生活。但是在基督教看来，人的理性是最大问题，是最模糊不清的问题。单依靠理性，人是否可能走向澄明、真理和智慧，实现美好生活？因为人的理性也许就来源于基督教神秘的启示。人受制于上帝之手，本来具有上帝的德性，但是伊甸园里人类堕落了，自己弄丢了宝贵的德性。人的"理性如果只是诉诸自身和自己的能力，就绝不可能找到返回之路。"[①]人不可能依靠自己的努力，找回丧失的本质，只能依靠神的恩典，依靠信仰上帝的力量。一直到经院哲学家托马斯·阿奎那（Thomas Aquinas）都继承了这种论证理路，人只有经过上帝指引和启示，方能正确使用理性，行使赋予理性的最大权力。"那些曾经似乎是人的最高特权的东西被说成对人的严重威胁和使他误入歧途的诱惑物；那曾作为人的骄傲的东西成了

---

① 恩斯特·卡西尔. 人论：人类文化哲学导引[M]. 甘阳，译. 上海：上海译文出版社，2013：18.

人的最深的耻辱。"①

信仰指的是一种完全的或绝对的信任情感。在信仰中，人放弃自己的判断权或者不具有判断能力，直接接受别人的判断，比如人在小时候，相信自己的父母，觉得父母说的都是真理，于是言行之间都有父母教诲，我们接受的东西塑造和建构着我们价值观与思想。理性是指个人具有判断权也在行使自己的判断能力，人在发挥自己的主体性。人在判断时，一是依据自己思想和价值观，二是依据逻辑推理的规则，这是一个主观与客观结合的状态。基督教就提出一个问题，依靠人的理性，人能否追寻到真理呢？如果人不能获得真理，就会面临被别人绚丽的辞藻，诡辩的语言所哄骗，过着以恶为善、损害自己生存的生活。真理的追求问题不仅是一个认识论问题，也是一个生存论问题。柏拉图认为"人的灵魂原来拥有真理知识"，人只要灵魂向上就可以慢慢回忆起真理，重新认识真理。首先人的灵魂拥有真理这个前提就是一个待证问题，亚里士多德运用理性，发挥自己的判断能力，发现理念世界不可能独立存在，现实世界是与理念世界密不可分，即形式—质料学说。这两种真理论调，恰恰违反了真理的普遍性、永恒性和唯一性的特征。我们也许真的不能认识真理，或者说真理在我们眼前时候，我们也不能确认它就是真理，因为我们根本没见过真理的模样。比如我们没见过李四这个人，我们怎么会认识他，即使他站在我们面前，我们也许还是不能确定他就是李四。奥古斯丁在《忏悔录》中也举出类似的例子："一位妇人点着灯正在找一枚丢失了的硬币。但她若不是记得它，那么就找不着。因为当它被找到时，怎么会知道它就是她在找的东西呢？……若非我们认识找到的东西，是不会说我们找到了丢失的东西的；我们若非记得它，那么是不能认出它来的。"②所以，人不能认识真理，也不能用理性追求真理，人与真理相互隔离。但是，不追求真理，生活在意见世

---

① 恩斯特·卡西尔. 人论：人类文化哲学导引[M]. 甘阳，译. 上海：上海译文出版社，2013：18-19.

② 奥古斯丁. 忏悔录[M]. 周士良，译. 北京：商务印书馆，1996：202.

界，会损害我们的生存；追求真理也是徒然，所以人总是生活在绝望的困境之中。

这个时候有个人说他见过真理，我们能信任他吗？你可能说不信，但是这个人具有权威性，就比如是你儿时的认知里的父母，我们可能会信任他；还有一种情况就是如果一个证人，他的人格值得信任，信誉能得到保证，他证明谁见过真理，我们也许可信任。《圣经》中《约翰福音》就是在求证，约翰证明耶稣见过真理，我们信仰耶稣，就像儿时我们信仰父母一样，对耶稣保持绝对的信任情感，用情感认识这个世界。①

理性与信仰的关系是自由之艺和宗教神学关系的体现，理性服从于信仰，自由之艺也会处于神学之下，为神学服务。中世纪大学是基督教世界的大学，具有国际性，没有国界分割的限制。教学是服务于理解上帝的话语，颁发学位是为了继续传播基督教。博雅教育是尘世之城通往上帝之城的阶梯，是宗教教育的补充与工具。在中世纪大学，"真理被认为是上帝一劳永逸地赐予的，并通过教学代代相传。"②人们始终如一地信奉上帝，认为真理来自于上帝，对世界的信仰也来源于上帝。上帝带给世界的知识、信仰和思想是永恒和永久的传统。

2. 教会学校的"手写文书"③

基督教的社会组织是教会，以主教为中心，具有严格的纪律、教规制度，集权制的管理方式；基督教还是一种文化和哲学，对西欧的伦理道德、风俗习惯、政治政策、文化教育及人们的心理、情感和精神都产生了重大影响。具体到教育领域，例如在法国加洛林王朝时期，教会学校有三种层次：最低层次学校是堂区学校（Parish School），教授最基本的东西；第二层次是主教座堂学校（Cathedral School）和大的修道院学校（Monastic School）；最高层次学校是为精英阶层预备的宫廷学校，是查理大帝宫廷里的学校，学生有青少年也有成年人，既有神职人

---

① 谢文郁. 形而上学与人类思维第 4 讲讲座.
② 赫尔曼·外尔. 德国的大学和科学[J]. 袁钧，译. 科学文化评论，2004，1(2)：83-100.
③ 雅克·勒戈夫. 中世纪的知识分子[M]. 张弘，译. 北京：商务印书馆，1996：7.

员也有宫廷大臣等，当时的阿尔昆是宫廷学校的主管。修道院学校或主教座堂学校是水平最高的学校，后来模仿宫廷学校发展成中世纪的巴黎大学。①

三类学校有着近乎相同的办学目的，首先是培养僧侣；其次是培养为教会服务的人员；第三就是向社会宣传和传播宗教。总之，在中世纪，基督教成为西欧封建社会的精神支柱，教育具有强烈的宗教性，僧侣获得了知识教育的垄断地位，神学思想统治了整个思想界。修道院学校的僧侣一边教学，一边抄书，一边传教。其中，教学的内容包括一些读写、计算、教义等基本知识，会用到古典文化的内容，形成自由七艺。而且，僧侣在空闲时间，利用比较安全的寺院环境和丰富的图书馆资源，抄写典籍，也撰写新书。在兵荒马乱的年代，"这些古老的学问传统在修道院里找到了庇护所，因之修道院的学校和图书馆以及寺院缮写室成为西欧高等思想文化的主要机构。"②僧侣辛辛苦苦、认认真真地抄写，竟然抄出了一个"修道士手中的时代"。③正是修道院的僧侣既保存了古典文化，也传承了文化，延续了古希腊的古典博雅教育。古罗马的废墟上以后还能够升腾起基督教文化教育，中世纪大学还能诞生，也正是来源于此文化继承。

3. "十字军"东征：东西方文化的交融

东西文化的融合为中世纪大学产生及博雅教育的发展奠定了知识基础。中世纪城市经济和社会发展，为 11 世纪末开始的十字军东征打下牢固的基础。十字军东征从积极意义之一就是促进了东西方文化的交融，而东西文化的融合则为中世纪大学产生及博雅教育的发展奠定了知识基础。

11 世纪末东罗马帝国——拜占庭的城市耶路撒冷被突厥人占领，而突厥人迫害朝圣的基督教徒。在基督教思想、日耳曼的好战文化和人的贪婪欲望影响下，

---

① 爱弥尔·涂尔干. 教育思想的演进[M]. 李康，译. 上海：上海人民出版社，2006：57-59.

② 克里斯托弗·道森. 宗教与西方文化的兴起[M]. 长川，译. 成都：四川人民出版社，1989：41.

③ Hastings Rashdall. The Universities of Europe in the Middle Ages: Vol. 1 [M]. Cambridge: Cambridge University Press, 1988: p26.

各个阶层（主要是骑士）的人都希望参加朝圣之旅，去解放异教徒手中（穆斯林教）的圣地耶路撒冷，为十字架而战。参战的人会在衣服上缝上红布做的十字架，所以这些人被俗称为"十字军"。从 11 世纪到 13 世纪共发生八次"十字军"东征。虽然中世纪结束之前没有解放耶路撒冷，但是在战争的过程中人们接触到东方阿拉伯文化、犹太教和古希腊文化，在与这些文化冲突与融合过程中，人们发现基督教文化并不是唯一的生活模式。大批学者集中在西欧与东方交通要塞的东罗马帝国首都君士坦丁堡，在这里阿拉伯的数学、天文学、物理、化学、法律与医学，希腊的数学、天文学与医学，亚里士多德的百科全书著作等，以阿拉伯文字与拉丁文字为媒介相互传播融合。这被有关学者称为第一次文艺复兴，即 12 世纪的文艺复兴，一种新的知识以强劲的势头，突破了西方中世纪早期课程自由七艺限制。[①]知识分子群体开始形成，成为学术专业人员。

11 世纪西欧城市开始发展，一些手工业或者商业中心成为重要城市，对中世纪经济和社会发展起到重要影响。西欧经济和社会发展，为 11 世纪末十字军东征打下基础。十字军东征造成的影响是西欧与东方阿拉伯文化、犹太教和希腊文化冲突与融合，人们发现基督教文化并不是唯一的生活模式。在社会各因素的共同影响下，12 世纪中世纪大学诞生了，也是世界最原始的大学起源。最原初的中世纪大学，开始时只是一批共同爱好真理的人组成的行会，就像中世纪城市商业行会一样普遍。

3.3 上升之路：原型大学和博雅教育

大学是中世纪的黑暗中的精神之花。在尘世之城，城市的自由及行会的形成，为中世纪大学的形成奠定了组织基础，也准备了营养丰富的土壤；在上帝之城，人们对于理性与信仰的态度，使人们愿意去信仰上帝，而不相信自己的理性，是

① 李工真. 大学现代化[M]. 北京：商务印书馆，2013：3-8.

中世纪大学宗教性质的精神先导，而且教会学校对于基督教文化与教育的贡献也为中世纪大学提供了知识基础之一。第三，十字军东征本来旨在夺回在伊斯兰教手中的基督教圣地耶路撒冷和巴勒斯坦，一次宗教外衣下的拯救活动，却意外促成了古典翻译运动和文化传播，使得东西方文化的交融，东方的拜占庭文化和阿拉伯文化都进入西方社会，为中世纪大学从另一角度奠定知识基础。

尘世之城与上帝之城之间有段距离，但总有路可寻，人需要信仰，也需要理性，教育使人懂得教义，恪守道德、自觉节制。中世纪大学博雅教育正是两座城之间的上升之路。

3.3.1 尘世之城与上帝之城

奥古斯丁在《上帝之城》，把人分为两类：受上帝恩惠的子民和不受上帝恩惠的人，两类人生活在不同的地方，分别是上帝之城与尘世之城。在此岸世界，两个城难分难解，只有在彼岸世界才能分开，得到拯救的人在末日审判后进入上帝之城，而受到惩罚的人会进入尘世之城。在尘世之城，国家或政府所追求的，是保全人的肉体的健康与快乐；在上帝之城，教会所追求的，是安顿人灵魂的幸福。看似两个分离的世界，由于灵魂能够主宰身体，而变得有时分离，有时融合，相互作用。"日耳曼国家的战斗文化，与教会及修道院的古典—基督教文化，总是处于融合进程而始终不能完全融合，两种世界的相互作用，控制着中世纪文明的发展。"[①]上帝之城与尘世之城的理论，为基督教实现神权政治以及与世俗国家争夺政治权力奠定了理论基础，为基督教会加强在欧洲各国的政治地位提供根据，也为基督教加强教育的控制提供了依据。

基督教会是人类一种全新的组织形式，它存在的目的不是为了人和社会的世俗生活，教会是上帝拯救人的唯一媒介。教会必须对世俗国家具有至高无上的权力，确保统治者不命令被统治者做出损害拯救人类的行为。城市国家对于教会是

---

① C.沃伦·霍莱斯特. 欧洲中世纪简史[M]. 陶松寿，译. 北京：商务印书馆，1988：58.

又爱又恨，面对教会，城市国家是虚弱无力的，不能对抗教会，又要对教会不友好，还要仰仗教会的支持，所以这种爱很交织的关系时刻影响着西欧及人们的政治生活与世俗生活。尘世之城充满幻觉，而上帝之城蕴含着真善美，在尘世之城建立上帝之城，由教会来统治整个世界便是奥古斯丁最大的期望。这个愿望，奥古斯丁没有实现，但是却在遥远的美洲被一群因宗教改革而逃离英格兰的清教徒实现了。

中世纪时期，基督教的兴起伴随着城邦的衰落，城邦神如阿波罗、朱庇特、朱诺等慢慢失去了吸引力，人们开始信仰基督教。基督教会是"国中之国"，是独立于国家的一个社会组织，它管理着人类的灵魂与精神生活，归属于上帝之城。国家公民身份加上基督教教民的身份使当时人的身份出现"一仆二主"的现象，在国家中要做个好公民，在基督教会要做好基督徒，"在世俗权利的理念之上，基督教又加上了基督教义务的理念；此外，在国家公民身份之旁和之上，基督教又加上了天国成员的身份。这样，基督教就把基督教徒置于了双重法律和双重政府之下。"[①]虽然凯撒的事情归凯撒，上帝的事情归上帝，但是凯撒和上帝时常会有冲突与矛盾，古希腊时期好人与好公民之间的冲突与矛盾问题就转换成了好公民与好基督徒的问题，国家的教育目的也因此而有所改变，博雅教育的目的势必要在二者之间关系中生存。

两城宗教理论对个人的影响也非常大。中世纪的人们为了获得安全感，故意放弃自己的一部分思想与行动的自由。面对现世的苦难、残酷与不公，他们故意背身而去，害怕午后阳光会打乱阅读《圣经》的静好时光。《圣经》上说上帝的光芒将要照亮他们永生的幸福；他们会拉下百叶窗，闭上眼睛不去观察尘世之城的欢乐，他们害怕迷失了自己，而不能享受来世的幸福；他们把生命当作一次赎罪的历程，而把死亡看作美好时光的开始。总之，人们把现世的变成了高贵与卑下、

① 乔治·萨拜因. 政治学说史（上卷）[M]. 邓正来，译. 上海：上海人民出版社，2008：244.

富有与贫穷、聪慧与愚钝的人们落泪的凡间，而要在云层之外建立自己的天堂。①

3.3.2 中世纪的"智慧之花"

12 世纪，中世纪大学（university）诞生被誉为中世纪的"智慧之花"，是中世纪留给后人的重要遗产之一。意大利的博洛尼亚大学（11 世纪）与法国的巴黎大学（12 世纪）产生于这样的背景下，一些喜爱学术研究的有闲阶层，因为共同的爱好与兴趣而自愿组织的团体，这些团体与其他行业行会形成具有同样的原因。这两所原始大学就是世界大学的起源和典范。英国的牛津大学（12 世纪末）和剑桥大学（13 世纪初）就是仿照巴黎大学而建设的。

1. 中世纪原型大学的产生

第一所大学是意大利的博洛尼亚大学，代表城市自治大学，也是学生行会组织而演变成的大学。博洛尼亚当时处在亚、非、欧商业贸易中心，商业繁华，贸易兴盛，各地商贾云集，络绎不绝，熙熙攘攘之间会出现很多纠纷与矛盾，商业诉讼需求很多。另外，著名的法学家欧内乌斯（Irnerius，1050—1130）来这里讲学，吸引很多具有法律兴趣的青年人和学者，所以就产生了以教授罗马法为名的博洛尼亚大学。像欧内乌斯这样学富五车的教士，在城市的教堂学校授业讲课，众多学生慕名而来听课，教师热情演讲，学生认真听讲、记笔记，而且"名师权威性的演讲激发人们对理性的热爱，也吸引了众多学生的崇拜和追随。学生根据教师的教学水准和学识水平自由选择教师和讲座。"②这种早期师生双向选择教学模式是博洛尼亚大学的原初形态。

第二所大学是法国的巴黎大学，代表着从教堂学校发展成的大学，也是以教师行会组织而演变成的大学。巴黎大学成立于 1150 年，以巴黎圣母院主教学校为基础而创建。当时法国著名的经院哲学家阿伯拉尔（Abailardus，1079—1142）来

---

① 房龙. 人类的故事[M]. 胡允恒，译. 北京：生活·读书·新知三联书店，2010：194.
② 赵昌木. 欧美国家大学教师身份及多元认同[J]. 高等教育研究，2015（5）：63-69.

此讲学，他是中世纪的特殊的伟大人物，就像伏尔泰在 18 世纪一样伟大，真正代表了中世纪精神，"精深的辩证法造诣，基于理智的信仰，宗教的狂热和求知的激情奇怪地融合在一起。"敬仰阿伯拉尔就可以说是在敬仰中世纪本身。①他作为唯名论代表与唯实论代表，在巴黎大学论战 30 多年（1108—1139），来自欧洲各地的大量教师与学生在此聚集，都想目睹其风采和聆听其教诲。阿伯拉尔的讲演是学校成功与兴旺的原因和标志，是他吸引了大批才华横溢的学者和青年，而使学校饮誉全欧洲。

2. 中世纪原型大学特点

没有创造者也没有确切的建校日期，中世纪大学就慢慢地、不为人知晓地"成长起来"。它们诞生时没有图书馆、实验室、博物馆等自己的建筑物，也没有捐赠物品、校刊、戏剧表演、体育赛事、宣传手册等，它缺少物质属性，却是"人的组合体"。中世纪大学是现代大学的起源和赖以发展的基础，创造了现代大学的许多基本传统，存在着一定历史延续性。②

中世纪大学当时被称为"广学院"，主要为了区别于小型的学校，广学院从事的是高深知识的学习与研究。学校教育目标是培养完整的人，由于百科全书式的教育内容，"教育行为要想发挥切实的功效，就不能完全偏于一隅，不能只把目光放在某些特定的方面，而应该涵括整体上的才智，任何方面都绝不能舍弃。"这样才发挥真正的教育作用。教育内容是百科全书式的，以人类所有的知识教育学生，卡西奥多鲁斯（Cassiodorus，约 490—约 585）的著作《论七艺》（《De septem artibus》）（公元 562 年完成）是当时全部的学问。另一部作品是 7 世纪塞维利亚的伊西多尔的《词源学》（《De originibus》）包括所有人的学科，从文法一直到法学、医学、自然史、神学。这两本著作是中世纪的经典教科书，然后就是这两本著作的解释

---

① 爱弥尔·涂尔干. 教育思想的演进[M]. 李康，译. 上海：上海人民出版社，2006：80.
② 查尔斯·霍默·哈斯金斯. 大学的兴起[M]. 王建妮，译. 上海：上海人民出版社，2007：7-8.

与模仿。[①]

第一，宗教性。中世纪大学本来就在教会的怀抱，像巴黎大学是教堂学校发展而来，从诞生起就具有宗教蒙昧色彩。基督教成为欧洲独一无二的文明，宗教对大学的影响远远大于世俗政权。基督教讲究隐修制度，具体含义不是一个人的静养独自沉思与内心的修炼，而是在人世间践行，基督徒要把福音传给别人，劝募其他人成为新的基督徒，他们必须是宣讲者、传教士。于是在修道院旁边出现许多学校。主教座堂学校是中世纪巴黎大学的前身，没有固定的物质建筑，有时随着王国而迁移，主教座堂学校就是随着宫廷搬迁而移动。[②]

中世纪大学是宗教组织，大学的师生"全部被当作教士看待，接受教会的管辖，并且更要受罗马教廷领导"，虽然它的成员里世俗教徒的数目越来越多。大学不仅要为教会培养合格的神学家和法学家，也要在基督教的普遍生活中发挥重要作用。大学培养的人在15世纪时，有超过一半的人不会成为教士，而是留在尘世之城，成为世俗职业者。教皇在法学教学和证书授予保持着垄断权，任何新建的大学必须由教皇谕旨颁准。[③]博雅教育课程的学习也是为论证教义的合理性，或者为了更好地理解教义。

虽然，大学一直从属于教会，但是却一直试图去脱离教会。大学组织好像无法归类，对于教会、城邦和国家来说，它可能是特洛伊木马。"注定要从一个社会阶层或集团向另一个社会阶层或集团转化。它看来必将一个接一个地背离所有其他的人。"[④]

第二，国际性。中世纪大学产生于民族国家成立之前，被很多人认为是民族国家的先驱。在民族国家还没有形成之前，教师与学生都跨越了现代意义上的国界，全都来自欧洲各地。源于公元7世纪古代的僧侣是中世纪大学的教师，他们

---

① 爱弥尔·涂尔干. 教育思想的演进[M]. 李康，译. 上海：上海人民出版社，2006：60.
② 爱弥尔·涂尔干. 教育思想的演进[M]. 李康，译. 上海：上海人民出版社，2006：76.
③ 雅克·韦尔热. 中世纪大学[M]. 王晓辉，译. 上海：上海人民出版社，2007：87.
④ 雅克·勒戈夫. 中世纪的知识分子[M]. 张弘，译. 北京：商务印书馆，1996.

一直处于流动状态与游牧状态，在整个欧洲各个国家之间行游，经常跨国交流，居无定所。教师是专业性的教师，而不是担任多方面的教学。

当时大学内部出现了一种重要组织机构——民族团（同乡会）（Nations）。民族团是同一原籍的学生集合组织起来，实现相互之间的接纳、帮助与友爱的同胞间的机构。比如巴黎大学就有地理位置相对模糊的四个民族团，分别是法兰西民族团（包括法国、意大利和西班牙等国的学生）、诺曼民族团、英格兰民族团和庇卡底民族团。民族团在很长一段时间内，成为中世纪大学组织教学和管理学生一个手段。这从一个侧面就说明了大学的学生来自欧洲各个地方，中世纪大学具有国际性。

第三，高度自治，具有特权。中世纪大学在决定和管理内部事务方面有高度的自治权，这也是其他行会的共同特征。大学除了颁发学位要受制于人，很多权力高于世俗组织和行会。中世纪大学享有很多特权：居住权、免缴人头税、免服兵役、司法自治权、罢课权和迁移校址权、颁发教学许可证的特权等。比如，师生在校外行为若有不端或与当地居民发生冲突，大学享有裁判权，学校内部审理和评判该行为，而豁免地方法庭的裁决。1229 年巴黎大学一些师生不满主教和当地市民对于学生的伤害，于是罢课，但因为罢课没有效果，就捣毁学校自行迁徙到英国牛津，成立了牛津大学。[①]后来剑桥大学因牛津大学而产生，而牛津和剑桥大学正是美国殖民地学院博雅教育模式的范本。

3.3.3　博雅教育的尴尬地位

1. 博雅教育相对于其他学科，具有基础性作用

自由之艺的学习是中世纪大学教育教学的基础。在中世纪，本科生入学首先学习"自由七艺"，只有博雅教育取得优异成绩后，才能学习更加高深的知识，神学、法学、医学等，可以说博雅教育是更高级学院学习的知识基础。博雅教育在

---

① 欧阳光华. 中世纪大学的起源、类型、特点及其演变[J]. 教师教育论坛，1998(1)：32-36.

中世纪大学具有重要的地位，甚至可以说，中世纪大学之为"大学"即是因为博雅教育的存在；教师和学生被称为大学老师和大学生也是因为博雅教育教与学。比如，1215 年巴黎大学条文规定大学生必须学习 6—8 年，年满 21 岁，才能获得授课许可证。1252 年巴黎大学又进一步规定，只有学业优异者才可以获得自由七艺学士学位。而自由之艺学上学位的获得只是高等教育的第一步。[①]学生要想成为教师，必须在自由七艺学位基础之上，继续学习，成绩优异，通过考核，才能成为教师资格证持有人（licentiate），获准进入神学、法学和医学等四个部类基尔特（Guild）[②]。

2. 博雅教育巴黎大学艺学院实施

一方面，"七艺"是基础的必修学科，具有基础性和准备性，地位比较低下；主要在艺学院进行实施，目的是为学生学习高级学科做好训练心智的准备；相对于艺学院的"七艺"知识，神学、法律和医学都是高级的知识，地位比较崇高，是所有技艺和学科的最终目的。但是，从另一方面说，艺学院的地位又是高级的，教学内容是是所有学问的基础、根本原则和源泉。辩证法是艺学院所教学科中的主要学科，被称为"学问之王"，是学习其他学问的钥匙，掌握了它的基本原理，就把握了人类所有学问的精髓。在艺学院，博雅教育因自身内在的性质而获得核心地位（本身属于中等教育，而延伸到巴黎大学艺学院，这是现代大学文理学院的最初的形式），是学术生活的中心，是整个教学体系的基石。它是最关键的东西，让学生爱不释手，趋之若鹜。博雅教育是一个起点，它能够让人获得一种资格，进入神学、法学和医学等其他领域。[③]逻辑学和辩证法在艺学院占主要地位，亚里士多德的全部著作在巴黎大学几乎都被评注，在博洛尼亚大学也得到部分选用。博洛尼亚大学的教学注意力主要集中在修辞学，研究西塞罗《论创造力》

① James Bowen. A History of Western Education: Vol. 2[M]. London：Methuen&Co.，1975：118.
② 陈界. 中世纪博雅教育初探[J]. 贵州社会科学，2012(10)：42-45.
③ 爱弥尔·涂尔干. 教育思想的演进[M]. 李康，译. 上海：上海人民出版社，2006：117.

（《De Inventione》）和《支持赫伦纽斯》（《Auctorad Herennius》）；他们还重视数学和天文学的教学，主要有欧几里得和托勒密的代表性著作。

还有，在博洛尼亚大学把博雅教育作为法学教育的基础，法学是该校的特色专业教育，不过它仍然高度重视博雅教育，要求法学院的学生必须预先学习自由七艺。[①]现代美国通识教育作为专业教育学习之前的基础，与中世纪大学的博雅教育的地位具相通之处，历史的发展竟然使这种基因密码一直保存大学的有机体内。但同时，由于中世纪处于一个特殊时期，博雅教育的地位又变得非常令人尴尬。

3.3.4 博雅教育是上升之路

相对于宗教信仰来说，有人认为博雅教育是通往上帝之城的升腾之路。中世纪时期，基督教是主导型的文化形态，社会各个方面都处于宗教控制之下，教育也不能例外。教育被宗教所笼罩，为宗教服务；哲学成为神学的婢女，为教会所利用和垄断。教会一定程度上也延续古希腊的文化。[②]学校的教育目的是培养人成为一个好的基督教徒，其次才是好的世俗社会的公民；博雅教育的课程是为了理解和宣传基督教思想，弥漫着宗教色彩。古典博雅教育在中世纪时期被扭曲，甚至衰败，成为基督教文化的仆人，促进了基督教文化的繁荣。

第一，博雅教育维护基督教。"自由之艺"在法国巴黎大学维护宗教的作用主要表现在：首先是让学生学会掌握语言的规则，能够让学生学会用语言表达自己的思想，学会如何用语言思考，理解自己与事理。其次，更好地理解《圣经》，准确地把握《圣经》的真谛和奥妙，《圣经》里有很多隐喻、转义等修辞，查理大帝与阿尔昆认为严格的学术训练和文献研究，能训练人的心智，使头脑变得敏锐，才可以理解《圣经》的精粹。最后，统一所有教众的意识，维护教会与帝国的统一。教士智识上的权威，使得追寻上帝的人，能够得到教导和启迪。这同样也是

---

① James Bowen. A History of Western Education: Vol. 2[M]. London: Methuen&Co., 1975: 132.
② 孟宪承. 现代大学的理想和组织. //杨东平. 大学精神. 沈阳：辽海出版社，2000：133.

查理大帝开办教会学校的原因。① 一些当时的知识分子引用异教哲学家的论证，并认为这些异教哲学家虽然不是基督徒，但他们有些充满信仰的格言，有必要在我们的教学中引用。"上帝也晓示过我们，摆脱了埃及人的魔法以后，要掠夺埃及人的财富，好让希伯来人从此富足起来。让我们同样遵照上帝的训示，并在他佑助之下，掠夺异教徒哲学家的智慧与辩术，洗劫这些无信仰的人，甚至夺走利用他们的外壳，在信仰上来充实我们自己吧。"② 比如，中世纪大学在博雅教育中引进了亚里士多德的作品，作为课程的主要内容，并把作品基督教化，使其为基督教服务，通向上帝的真理，塑造人的灵魂。但是，亚里士多德的著作和理论，有其自己精神品格和独立性。亚里士多德用目的论和等级制度解释人的生活，城邦的善是最高的善，个人的善要服从于城邦的善，那么上帝的善是最高的善和目的，而俗世生活的目的要服从教会。

第二，博雅教育能以理性解放人。博雅教育对于人的解放功能可以在中世纪经院哲学中得以说明。经院哲学是教父哲学的继续与发展，是中世纪神学哲学化达到最高阶段的产物。它与中世纪大学的关系密切，被认为是当时大学的灵魂。经院哲学把神学哲学化，内容就涉及两个基础：一是基督教教义和经文；二是通过阿拉伯世界传回来的古典希腊文明。《圣经》、教父哲学、柏拉图、亚里士多德、阿拉伯人等都为经院哲学提供了研究材料。特别是第二个基础主体部分柏拉图和亚里士多德的理论与哲学是博雅教育的主要内容。接受博雅教育是进入神学院学习的必经阶段。这时候的博雅教育已经深深打上基督教的烙印。

经院哲学一方面利用词语、文法、辩证法等技艺进行教学和论辩，获得思想的果实；另一方面，在尊重经文权威性的基础之上，把模仿同理性的法则相结合。神学在本世纪迈出具有决定性意义的一大进步，在立足理性的基础之上变成了科学。经院哲学家不再只是简单的经文"评注"（lectio），他们从"字词"（littera）

---

① 爱弥尔·涂尔干. 教育思想的演进[M]. 李康，译. 上海：上海人民出版社，2006：56.
② 雅克·勒戈夫. 中世纪的知识分子[M]. 张弘，译. 北京：商务印书馆，1996. 9.

的语法解析达到"意义"（sensus）的逻辑分析，最终使科学得到阐明，思想得以彰显。这是一个质变的过程，研究代替了评注，对经文提出问题、进行讨论、解决问题；教师成为思想者，体现其创造性和积极性，最终收获自己思考的精神果实。①13 世纪，中世纪知识分子就在这种经院哲学的反复评注、辩论和怀疑的过程中诞生了。博雅教育的理性规则，给于繁荣时期的经院哲学新的发展，科学由此起步，西方知识分子开始独立思考。后来，笛卡尔主义虽然鄙视经院哲学，但是仍然从经院哲学中汲取了养料，从博雅教育中获得了解放。

3.3.5 博雅教育陷在尘世里

但是，也有人对于博雅教育在宗教信仰方面的作用，持有怀疑态度，博雅教育真地是尘世之城到上帝之城的上升之路吗？亚里士多德哲学与教会的关系具有局部的紧张，在冲突中共处："反对教会或增强教会的实力……这是一把双刃剑，它很容易从一方手中转入对方之手。"②圣托马斯自己就多次成为亚里士多德的学说的俘虏。马基亚维利则从亚里士多德那儿得到自然和理性的武器，反叛了宗教，成为现代性政治运行方式的先驱。

经院哲学遭到自然科学家和神秘主义者的反对，神秘主义认为基督教信仰不能用理性来解释，不能用亚里士多德逻辑学来推理，为求得上帝的赐福，为了得救，必须用祈祷、忏悔和体会才能到达。如果是这样，在通望上帝之城的路上，谁是人类的老师？理性还是信仰？博雅教育能够训练人的理性，满足于人世俗性需要，但是信仰也需要理性吗？圣·奥勒留·奥古斯丁（Saint Aurelius Augustinus）也许可以提供给我们有益的思想资源。

奥古斯丁对博雅教育持一种怀疑的态度，虽然他自己本身接受过博雅教育的良好训练，并且教授过博雅教育的科目，但是他一直贬低博雅教育，认为从事博

---

① 雅克·勒戈夫. 中世纪的知识分子[M]. 张弘，译. 北京：商务印书馆，2002. 20.
② 皮埃尔·莫内. 自由主义思想文化史[M]. 曹海军，译. 长春：吉林人民出版社，2010：13.

雅教育的教师是"贫嘴集市"上的词语贩子，从他的嘴里为学生的疯狂提供武器罢了，博雅教育（修辞术）也成为一种满足欲望的诱骗或被诱骗的技艺，博雅教育成为不自由的教育，反而成为人疯狂和欺骗的工具。[①]实际上，"上帝委托我们，并不是为了让我们掌握科学或在别人面前炫耀自己，而是为了拯救我们的灵魂。"[②]因为，人本身就具有这种内在的能力，这种能力来自于上帝，是上帝给予他心智，教会他理解自由之艺，让他学会运用符号，表达自己内心的真理，而不是只通过接受博雅教育而获得效果。

博雅教育具有世俗的动机与目的，不能为人找到终极的幸福，要追求幸福，只有走近上帝，信仰上帝，投入上帝的怀抱，沐浴上帝的荣光。博雅教育满足人世俗的需要：或贪爱玩乐，或获胜的野心，或好奇的满足，这三者使博雅教育成为"骄傲的学校"。古典博雅教育是德性的教育，为了满足人对荣誉的需求，进而满足城邦目的。博雅教育虽然成为向上帝靠近，理解信仰的工具，但正是其世俗的目的使奥古斯丁对博雅教育保持一定的警惕，避免自己或者他人为荣誉而受教育。

博雅教育是灯，而基督是"内在之光"，也才是真正的教师。博雅教育具有世俗的目的，引导人对荣誉等世俗需要的追求，这会把人限制在此世的追求之中，让人沉迷于此世的诱惑，慕求世俗的高贵与荣誉，那么人也许就会困顿在尘世之城；另外，博雅教育本身具有理性诉求而成为使人灵魂转向上帝，上升到上帝的阶梯，这个阶梯是通向上帝之城的道路。博雅教育在基督教信仰中新的位置是奥古斯丁要解决的难题。人可能会通过博雅教育接近上帝，问题有二：第一，如何避免博雅教育的傲慢，而提取其正能量，使人走向上帝？第二，接受博雅教育本身也有很多条件限制，比如人的自然禀赋、基本的生活保障、充裕的闲暇时间等，

---

① 李猛. 指向事情本身的教育：奥古斯丁的《论教师》[J]. 思想与社会（第七辑）教育与现代社会，2011.

② 雅克·勒戈夫. 中世纪知识分子[M]. 张弘，译. 北京：商务印书馆，2002：94.

"外在条件和自然禀赋上的诸多要求，使得通过博雅教育的阶梯达到对上帝和自我灵魂的认识变得几乎遥不及。"①

相对于基督教教育，博雅教育是世俗教育的一种形式，属于世俗文化的教育思想，其目的是为了训练人理智。基督教对待博雅教育的态度是一种矛盾状态，首先，基督教需要博雅教育，博雅教育在僧院学校得到保存。僧院学校起源于基督教的修行主义，在早期基督教修行者耶乐姆（Jerome）、奥古斯丁（St. Augustinus）等一些修行者看来，不应该绝对否定博雅教育的作用。他们赞同教义的权威，同时也主张吸收一些古希腊罗马的世俗文化知识。特别是，这些人都接受过古典博雅教育，他们除斋戒冥思、孤身修炼外，还抄录文献和承担博雅教育教学工作，使得古典自由之艺得以保存，也使博雅教育形式得以延续。其次，后来随着基督教势力得到巩固和扩大，基督教完全排斥博雅教育和世俗文化。基督教讲究信仰真理，认为真理在人心中，上帝是人心中的老师，人勿需运用自己的的理智，追求真理，人只要信仰上帝并跟随他，就是在跟随真理而生活。例如在公元398年，第四届迦太基会议明令禁止阅读古典作品，甚至主教也支持这种观点和做法。②基督教拒绝博雅教育和异教文化态度甚至可以用残酷形容，415年希帕利亚（Hyptia）被杀害，她是亚历山大里亚最后一位数学家和天文学家塞翁（Theon）的女儿，而这个暴行的始作俑者就是教长西里尔（Cyril）。③

但是，这种拒绝不能改变"自由之艺"的本身的特质，它的特征正适合基督教宣传的需要，也是古代学校教育得以传承的基础。基督教要得到传播和宣传必须具备两个条件。第一，通过实践专门的仪轨和传递特定信条。这个方面对于基督教来说是比较容易达到的，毕竟基督教是一种理念主义性质的宗教。第二，通

---

① 李猛. 指向事情本身的教育：奥古斯丁的《论教师》[J]. 思想与社会（第七辑）教育与现代社会，2011.
② 曹莉. 西方课程溯源——"七艺"源流初探[J]. 南京师大学报（社会科学版），1998(4)：71.
③ W. C. 丹皮尔. 科学史及其与哲学和宗教的关系[M]. 李珩，译. 桂林：广西师范大学出版社，2001：66.

过教育进行观念的灌输与情感的传递。这是基督教传播的关键环节，传道成为中世纪基督教的重要内容。而传道需要一定的文化知识、推理能力和辩论能力作为手段，也需要传统古典文化作为背景，所以求助于古典博雅教育及其古典文化便是基督教传道的不二选择。①教会对待世俗文化和博雅教育采用双重真理的态度，认为博雅教育只是宗教教育的一段序曲、一段前奏，他们利用了古典博雅教育，当作一道屏障，自己却躲在后面希望主宰学生的意志和情感，灌输给学生一种心态。正如奥古斯丁在他的《基督教学说》(《De doctrina Christiana》) 中所说，理解《圣经》需要对语言和词语所表达意思及内涵有深入的理解，否则不得要旨，领会不到教义精神。修辞学、文法学和逻辑学是传道者的有力武器。②所以，博雅教育相对于宗教教育处于从属地位，但是具体到宗教宣传与传播方面又具有基础性作用。"自由之艺"成为服从于上帝的知识，附属于神学的知识。在中世纪知识等级序列中，相对于神学宗教知识，自由之艺作为世俗知识的地位是下降了，失去了在古希腊和古罗马时期所具有的光彩和主导地位。

3.4 博雅教育的课程与教学

上文对博雅教育是不是尘世之城与上帝之城的上升之路的思想，进行了讨论。我可以暂时逃离这种思想的漩涡，看看现实实践中，当时的博雅教育如何在中世纪大学里实施，即课程与教学问题。

3.4.1 "自由七艺"之"七"

古罗马时期不存在"七艺"概念和课程模式，还没有具体到"七"这个数量。当时存在自由之艺概念和课程模式。古罗马贵族波爱修斯 (Boethius) 曾经注释柏

---

① 爱弥尔·涂尔干. 教育思想的演进[M]. 李康，译. 上海：上海人民出版社，2006：27.
② 爱弥尔·涂尔干. 教育思想的演进[M]. 李康，译. 上海：上海人民出版社，2006：283.

拉图和亚里士多德著作，还写成四学，即算术、几何、天文、音乐，称为中世纪早期学校教材，这也是古典学术留下的唯一痕迹。后来随着历史演进，人们相信"七"这个数字与宗教有某种联系，具有某种神秘的含义。比如基督教教义认为，人应该具有七种德性："勇、义、智、节、信、望、爱"即是勇敢、正义、智慧、节制、信仰、希望和博爱。其中，前四项为四枢德（Cardinal Virtues，关键或连接的意思），后三项为超性三德。教会有七件圣事：分别是浸洗礼、坚振礼、圣餐礼、告解礼仪、圣职礼、婚姻礼、终敷礼。

后来人们认为一部《圣经》是高度抽象化的上帝之言，使真理成为一个统一体，那么对待尘世知识也要有一个统一的载体，使尘世知识真理能够在尘世起到《圣经》在神学领域一样的作用；另外基督教对于人的培养在于培养人的心智，塑造基督徒整体心智的转向，而塑造心智需要整体知识，整体教育才会实现教育目标。上帝真理与尘世真理被认为是一个统一体，尘世真理是通往上帝真理的道路，经过尘世真理的学习追求，人的灵魂转向上帝，才有可够认识上帝。而尘世真理不是各种特殊的、个别的真理组合而成，它应该是一个统一体。知识整全性（universal）被提上日程，百科全书式的教育就成为中世纪博雅教育的目标。中世纪所谓的百科全书式的知识不是依据现代的知识分类，人类知识整体上大致分为七类，就是"自由七艺"。"自由七艺"被认为是"通向哲学真理的最佳入门工具"，也是接近上帝真理的最佳途径。

后来，在英国红衣主教纽曼在《大学的理想》书中，认为大学博雅教育的是培养人理智的教育（Cultivation of Intellect），主要指改进、训练和培育人的心智（mind），发展人的理性，而为了达到目的，大学应该传授普遍（universal）知识和完整的知识，其中 universal 明确涵盖神学知识。他认为博雅教育是理智的，具有非道德性，这正显示了其局限性：只是能培养成绅士，无法培养成虔诚的基督徒；只能提高人的文化修养，培养良好的心智习惯，但是不能确保人能够道德良善之人。"理性不能引导我们必然地遵循道德的本能，也不能证实这种本能"。^①这就需要宗教教育和博雅教育相互结合,"自由与宗教之教育"(liberal & religious education)。这正是纽曼从在中世纪的博雅教育和"自由七艺"得到启发的地方。

鉴于以上原因,最早明确提出"自由七艺"并进行整理、编撰,并作为教学内容进行规范的是玛蒂纳斯·卡佩拉^②,他在《墨丘利与哲学的结合》中论述了七艺,为中世纪七艺提供了最初的蓝本,使七艺成为当时学校课程的精华。6 世纪的卡西奥多鲁斯,古罗马历史学家、政治家和僧侣,曾创办寺院从事抄写古典文化工作。他在其著作《论七艺》中,他第一部分写宗教文学,第二部分主要论述"七艺",将自由七艺与《圣经》"智慧建造房屋,凿成七根柱子"的七根柱子联系起来,试图用自由七艺涵盖百科全书式的学问。^③他在该书认为"七艺"课程非常重要,把"七艺"确定为学校科目,使"七艺"构成了中世纪初期七种固定的教学科目。卡西奥多鲁斯的论述代表了中世纪博雅教育主干课程。到了 7 世纪,一位神学家伊西多尔在他的著作《词源学》中第一次明确地提出"三科"和"四艺"的说法,也真正编撰成了百科全书。全书共二十卷,其中第一、二卷内容为"三科",第三卷内容为"四艺",第四卷论述医学和藏书,其他各卷包括教会礼仪、神学、文学、天文、动物、地理、矿产、文化等。

---

① Connolly,J.R,. John Henry Newman: A view of Catholic faith for the new millennium. Lanham, Md.: Rowan and Littlefield,2005:17.

② 玛蒂纳斯·卡佩拉(Martianus Capella,大约生活在公元 4 世纪到 5 世纪),迦太基律师。他以诗歌和散文形式介绍了七艺,分别对应七部著作《论文法》《论修辞》《论逻辑》《论几何》《论算术》《论天文》《论音乐》。Danuta Shanzer 认为《墨丘利与哲学的结合》应该写作于470—480 年间,转引自 Karla Pollmann. Augustine and the Disciplines: From Cassiciacum to Confessions. Oxford; New York: Oxford University Press,2005:91. 该书主要是墨丘利和他的新娘的七位侍女,她们各自代表一种技艺,为新娘宣讲。

③ H.Parker. The Seven Liberal Arts. The English Historical Review,1890,5(19):417-461.

3.4.2 "自由七艺"之"艺"

从此，"七艺"作为异教文化完成了基督化过程，自由人学科在基督教教育中获得了合法性，自由七艺成为中世纪的一种学校教育制度，影响力如日中天。在哥特式建筑雕像上，在日常用品的壁毯上，在画像、小说和诗歌等艺术形式中，都能看到"七艺"的影响。"七艺"分别有不同的代表人物：文法（普利西安）、修辞（西塞罗）、辩证法（亚里士多德）、算术（毕达哥拉斯）、几何（欧几里德）、天文学（托勒密）、音乐（该隐）。①

"三科"②（trivium）在中世纪被称为"交谈的技艺"，包括文法、修辞、辩证法，是中世纪学校的必修课程，宗旨是训练心智，教导学生如何思考和表达自己所遵守的规则，通过对语言形式的训练，达到培养推理能力的目标，但是古典博雅教育的思想就有可能被忽略或压抑。"三科"成为修道院学校和主教堂学校的核心课程，知识内容是形式性的，旨在用空泛的形式训练人的头脑，不考虑其具体的应用和所表达的思想，使人能够反思自己，对自己有所把握。

"四艺"（quadrivium）在中世纪被称为"实际技艺"，包括算术、几何、天文和音乐，是与事物有关的学科，主要面向实在世界，出于实用目的，内容包括星宿的法则、数字法则、空间法则等物理学知识。数学在古典哲学时代，就是人类真理的象征，没有数的力量，万物就会生活在黑暗与混乱之中，有了数，宇宙变得可以理解。到了中世纪，作为"四艺"之一的数学，只能处于为基督教服务的地位，在理解《圣经》、推算历法、传教、护教等方面都意义重大。③几何也有利于基督徒理解宇宙的神圣秩序和支配秩序的神圣发则，比如英国温彻斯特1025

---

① 爱弥尔·涂尔干. 教育思想的演进[M]. 李康，译. 上海：上海人民出版社，2006：52-55.
② 爱弥尔·涂尔干. 教育思想的演进[M]. 李康，译. 上海：上海人民出版社，2006：56-57.
③ Hilde de Ridder-Symoens. A History of the university in Europe：v. I, Universities in the Middle Ages[M]. New York：Cambridge University Press，1992：345.

年所创作的一幅上帝画中，上帝被画成手持圆规、天平的形象。[①]虽然"四艺"在中世纪学校教育中作用微乎其微，属于神秘的技艺，为一些专业人士或类似巫师的人所掌握，但是对理解、传播和宣传基督教仍然具有非常重要的作用，而且"四艺"的合法性也只有在基督教中才能为自己的存在辩护。当然，"三科"与"四艺"一定程度上具有不同的价值取向，"三科"是面向人类心智，属于今天关于人的人文学科；"四艺"则是面向实际事物，属于今天的自然科学。古老而久远的两大知识门类，竟然是今天人文学科与自然科学的渊源。

3.4.3 博雅教育的目标

博雅教育的目标在于培养好的基督徒，好的基督徒不在于会在特定仪式中做出特定礼仪，进行告白；也不在于学会多少基督教教义。"基督教根本上在于灵魂的某种特定态度，在于我们的道德存在某种特定习性（habitus）。"培养学生皈依的态度便是博雅教育的根本目标。"皈依"，依照基督教的理解，与柏拉图的"教育乃灵魂的转向"理念有异曲同工之妙。所谓皈依，最根本的不是恪守信条和信念，而是要使灵魂转向一个截然不同的方向，"从此让整个灵魂改变它的立场、它的姿态，从而改变灵魂对世界的整体观照，最终激起一种深层的转向。"[②]皈依是宗教观念从边缘位置占据了人心灵的中心位置，成为这个人能力的习惯中心，个人能力习惯中心指的是人喜爱运用的观念群。皈依时人的各种情绪会突然爆发，安全、幸福、希望、决心充满了人的灵魂。[③]这种皈依转向可能是"山穷水复疑无路，柳暗花明又一村"，也可能是当头棒喝一瞬间的醒悟。比如奥古斯丁在《忏悔录》中记述他皈依时的情景，有一天他正在家的花园里因为信仰而犹豫彷徨时，清脆的童声在耳边响起："拿起，读吧！拿起，读吧！"他急忙翻开《圣经》，恰是

① 沈文钦. 西方博雅教育思想的起源、发展和现代转型：概念史的视角（第1版）[M]. 广州：广东高等教育出版社，2011：118.
② 爱弥尔·涂尔干. 教育思想的演进[M]. 李康，译. 上海：上海人民出版社，2006：34.
③ 威廉·詹姆斯. 宗教经验种种[M]. 尚新建，译. 北京：华夏出版社，2008：142-143.

圣保罗的教诲立即映入眼帘："不可荒宴醉酒，不可好色邪荡，不可争竞嫉妒，总要披戴主耶稣基督，不要为肉体安排，去放纵私欲。"回忆自己年轻时的放荡纵欲的生活，他感《圣经》之言就像针一样刺痛他的心，也像光一样照射心灵，"顿觉有一道恬静的光射到中心，驱散了阴霾笼罩的疑云"。博雅教育在个人皈依的过程中具有实用的目的，成为理解《圣经》，维护教义的武器。

3.4.5 如何实施博雅教育

博雅教育的内容是自由之艺，自由之艺是一门技艺，不是一门科学。自由之艺是教师，被雅克·勒戈夫称之为中世纪的知识分子的专长，他们认为自己的专业是自由之艺是一门技艺，就像城市其他工匠一样，如盖房子是木匠和铁匠的专长。圣托马斯（St. Thomas）在 13 世纪认为自由之艺是一种行动的精神技艺或者是完美的理性技能，指一种用于制造物质或智力工具的理性的和完美的精神活动。"在全部科学中，'人文学科'被称为艺术，因为它们不仅以知识为条件，而且也以生产制造为前提，它们直接来源于理智，如交谈（语法学）、演绎推理（辩证法）、演说（修辞学）、计算（算术）、计量（几何）、旋律（音乐），天体运转的测量（天文学）。"[①]中世纪著名知识分子阿贝拉尔，在自己从不幸当中走出来后，发现自己不能种地，不具有其他手工劳动的技能，也耻于乞讨，就只能重操旧业，教授自由之艺，运用他的三寸不烂之舌。

教学内容的实施需要实际教学方法传达给学生，讲授法和辩论法便是其中两个基本的方法。首先，讲授法又称为讲解法（expositio），在于解释各学科的权威性的著作。讲解是一种逻辑分析权威著作的过程，当时的讲师把著作看作是一系列命题相互的联系和相互证明，从著作的基本概念入手，条分缕析，层层推理，揭示各个命题要素之间的相互关系。教师在论证过程采取三段论的形式。对于学生来说是一种被动的辩证法，是以思想自身的方式展示自身，不关注相反的意见

---

① 雅克·勒戈夫. 中世纪知识分子[M]. 张弘，译. 北京：商务印书馆，2002.

与观点。这种方法为了使学生认识"权威",并进一步掌握学科的主要内容,需要学生长期全神贯注,耗费心力。

其次,还有一种方法叫作就问法(quaestones),是一种比较有活力和趣味性的方法。讲师比较客观地将一个问题分成正反两个方面,首先会从正面列出支持的理由和证据,进行逐一考察和解答;然后从反面进行论证和解答,用一系列证据和理由去反驳正面的观点。整个过程都依据三段论的形式进行论证,论证每一步都会得到标定、归类和相互参证。对于学生来说,这是一种主动辩证法的再现,是学生实践辩证法原则的好机会,在领会正面观点的同时也能够理解反方观点,能够从观点的碰撞中捕捉真理产生的瞬间。[①]

两种方法本质上都具有论辩性和形式性,其目的在于理解世界的思想,而不是理解世界本身,思想是微观世界,若能把握之就等于理解了外部的宏观世界。这种教学方法磨炼人们心智,培养人们探究、辩驳、推理的思维习惯。论辩的方法得当广泛运用,不仅在教师之间存在,而且在师生之间和学生之间都会得到应用。特别是教师的辩论分为独自辩论和相互辩论,独自辩论是一个学生与自己对话,从正反两方面论证辩驳。相互辩论又分为问题辩论和自由辩论,问题辩论是分为预备论证和"主导论证"两个环节,第一个环节的提问主体是教师和其他学生,第二个环节是教师要应对异议,进行回复,要做一次讲学报告。自由辩论是难度较大的辩论,"对接受提问的教师是一个巨大的威胁……所以谁要打算经历一场随意性辩论,谁就必须具有非同寻常的决断能力和几乎通晓万物的知识。"[②]

质言之,古典博雅教育的目标是为了追求真理、完善德性,为民主社会培养好公民和好人;而中世纪博雅教育目标则是改造人,使其成为好的基督徒,灵魂发生深层的转向,培养基督教徒的思考方式和情感方式。这种效果的取得有赖于教育者实施统一的、集中的、同一方向的影响,让孩子生活在同一个道德环境中,

① 雅克·韦尔热. 中世纪大学[M]. 王晓辉,译. 上海:上海人民出版社,2007:48.
② 雅克·勒戈夫. 中世纪知识分子[M]. 张弘,译. 北京:商务印书馆,2002:82.

完全沐浴在教育的阳光中。教育要触及灵魂深处造就一个有教养的人，就是要人有人之为人的情感方式与思考方式，而不是一味地灌输给学生特定数量的知识碎片与道德规则。中世纪大学的博雅教育为以后的美国殖民地学院博雅教育提供了范本。

第 4 章　美国学院时代的博雅教育

学生们一起居住在学院建筑中，与他们的教师保持着固定的联系。他们在一起工作、学习和娱乐，创造出一种非常独特的社区，这一直到现在仍然是美国寄宿制学院的特征。美国的学院遵循了哈佛早期的模式，而这种模式来自于剑桥大学、牛津大学的"学院制"。

——约翰·塞林《美国高等教育史》（第二版）

耶鲁大学的校训是光明与真理（Lux et veritas），教育不是也有同样的作用吗？教育让我们能够见到光明，找到真理，这是博雅教育的本意。

我们要做世上的"盐"，纯净自己，也做别人纯洁的榜样，让自己抵御罪恶的腐蚀。在宗教意义上，美国清教徒就是这世上的"盐"，他们要建立一座"山巅之城"，也要有一所"山巅学校"，照亮世界，也泽被后人。

19 世纪前期，北美大陆新教各教派林立，它们建立自己教派的学院，培养人才。霍夫施塔特曾经以美国南北战争为分水岭，将美国大学分为两个时代，学院时代和大学时代。学院时代，由各个教派建立的学院成为当时主导，各个学院都服膺于宗教目的，"其教学内容和活动无不充满了宗教底蕴。"[①]

美国学院（college）时代从 1636 年美国第一所殖民地学院哈佛学院建立开始，截止到 1861 年南北战争爆发。学院从时间维度方面分为殖民地学院和新学院，第一个阶段的殖民地学院被称为"旧学院"，特指美国独立战争（American

---

① 乔治·M.马斯登. 美国大学之魂（序）[M]. 徐弢，程悦，译. 北京：北京大学出版社，2015：2.

Revolutionary War，1775—1783）前的九所殖民学院；第二个阶段的学院是指独立战争到南北战争（American Civil War，1861—1865）期间建立的学院，被成为"新学院"。殖民地学院是美国高等教育的雏形，塑造了美国现代大学最初的性格。这个时期美国高等教育及博雅教育，在继承和移植国外大学模式的同时遭遇到美国本土环境，不得不美国化。

4.1　美国清教徒的自由与使命

约翰·亚当斯（John Adams，1735—1826）美国第二任总统，他说："除非公民道德行为以基督教为基础，否则美国将难于维持自由体制。"他还说："我们的政府不具备能力管理不受伦理与宗教信仰约束的人类情感。我们的宪法只是为了有宗教信仰和道德的人民制定，它还远远不足以管束其他任何人民。"由此可见，美国清教徒的自由精神与使命感相互依存，正是自由精神与荒野使命共同赋予博雅教育以宗教意义和自由意味。

4.1.1　宗教改革与清教

古代城邦时期，每个城邦都有自己的家族神、城邦神，古罗马时期的万神庙就是重要的表征之一，"神秘宗教和各种各样的流行祭仪占据了罗马万神殿的每一个壁鑫。"①古罗马帝国开始，基督教成为国教，中世纪大学也是教会机构。但是，多神论基因与理性的运用，使宗教改革成为必然，基督教分为不同的派别，教义解释出现差异，信仰的的方式开始变化，最后形成了基督教内的多元化状态。宗教改革与古代西方人多神崇拜不无关系，而宗教改革带来的基督教的分裂，却为以后美国文化多元化趋势埋下了伏笔。每个人都可以与上帝交流，把《圣经》奉为信仰的最高权威、真理的源泉，这直接塑造了基督教下的个人主义。个人主

---

① 奥古斯丁. 上帝之城[M]. 王晓朝，译. 北京：人民出版社，2006：序言4.

义，让人感觉信仰是自己的事务，人与人间相互隔离，而现代通识教育在"上帝死了"之后，一直努力寻找西方文化共同的东西，则是在宗教多元化时出现的问题解决方式。

16 世纪基督教在欧洲各国发生了宗教改革，形成了天主教、东正教和更正教（Protestantism），而更正教就是新教[①]。信仰改革后的宗教是新教派，没有改革的成为东正教和天主教。改革派最先有路德派和加尔文派先后相继，主张因信称义、"万人祭祀论"和各地信徒自行管理教会等，在各国分别形成不同的派。宗教改革首先从德国开始，一个地位卑微乡下牧师路德质疑教会卖"赎罪券"的不义行为，在德国得到众多人的支持和拥护。后来，他就创立了路德派新教，形成了路德派，后来一度成为德国的国教。路德派主要活动在日耳曼以及北欧国家；后有加尔文（John Calvin，1509—1564）接续改革，形成加尔文派，主要分布在德国、荷兰、瑞士以及苏格兰；加尔文教传到英国成为圣公会、长老会和卫斯理派，圣公会是在英格兰，于 1534 年亨利八世在位时成为英国国教。

具体到英国宗教改革，16 世下半叶，清教派（包括）提出自己的主张和要求，首先，依据加尔文主义（Calvinism）改革英国国教会和圣公会（具有新教特点），认为《圣经》（《The Bible》）是唯一的权威，反对主教和国王的专制，任何人或教会都不能成为传统权威的解释者和维护者；其次，要求纯净教会，主张简化仪式并清除天主教旧制度，提倡过简朴勤俭生活。后来，其中有些人远渡重洋，去美洲独立，成为美国清教徒，他们信仰的宗教就是清教。清教派包括长老会或公理会、洗礼派和教友派等，他们把加尔文思想和教义带到了北美洲，至今加尔文仍然被尊奉为清教派的创始人。而美国大学、博雅教育的发展则是在清教徒及其清教主义影响下发展、改革和变化。

---

① 马克斯·韦伯. 新教伦理与资本主义精神[M]. 康乐，等译. 桂林：广西师范大学出版社. 2010：286-287.

4.1.2 清教主义的自由精神

不理解清教主义就不能理解美国。亚历西斯·德·托克维尔（Alexisde Tocqueville，1805—1859）是法国的政治思想家和历史学家，他在《论美国民主》也认为美国的清教徒和及其清教主义代表了美国的命运和未来，正如英雄对于整个人类命运一样重要。"清教主义也许最好被描述为一种观点、一种生活哲学、价值观念，由最早定居在新英格兰的移民于 17 世纪早期带来。从那以后，它就成为持续影响美国生活和美国思想的基本因素，任何形成所谓'美国思想'的成分都肇始于清教主义。"①清教主义是清教徒所具有的思想和精神，美国的历史开始于新英格兰的清教徒，清教主义是美国思想、文化、制度和精神的源头。新英格兰，从地理构成看，一般指马萨诸塞、康涅狄格、缅因、佛蒙特、罗得岛和新罕布什尔六个殖民地②；从历史演变看，是指 1643 年 5 月在波士顿成立的新英格兰联合殖民地（United Colonies of New England），还叫作新英格兰联盟（New England Confederation）只包括马萨诸塞、纽黑文、康涅狄格和普利茅斯四个殖民地。

正是在人们通称为新英格兰的诸州，产生了成为今天的美国社会学说的基础的主要思想。新英格兰的这些主要思想，首先传到相邻的各州，接着又扩散到比较远的各州，最后可以说席卷了整个联邦。现在，他们的影响已经超出国界，……新英格兰的文明，像高地燃起的大火，除烤暖了周围地区之外，还用它的光辉照亮了遥远的天边。③

1. 加尔文教对自由的限制

定居在新英格兰的清教徒，他们横跨大西洋，辗转来到充满希望的地方，他们在那里定居，搭建房屋，建立教堂和政府。面的当时恶劣的生活环境，他们不

---

① Perry Miller，ed.，The American Puritans：their prose and poetry [M]．Garden City，N. Y.：Doubleday，1956：1.

② 刘绪贻，李世桐. 美国研究词典[M]. 北京：中国社会科学出版社，2002：973.

③ 托克维尔. 论美国的民主（上卷）[M]. 董果良，译. 北京：商务印书馆，2014：39.

得不实施政教合一的神权政治，即为后人所知"新英格兰城镇"（New England Town）。"教堂"（the meeting house）是他们宗教生活和世俗生活的中心，在这里他们既可以处理市政工作，也可以开展宗教事务，实现了政治和宗教在组织和精神上的合二为一。加尔文教本身的教义和政府的观念，影响了政府和宗教事务办理的原则。[①]

路德主义和加尔文主义对于自由主义的影响具有不同的侧重点，路德主义，接受新约教义，隐含个人主义；加尔文主义，接受希伯来旧约思想，隐含着君主专制和等级制，与个人自由相抵触。加尔文接受上帝作为绝对意志的主权观念，认为上帝就是具有权威的国王，这种权威是绝对的、普遍的。路德主义因为"因信称义"导致政治自由，信奉"全体信徒分享教职"，导致毫不妥协的个人主义精神，这最后倡导教会和国家民主原则的出现。[②]

清教徒移民的过程中，知识储备是加尔文教的体系而非路德派教义，这就给新英格兰社会的等级制奠定了知识和宗教基础。加尔文认为上帝具有绝对的意志，是威严的国王，具有独一无二、至高无上权威，其主权是普遍的、无条件的。同时他们的神学家因都受过贵族教育，特别蔑视普通劳动人民，认为这些人是名副其实的亚当后裔，生来有罪，愚蠢淫荡，应该受到惩罚。由于，亚当早已抛弃了天赋自由，具有了原罪，个人不可能是自由人，人都是不完善的。"人不过是尘埃中的蠕虫。永恒生命的恩惠并不包括在上帝罗列的天赋权利之中，那是宇宙之主的特殊恩赐，他愿意对谁微笑就对谁微笑。"[③]自由主义的精神被马萨诸塞的地方长官们从圣徒的家园中赶出来。显然，加尔文教是是民主自由主义的敌人。[④]但是这种观点只在 18 世纪美国才被认识发现。

---

① 埃尔伍德•帕特森•克伯莱. 美国公共教育——关于美国教育史的研究与阐释[M]. 陈露茜，译. 2012：12.

② 帕灵顿. 美国思想史（1620—1920）[M]. 陈永国，等译. 长春：吉林人民出版社，2002：13.

③ 帕灵顿. 美国思想史（1620—1920）[M]. 陈永国，等译. 长春：吉林人民出版社，2002：16.

④ 帕灵顿. 美国思想史（1620—1920）[M]. 陈永国，等译. 长春：吉林人民出版社，2002：14.

2. 清教徒是自由人

"自由人"具有严格宗教意义，只有在公理会派之内的教徒才有可能成为"自由人"，其他任何人都不可能成为自由人，也意味着不能享有一定的政治权利。1631年，温斯罗普（John Winthrop 1588—1649）召开会议，决定："除受同一约束的一些教会成员之外，任何人都不能被接受为此政治团体的自由人。"教徒是"自由人"，自由人享有一定的政治权利，环环相扣，一种排他性的政教合一的神权政治得以形成。[①]

英国工业革命带来的天赋人权自由论，在新英格兰与上帝绝对论的神学结合在一起，神学论认为人性本恶，人性的恶需要一套绝对专制的神权来限制，于是建立永久的社会等级制度便成为然要求。身为加尔文教徒的宗教领袖，约翰科顿说得更坦率：

"最好要引导共和国建成上帝之所，也即上帝的教会，而不是使教会结构迁就世俗政体。民主政体，我认为上帝从未将之认作是教会或共和国的适当管理形式。如果人民是统治者，谁将受到统治？至于在圣经里明确得到赞同的君主政体和贵族政体都是旨在确立自身的至上地位，而唯有神权政体无论对于共和国还是对于教会都是最好的管理形式。"[②]

教会与国家紧密结合是清教徒的乌托邦理想，他们的宗教热情已经蕴含了神权政治的概念，希伯来神学、日内瓦戒律和贵族偏见形成了合力。在到处充满危险的美洲蛮荒环境和国内权威的影响下，清教徒们必须团结起来。要想成就这份冒险的伟大事业，他们就必须将各个部分焊接成一个整体，而分离主义原则具有颠覆性，不能保证他们紧密团结成一个集体。所谓的民主不可能真正干涉教会和国家政务。

---

① Edmund S. Morgan. The Puritan Dilemma. The Story of John Winthrop[M]. Boston，1958：91-92.

② John Cotton. The New England Way. Sacvan Bercovitch ed.，Library of American Puritan Writing. V. 12. p. 415.

温斯罗普当着移民美洲的自由人，论述了对自由的理解：

"我们不能安于我们因独立而应当得到的一切。实际上，有两种自由。有一种是堕落的自由，动物和人均可享用它，它的本质就是为所欲为。这种自由是一切权威的敌人，它忍受不了一切规章制度。实行这种自由，我们就要自行堕落。这种自由也是真理与和平的敌人，上帝也认为应当起来反对它！但是，还有一种公民或道德的自由，它的力量在于联合，而政权本身的使命则在于保护这种自由。凡是公正的和善良的，这种自由都无所畏惧地予以支持。这是神圣的自由，我们应当冒着一切危险去保护它，如有必要，应当为它献出自己的生命。"①

温斯罗普认为第一种自由与权威相互对立，不愿意被正义权威所限制，若放任这种自由，只能激发人的邪恶，使人比野兽还凶残，如此便会威胁真理和和平，而上帝的全部律法就是要制服自由的野兽，与之坚决斗争。第二种自由是德性的自由，是上帝与人之间的契约，指道德法则；也是正义、诚实的好人所具有的自由。权威的目的是自由，自由屈服于权威，自由与权威相辅相成，这是自由民所需要支持的自由，也是上帝赋予的自由。但是，有些民众就会支持堕落的自由，抱怨身上权威的枷锁，反抗、抱怨并试图挣脱束缚，而不是为了自己利益着想，去静静地、愉快地服从于统治的权威。②在殖民地时期，美国人的自由受到宗教的限制，人类不能违背宗教确定的道德准则，人对上帝虔诚，敬畏上帝，认为上帝能给人真理和美好的生活，人只要限制自己恶的欲望，发展良好的德性，做一个好的基督徒就可以过上自己想要的美好生活。

3. 清教徒的使命

美国是一个移民国家，最初的移民主要以清教徒为主体。据统计，至 1775 年美国独立战争爆发前，居住在美国 13 个英属殖民地大约 260 万居民中，有清教

---

① 托克维尔. 董果良，译. 论美国的民主(上卷)[M]. 北京：商务印书馆，2014：53.

② History of New England. Vol. Ⅱ. pp279-282 转引自 帕灵顿. 美国思想史（1620—1920）[M]. 陈永国，等译. 长春：吉林人民出版社，2002：46.

徒家庭背景的人至少占到75%。[①]这一时期，清教徒人多势众，信仰坚定，具有强烈宗教使命感，强大的凝聚力，为美国建国之初的政治、经济及教育等方面的发展，打下坚固而有力的基础。雷特曼（Reitman）指出："新英格兰的清教徒对美国教育制度的形成发挥了巨大的作用。"[②]它不仅影响了公共教育的建立，也影响着高等教育发展的内在脉络。如果要理解博雅教育在美国学院时期的地位、作用与挑战，清教徒及其清教主义是不可不察的问题。清教徒的自由精神与使命感是美国大学和博雅教育的精神底色，对美国博雅教育本土化奠定了根本性的基础。

（1）清教徒考源

清教徒（Puritan）或清教（Puritanism）起源于拉丁语"纯"（Purus）、"纯粹"（Puritas）、"洗涤"或"净化"（Puriifcatio）。[③]在15—16世纪欧洲宗教改革之前，罗马教皇和天主教会的长期黑暗统治引起很多人的不满，一些天主教的改革者（清教徒的前身）要求清除教会中的陈规陋习，揭露和控诉天主教会的罪恶和腐败。这些腐败主要表现在罗马教会实行的赎罪券和剩余功德论[④]，这也是马丁·路德（Martin Luther，1483—1546）宗教改革的直接导火索。当时的罗马教会认为，人可以用自己的善行去消除自己所做之恶。人依靠上帝的恩宠去行善积德，会获得很多恩宠，积累很多功德，甚至会有剩余。这些今生用不完的功德，就可以由教宗提取一部分卖给其他功德不足的人，受惠者就要向教会捐钱——购买"赎罪券"。实质上"赎罪券"已经成为教会筹钱的方法。

清教徒们在英格兰母邦是一些无拘无束的人，他们不像其他南方殖民地的移

---

① A.J.Reichley. Religion in American Public Life [M]. Washington D.C.：Brookings Institution Press，1985：53.

② Sanford W·Reitman. Education, Society and Change[M]. Boston：Allyn and Bacon，Inc.1981：56.

③ 董小川. 清教徒考辨[J]. 吉林师范大学学报（人文社会科学版），1992（2）：97-101.

④ 马克斯·韦伯. 新教伦理与资本主义精神[M]. 康乐，等译. 桂林：广西师范大学出版社. 2010：286.

民，既不是流浪汉、没受过教育、没有家业的贫困交迫的潦倒之人，也不是贪婪成性，梦想离开母邦发大财的冒险家和投机家。他们对宗教虔诚，有着良好的教育背景，有的人甚至才学出众，文明程度高的人数所占比例高于当时任何一个欧洲国家。他们携带家眷，带着良好的道德修养，带着神圣的使命感，告别自己温暖生活和值得留恋的社会地位，为了满足纯正的求知需求和创业目的，为了实现美好的理想，他们甘愿品尝流亡生活的苦难。所以，他们喜欢称自己为"朝圣者"①。像温斯罗普就是剑桥大学毕业，在伦敦时从事律师职业，因清教信仰被褫夺公职，领导近 1500 移民来到马萨诸塞湾安营扎寨，不怕艰难困苦，奋斗拼搏去经营上帝赐福的这片"乐土"。清教徒大部分是中产阶级，新英格兰的大部分移民也是来自于这个阶级，他们身份算不上高贵，能够突破母邦身份的等级限制，自由、平等和民主已经成为这个荒野中所有移民的信条。

（2）"荒野使命"与"山巅学校"

清教徒本质上是一个宗教团体，为了寻求和保持宗教及文化的纯正，更重要是为了"寻求向整个世界展现神圣有序的基督徒社会的本质和可行性。"无论是分离派清教徒（pilgrims）还是非分离派清教徒（puritans）都是为了摆脱英国母邦的宗教压迫和迫害，实践自己宗教的理想。②就如当时的马萨诸塞湾殖民地总督约翰·温斯罗普③（John Winthrop 1588—1649）在开往新英格兰的"阿贝拉"号船上的演说："我们必须记住，我们就像山巅的城市，所有人的目光都在注视着我

① 托克维尔. 论美国的民主（上卷）[M]. 董果良，译. 北京：商务印书馆，2014：40.

② 最早移民到新英格兰的清教徒队伍有两支，分别是分离派和非分离派。分离派由威廉·布雷德福德牧师带领，1620 年，经荷兰乘坐"五月花号"船到达，在普利茅斯村定居；另一支是由剑桥大学毕业的约翰·温斯罗普带领的 1500 人，在马萨诸塞湾居住。

③ 约翰·温斯罗普是美国早期殖民地时期的重要政治人物，他从 1629 年组织英格兰人到北美建立殖民地，12 次被选为总督，著作有《新英格兰历史：1630～1649》。普弗朗西斯·J.布莱默在其著作《温斯罗普：被遗忘的美国奠基之父》书中指出，温斯罗普为缔造新英格兰作出了无人能比的卓越贡献，是早期马萨诸塞湾殖民地能够成功的主要原因。另外，他对教育的高度重视，在他任总督时，马萨诸塞殖民地建立了第一所大学。

们。"①演讲中的"山巅之城"出自《马太福音》第五章，清教徒认为自己受到圣经的启示，自认为是宗教改革派前往美洲的先遣队，也是上帝的选民，负载上帝的旨意，响应上帝的召唤，来到这旷野，自愿完成艰难且高贵的"荒野使命"（Errand into the Wilderness）。

清教徒非常重视教育，教育是一种神圣的职责。他们希望孩子从小就能阅读和理解《圣经》，因为《圣经》是真理的源泉，也是信仰的最高权威。创办学校，发展教育是他们的优良传统，为的是宣传教义、教育子女、训练品格，确保基督教的主体地位，保证其纯正性和连续性，继续发展欧洲文明。

首先，清教徒要建一座"山巅之城"。"山巅之城"是人间的"上帝之城"，一个"清而又清，纯而又纯"的教会国家，是由改革后的纯洁教会与教会成员组成的世俗政府，共同建构的一个清教神权政体。这是一场以"上帝名义"起誓的伟大实验，也是清教徒们"宏扬上帝荣耀"的梦想，他们称作"圣徒之治"②。他们梦想在新大陆能够实现宗教改革的目标，如果改革成功，实验完成，上帝不仅赐福新英格兰、保佑新世界，而且还会让新英格兰统治旧英格兰，让新世界领导旧世界。这希望反映了清教徒强烈的天命意识和"预定论"思想，梦想通过基督教改造社会和改造世界，以契约形式组成政府，在北美荒原建立一个宗教理想国。

其次，清教徒要有一所"山巅学校"。清教徒非常重视教育，这既有外部环境的原因，也有清教徒精神内部原因的支撑。教育作为社会服务的工具，承载着当时新英格兰清教徒美好的社会理想：不要辜负了他们的上帝，在美洲荒野之中建立一个"山巅之城"。当时的清教徒还感觉到国内教育受到了英格兰母邦神学院腐败的管制而腐化，学生的学习也受到邪恶榜样的影响，所以建立学校，以实现社会理想便成为必须。如果我们辜负上帝对于我们的帮助，我们终将只给人们留下

---

① 劳伦斯．A.克雷明．美国教育史（一）殖民地时期的历程（1607—1783）[M]．周玉军，苑龙，译．北京：北京师范大学出版社，2003：12.

② 张媛．从清教徒到扬基[D]．南京师范大学，2007：9.

一个故事并成为全世界的笑柄。

殖民地学院被称为"山巅学校"（school upon the hill）[1]，是清教徒在北美洲荒原使命——建造"山巅之城"社会理想的一部分。上帝把他们安全地引领到新英格兰，他们建起了房屋，也能够得到生活的必需品，而且还建造了教堂做礼拜，向上帝祈祷，组建了自己市民政府，接下来他们特别渴望的一件事是提升他们的学问，并把学问能够一代一代地传递下去。[2]他们希望通过学院教育信徒及其子女，为年轻人打下品性的基础，而品性是其一生的成功和荣耀所必须凭借和依赖的根本。他们也希望通过兴办教育，能够继续延承父辈对宗教信仰的虔诚，传播宗教思想，实现宗教信仰的代代相传。

4.2 学院对博雅教育的继承

美国第一所学院是哈佛学院，建于 1636 年，早于美国建国，可以说美国是先建立大学，然后才建立的国家。哈佛学院的创办标志着殖民地时期美国高等教育的兴起。踏上美洲大陆的新教徒，继承了母邦的信仰，他们要建造一个"人间天国，展示上帝的仁慈，普及上帝的模范品德。"[3]

4.2.1 学院的宗教建制

清教徒到了北美洲后，本来存在多个教派，每个教派为了维护自己本派教义，宣传宗教，建立了学院，培养人才。1621—1623 年，英国殖民者在北美弗吉尼亚筹备建立亨里克学院，它的理念充满着宗教意味，"向那些生活在黑暗中并对真正

---

① James Axtell. The School upon a Hill: Education and Society in Colonial New England [M]. New Heaven: Yale University Press，1974.

② Samuel Eliot Morison. The Founding of Harvard College [M]. Cambridge，Mass: Harvard University Press，1995：3.

③ 黄宇红. 知识演化进程中的美国大学[M]. 北京：北京师范大学出版社，2008：10.

的知识和上帝的信仰茫然无知的人们传播基督教的信仰。"①"以真正的教义、美德和礼仪来教育那些信仰迷失之人的子女，或作其他神圣之用途。"②总之，教育一般为教士所掌握，目的除了作为在移民中推行法纪的手段，而且也成为殖民地土著居民归心的工具。可以说，在殖民地时期，宗教是美国学院的灵魂。

美国早期的殖民地学院基本上都由清教各派建立和创办，主要目的是为了扩大各自教派的影响，比如1636年，第一所学院哈佛学院由加尔文派创办；第二所学院是威廉·玛丽学院，由圣公会于1693在弗吉尼亚建立；第三所学院是耶鲁学院，在1701年由公理会创立；第四所学院是新泽西学院，由长老会创办于1746年；第五所学院是圣公会创办的国王学院，它是殖民地时期第一所非单一教派控制的高等学院，由四个新教教派中选出校董事会控制管理③（见表1）。

表1：美国殖民地学院所属教会一览表④

原名	现名和改现名的日期	创建日期（年）	所属教派和教会
哈佛学院	哈佛大学（1780）	1636	公理会
威廉·玛丽学院	威廉·玛丽学院	1693	圣公会
耶鲁学院	耶鲁大学（1886）	1701	公理会
新泽西学院	普林斯顿大学（1896）	1746	长老会
国王学院	哥伦比亚大学（1912）	1754	非教会
费城学院	宾夕法尼亚大学（1791）	1755	非教会
罗德岛学院	布朗大学（1806）	1764	浸礼会
女王学院	新泽西州立大学（1945）	1766	荷兰改革教会
达特茅斯学院	达特茅斯学院	1769	公理会

① Cohen,S. The Charter of Virginia[G]// Cohen,S. Education in the United States: A Documentary History,Volume 1.New York: Random House,1974: 334.

② 劳伦斯．A.克雷明．美国教育史（一）殖民地时期的历程（1607—1783）[M]．周玉军，苑龙，译．北京：北京师范大学出版社，2003：8.

③ 查尔斯·比尔德．玛丽·比尔德．美国文明的兴起：农业时代[M]．许亚芬，等译．北京：商务印书馆，1991：176.

④ H.G.Good．A History of American Education[M]．New York：Macmillan Company，1986：61.

依照英国旧大学的古老传统，模仿英国剑桥和牛津式学院（college），殖民建立的八所学院都是宗教建制，他们是美国高等教育的主要形式。学院具有强烈的宗教性质和使命，教育宗旨和宗教目标合二为一。学院建立的根本目就是理解教义，"通过教育帮助年轻一代适应文化的需要，通过教育传承人文知识（liberal arts），不仅把年轻一代培养成为神职人员，而且也培养成国家的公职人员。"①

4.2.2　大学要荣耀上帝

在美洲新大陆上，新英格兰人在文化生活中，最关心的事情仍然是神学，教士一直是教育和思想的领导者，他们也可能是大学老师、中小学教师、法律的编订者、流通书籍的作者等一切精神事务的监护人。美国学院建立之初就是为了响应神的召唤，服务于上帝的事业。

1. 教育目的为了服务上帝

神学是学院的中心，如何荣耀上帝是学院的最初目，其表现可分为三个方面：

第一，传承基督教文明。鉴于中世纪大学在传播和宣传基督教方面起到的重要作用，新教徒们仍然希望大学能够担当这一重任，使基督教在美洲大地仍然得到延承。

第二，维护传统宗教的权威。基督教在当时受到一新现象和新事物的挑战，比如在女性是否能够感应圣灵启示的问题就是对宗教中传统男性权威的挑战。为此，新教徒认为大学可能让"基督教回到它原来的跑道上，"②大学能不仅仅把男女区分开，"更为重要的是，它可以鉴别出哪些人在灵性上和智性上有资格担任《圣经》的解释者，以及哪些人会维护这个社会的基本规则。"③

第三，应对新兴科学的挑战，在 17 世纪，新兴科学产生，特别是宇宙力学能

---

① 亚瑟·科恩. 美国高等教育通史[M]. 李子江，译. 北京：北京大学出版社，2010：17.
② 乔治·M.马斯登. 美国大学之魂[M]. 徐弢，程悦，译. 北京：北京大学出版社，2015：31.
③ 乔治·M.马斯登. 美国大学之魂[M]. 徐弢，程悦，译. 北京：北京大学出版社，2015：42.

够解释世界，所以《圣经》解释世界的方式遭到质疑。忽视和漠视质疑无异于自取灭亡，大学也许可以以自身的品格和特点，应对社会的挑战。

为了实现大学荣耀上帝的宗教目的，大学的教育理念、课程设置、教学形式、教学组织与神学活动都要为这个目的服务。

2. 教育理念就是荣耀上帝

学院的教育理念有很深的宗教意义，主要目标是维护和宣传各派教义，培养宗教人士，即牧师。美国大学在殖民地时期，主要"专注于加尔文宗教派培养未来的牧师，专注于经典以培养年轻绅士，"[1]还要"培养其他专门职业人才。"[2]但是，无论大学培养教士或是世俗人才，都是为了荣耀上帝，能够通过自己的工作升入天堂，正如1646年哈佛大学的第 份校规所写："每个人都应该思考他的生活和学习的主要目的，以便认识永生的圣地和耶稣基督。"[3]

殖民地学院虽然也会培养政府公务人员，但是，开办的主要目的仍然是培养牧师。牧师，在新教中是特别重要的神职人员，主要职责是讲经布道、主持圣事、组织信众、管理教务。他们所扮演的角色具有十分重要的地位，尤其在传播宗教教义，维系教会统治，维护和传承共同信仰等方面。哈佛学院创立时，其创立人担心"我们这一代的牧师长眠于地下的时候，教会会落入无知牧师手里。"[4]这种担心正是清教徒创办哈佛学院的主要动机。据统计，哈佛初期的毕业生中，7名就有5名成为了传教士，一直到17世纪末，从事这个职业的毕业生都占半数以上。另外，耶鲁学院情况也一样，在1753年决议案中，耶鲁人认为："设立该大学是提出的一个主要目的，是为了本殖民地的教会提供饱学、虔诚和具有正统观念的牧师。"[5]

---

① 克拉克·克尔. 大学之用[M]. 高铦，高戈，译. 北京：北京大学出版社，2008：231.
② 乔治·M.马斯登. 美国大学之魂[M]. 徐弢，程悦，译. 北京：北京大学出版社，2015：43.
③ 乔治·M.马斯登. 美国大学之魂[M]. 徐弢，程悦，译. 北京：北京大学出版社，2015：43.
④ 查尔斯·比尔德，玛丽·比尔德. 美国文明的兴起：农业时代[M]. 许亚芬，等译. 北京：商务印书馆，1991：181.
⑤ 查尔斯·比尔德，玛丽·比尔德. 美国文明的兴起：农业时代[M]. 许亚芬，等译. 北京：商务印书馆，1991：181.

3. 庄严的宗教仪式

仪式会让人感觉到宗教神圣和庄严，能够在仪式中感知人与神心灵的沟通，更会使人的灵魂得到净化和提升，走向更高的上帝。大学建设了宏伟壮丽的教堂，在其中学生必要的仪式是做礼拜，工作日以礼拜作为开始和结束，很多活动都以宗教礼拜仪式为中心进行。这种规定一直延续到 19 世纪 90 年代末，"几乎所有的州立大学仍然把去教堂做礼拜视为强制性规定，有的大学甚至规定必须在星期天去教堂。"①耶鲁学院较哈佛学院更具宗教性，1745 年其《学生守则》就明确规定学生任何时候都必须参加各种宗教活动，以基督徒的标准要求自己，"所有学生都必须过宗教式的虔诚的纯洁生活，勤奋阅读和感受真理和光芒的源泉，即上帝的福音——《圣经》。"②宗教仪式相当于隐形课程，隐性课程能够对学生产生潜移默化的作用。在清教徒看来，信仰应该填满生活的空间和时间，让一切世俗的东西都变得神圣，学生在这样教育环境中生活学习，方能荣耀上帝，传播基督教。

4.2.3　博雅教育的宗教意义

清教徒在理性和信仰的关系上，态度非常明朗，他认为理性只能让人暂时抵制诱惑，防止堕落，上帝的恩宠才能永远使人最终摆脱诱惑。但是，人不能无限制地使用理性，若如此，人看似对真理的自由探寻和选择，反而会导致真理的散失。清教徒认为人应该合理、节制地应用理性，对上帝的虔诚和无限信赖才是人的根本。理性可以给信仰提供智识基础，但不能使人获救。理性与信仰的关系决定了清教徒的知识观，而知识观又决定了博雅教育的世俗知识与宗教知识的关系，博雅教育是服务和维护宗教。

---

① 乔治·M.马斯登. 美国大学之魂[M]. 徐弢，程悦，译. 北京：北京大学出版社，2015：1.
② J.David Hoevelet. Creating American Mind Intellect and Politics in the Colonial Colleges[M]. Rowman & Littlefield Publishing Inc.，2002：93.

1. 知识服务于上帝

理性与信仰的关系决定了清教徒的知识观，他们认为：首先，世俗知识从属于宗教知识，宗教知识地位至尊，1658 年清教徒托马斯·霍尔在解释清教徒信仰时候说："我们必须……让上帝清楚地认识到人类的知识，修剪和删改它，使它能合法地、有益地被使用……"[①]。世俗知识包括自由之艺和科学知识。其次，宗教知识和世俗知识并不矛盾，都应该被学习吸收，真正饱学之士对这两种知识会兼容并蓄，这是清教徒强烈希望自己能达到的目标。

由此可见，清教徒一方面对信仰保持虔诚，维护宗教知识；另一方面，认为自由之艺和科学知识也是人类知识的一部分，通过这些知识人也有可能认识上帝的德性，理解上帝教诲。自由之艺是维护宗教知识而设，宗教知识地位崇高，重要性不可撼动。

2. 真理一致性原则

真理一致性原则（the unity of truth）认为"真理包括所有正确的知识、宗教教义、常识信仰和科学理论，有相同的认知标准评价这一切，其中宗教真理被认为是最重要和最有价值的知识形式，因为它赋予知识意义，将抽象的知识变为指导人们日常行为和解释神的最终旨意的道德真理。"[②]

中世纪继承下来的旧思想也认为，知识具有永恒性和整体性的特点。永恒性是指大学向学生传递固定的知识体系和规范；整体性是指知识不仅具有认知方面的意义，还可以用来引领学生的精神和道德的成长。这种旧观念在过去一直在塑造着欧洲的高等教育事业，并在 17 世纪随着剑桥大学和牛津大学的毕业生传到美国。南北战争前，美国人的主导知识观是真理一致性，认为真理具有认知、宗教和道德三个维度，认为所有知识都是统一的，知识的最终目的是服务于上帝，知

---

① Greaves R L. The Puritan revolution and educational though: background for reform[J]. American Historical Review，1970，18(3).

② 黄宇红．知识演化进程中美国大学[M]．北京：北京师范大学出版社，2008：8.

识具有道德价值；知识是永恒不变。从以上观点可以看出：

第一，教师是传统知识的持有者，具有一种稳定的、权威性的智慧，知识和智慧可以在师生之间连续传递。教师的主要职责是看管古代的价值传统，他们不希望自己具有创造性，在传统上打上自己的印记，而是希望把学生引入传统规范和思想的神殿，继续保存传统。他们会为自己能够使世界保持完整所做出的努力而倍感欣慰和满足。

第二，学生即受过教育的人不只是占有知识，更应该具有整体的知识能力，在道德习惯、行为规范和宗教信仰方面都有所改变。"学生被要求把从古代世界和基督教传统中继承下来的不变的、有限的一套规范内化成个人品性的一部分，并使自己的言行符合这些规范。"①学生不用积极地、主动地去发现知识，所需要做的是永远效仿心灵和理智都优秀的人的生活模式，慢慢向上帝靠近。接近上帝也就是掌握真理。

第三，整体上学院教育是关心学生生命的终极价值，也就是现代对于人生意义的关注。"每一个人应该关心自己生命的终极目的，理解自己的生命，去接近上帝，这会让人过上永恒的生活……应该把基督教教义作为一切知识和学习的基石。"②知识的最终目的是服务于上帝。

4.3 博雅教育的美国化

从博雅教育在美国的发展过程看，依照美国殖民地学院时期的高等教育发展特点，我们可以将博雅教育的演变分为三个阶段，这也是美国博雅教育学习英格

---

① 安东尼·克龙曼. 教育的终结：大学何以放弃了对人生意义的追求[M]. 诸惠芳，译. 北京：北京大学出版社，2013：87.

② John S. Brubacher & Willis Rudy. Higher Education in Transition: A History of American Colleges and Universities. Fourth Edition[M]. New Brunswick: Transaction Publisher, 1997: 104.

兰大学、苏格兰大学和德国大学模式的结果展示。

首先，移植英格兰学院模式，学院最初都是宗教机构[①]，具有很强的宗教性质；学院同时也效仿英国的博雅教育，引进古典课程和基督教义；博雅教育的根本特点是维护宗教。其次，苏格兰大学模式影响博雅教育课程改革，实用课程和职业教育课程挑战传统博雅教育。第三，德国模式影响美国博雅教育，由留德学生带回美国平行课程、选修制度和科学研究。在这个过程中，清教徒是美国教育和大学的缔造者，他们的宗教信仰是美国教育及大学的底色，所以学院时代博雅教育最主要的特征仍然是为宗教服务，宗教教育与博雅教育有千丝万缕的联系。服务宗教、宣传和普及宗教教义是美国早期高等教育发展的原动力，也是其追求的目标。美国殖民地学院为了培养牧师及教会高级人才而建立，各个学院教派众多、相互宽容，放弃门户之见，成就了这个时期美国高等教育的繁荣。

4.3.1　第一阶段：移植英国学院模式

本阶段是博雅教育服务宗教教育阶段，处于殖民地学院早期阶段。受英国的英格兰传统影响，从 1636 年哈佛学院建立到 18 世纪中期，当时主要建立了三所学院，分别是哈佛、耶鲁和威廉·玛丽，这些高等教育的形式以学院制、寄宿制、学校自治和着重古典人文教育为特征；主要目的是为了培养牧师，以宗教教育为主，博雅教育主要是为宗教教育服务。

英国剑桥大学和牛津大学对早期殖民地的教育事业影响深远，包括高等教育。最初移居北美殖民地的移民，他们中有些人毕业于英国的牛津大学和剑桥大学；据统计有 200 多名牛津和剑桥的毕业生在普利茅斯建立后 20 年之内，来到新英格兰，成为弗吉尼亚最初的传教士和教师。

---

① 安东尼·克龙曼. 教育的终结：大学何以放弃了对人生意义的追求[M]. 诸惠芳，译. 北京：北京大学出版社，2013：31.

1. 理念上的移植

"在 1650 年，殖民地总人口约为 5 万人，其中 4.4 万人是英国人。"[①]从中可以看出英国人在美国人口上的优势，这使得英国的教育模式在美国得到了广泛传播。当时的哈佛学院就是非常明显地移植了英格兰大学风格和制度，可以说就是剑桥大学伊曼纽尔学院的美国版本，其创建章程就是直接取自伊丽莎白时期的剑桥大学章程。当时的创办者几乎都在剑桥和牛津大学学习过，他们依照在剑桥大学的传统设计新建的学院，他们自己受过的教育模式自然就是这些学院的样板。剑桥大学的办学章程是其最初的办学模式和理念的直接来源。

理念是深深嵌入人思维的想法与观念，它会自然而然地影响人的行为与思想，具体化为学院的培养目标。他们仍然认为，学院教育的目标在于塑造学生的灵魂，这是学院首要的和最重要的目的。主要目标是培养一批服务于教会和国家的经过选择的基督教绅士（主要是牧师和律师）。在他们心中，"一所学院首先应该是培养品行的场所，是培育智慧和道德习惯的场所，所有这些习惯共同形成使人能过对自己而言是最好的生活的基础——这是一种有辨别力的、虔诚的生活，它以历史上的伟大人物为榜样，对上帝的强烈的、无懈可击的爱使这种生活充满活力。"[②]这就是清教徒所认为的美好生活的方式，也是他们所希望能够达到的教育目标，他们并没有想着传授学生马上就能有用的知识，本质上他们否定学院培养目标就仅仅是为职业和就业做准备。

任何地方，任何时间下，任何一所大学都不是空中楼阁，它扎根于现实的每一分土壤。在北美殖民地，学院实施博雅教育和宗教教育，而博雅教育服务于宗教教育，正如自由之艺服务宗教知识一样，在知识序列中，当时神学知识具有优先性，自由之艺术居于从属地位。

---

① 贺国庆. 德国和美国大学发达史[M]. 北京：人民教育出版社，2003：81，152-159.
② 安东尼·克龙曼. 教育的终结：大学何以放弃了对人生意义的追求[M]. 诸惠芳，译. 北京：
北京大学出版社，2013：33.

2. 课程与教学

学院基本上因袭英国牛津和剑桥大学的作风，以古典博雅教育课程为主体，传承和延续了古典知识。异教徒的古典知识在中世纪即是博雅教育的核心内容；离开了它们，教育甚至都不可想象。博雅教育学科基础是"三艺"和"四艺"，此外，真正的博雅教育是包括对亚里士多德作品学习和研究，如逻辑学、形而上学和自然哲学等。[①]但是，博雅教育课程的显著地位必须受到限制，最好的方法就是把博雅教育笼罩在基督教的氛围之中。这种教育理念及相应的体制完全处在英国学术文化的支配之下，一直延续到美国建国初期。英国博雅教育的传统在美国高等教育中得到了延续。

第一，博雅教育的课程。课程设计以课程目的为中心，显然，《圣经》的学习和解释便是当时的课程目标，一切课程开发都以《圣经》的原则为基础。虽然，亚里士多德等异教徒的作品有着本身叛逆因素，自由之艺训练人的理性也许会塑造人的主体性，从神的传统中把人解放出来，但是基督教要面对挑战，做出回应，又必须需要人的理性。于是，大学开设自由学科，包括修辞学、历史学、古希腊语、古罗马语和希伯来语等，但是有个前提，要学生在信仰中寻求理解力，一切课程都以《圣经》的原则为解释语境。然后，就是加强《圣经》的学习，学生除了要参加宗教活动外，还有每天诵读经文（诗篇 119 篇和 130 篇），每周周六和周日都是都是《圣经》及宗教著作的正式学习时间。

由于古典语言和文化是身份与地位的标志[②]，所以，古典文学和古典语言（拉丁语和希腊语）是课程体系的核心。课程除了继承中世纪的七艺（文法、逻辑、修辞的三艺，以及几何、天文、算术、音乐的四艺），还有，亚里士多德哲学课程（包括三种基本哲学：伦理学、形而上学和自然哲学或科学），文艺复兴时期的希腊语和希伯来语、以及宗教改革时期的神学也兼顾一些浅显的世俗知识。对学生

① 乔治·M.马斯登. 美国大学之魂[M]. 徐弢，程悦，译. 北京：北京大学出版社，2015：33.
② 黄坤锦. 美国大学的通识教育[M]. 北京：北京大学出版社，2006：4.

的入学要求规定是要粗略理解拉丁语、希腊语和算术，前两年大部分时间要求学生学习古典语文，并且要能够掌握拉丁语；随后两年要求学生学习哲学、神学和一般性科目。

第二，博雅教育的教学。教学可分为两个方面论述，一方面是教学理念。在教学理念上，殖民地学院认为教育除了让学生知识渊博之外，培养个人高尚的道德，形成良好的行为习惯对个人和社会更显重要。1828 年耶鲁报告认为，礼拜和虔诚、举止端庄、勤勉学习、富有男子汉气概等都是学生应该培养的良好的品行和行为习惯①。各学院的核心课程是研究《圣经》，阅读《圣经》是学生每天都要做的事情。学生要从不同的角度理解《圣经》，对耶和华要心存敬畏，要渴慕、敬畏和相信神的话语，在心中要反复理解和咀嚼。这种敬畏，高于我国孔子所言的君子三畏：畏天命，畏大人，畏圣人之言，敬畏的对象也高于圣人之言。借此，"希望把宗教的根基不要仅仅建筑在《圣经》和超自然的信念上面，还要植根于人性之中和人类理智的内在权威之中……理性一定可以和《圣经》当中上帝的启示契合。"②

另一方面是教学方法。教学方法主要有三种：授课和背诵、演讲、辩论。授课法师指教授首先依照古典名著提出命题，并将命题条分缕析为小命题系统讲授，而学生必备的功课是背诵经典名著并深入理解。集中背诵一本书上的内容可以持续有效地训练学生心智，避免学生浏览不同教材带来的知识混乱状态和理解上无所适从。

演讲是适宜的教学方法，主要针对学生，学生首先要系统陈述题目，并且要能够引经据典，做到富有文采。该方法最大优点是能够充分调动演讲者最大的潜能，让学生做出最大努力；加快学生取得学术成就的步伐，有助于交流学科最新

---

① Pak M S. The Yale Report of 1828: A new reading and new implications[J]. History of Education Quarterly, 2008, 48(1): 30-57.

② J.David Hoevelet. Creating American Mind Intellect and Politics in the Colonial Colleges[M]. Rowman & Littlefield Publishing Inc., 2002: 43.

成果；如果学生演讲水平很高，还可以增加学生学习的动力，激发其学习的热情。但是，演讲法在训练学生的心智能力方面存在缺陷，许多静坐听讲的学生会缺乏心智能力的积极参与。因此，背诵可以作为有效的学习方式以辅助。

辩论则是由教授给出题目，学生被分为正反两方，辩论的重点是双方能够找到对方论点的不合逻辑之处，以及论据引用的错误。这样培养出的学生不仅知识渊博、仪态优雅，而且还文思清晰、反应机智，实现了博雅教育广博文雅的初级目标。

4.3.2 第二阶段：大觉醒运动对博雅教育与大学的影响

本阶段是"大觉醒"时期，时间从 18 世纪 20 年代到美国独立战争爆发。这个时期受欧洲启蒙运动影响，殖民地商业蓬勃发展；高等教育受到英国非教派学院及苏格兰大学课程设置榜样的影响，殖民地又涌现了六所新学院，殖民地一些老学院的博雅教育课程开始出现了轻微的改革趋向。

"大觉醒"运动本质上是一次以信仰复兴为主题的宗教改革运动，其重要意义在于促进了美国由宗教专制向宗教自由的过渡；也使美国的政教合一的神权政治转向自由、民主、平等的联邦制度。大觉醒运动带来的直接后果就是传统教区的破裂，巡回教士可以自由进入任何教区传播教义，不用在乎教区的牧师，因为等级制已经失去了权威性。教会开始分离，分成旧光派和新光派，人们可以离开老的公理会参加浸礼会和循道宗。[①]从 18 世纪 20 年代到美国独立战争，时间跨度50 多年，基本上 13 个殖民地都受到了程度不同的冲击。"大觉醒"运动同启蒙运动一样，成为美国革命的重要思想来源。美国的 18 世纪也被西德尼·阿斯特罗姆称为"觉醒的世纪和革命的世纪"[②]。

大觉醒运动对大学影响也非常显著，美国不仅在此期间新建了殖民地时期的

---

① 帕灵顿. 美国思想史[M]. 陈永国，等译. 长春： 吉林人民出版社，2002：144.
② Sydney E.Ahlstrom. A Religious History of the American People[M]. New Haven and London： Yale University Press，1973：260.

六所新学院，改变了大学与教会的关系。1746 年到 1769 年，美国新建立了六所学院。新泽西学院（1896 年更名为普林斯顿大学）成立于 1746 年，创立教派是长老派"纽约宗教会议团"；1764 年创办的罗德艾兰学院（后改为布朗大学），创立教派为浸礼派；1754 年建的英王学院（现哥伦比亚大学），创立教派是圣公会派于 1766 年创办的女王学院（后改为拉特格斯大学），创立教派为荷兰改革派教会；1754 年爱德华兹在康涅狄格的的信徒创办印第安人慈善学校，1769 年扩建为达特默斯学院。这个时期高等教育多样化特点开始形成，各种不同类型学院开始出现，各种提案开始出现，比如在 18 世纪 40—50 年代，伊利诺亚州某所学院有一个教授曾经提建议，建立一所工业大学，目的是为本州农业、机械和工业行业服务，但是由于传统力量的影响，其提议被扼杀。这次尝试虽然没有成功，但是仍有后来者尝试新的想法。

以苏格兰大学的课程模式为榜样，博雅教育开始逐渐发生变化。"没有一所大学由既定的教会控制，所有大学的管理机构都有不同信仰的人组成，而且学校接受学生是不考虑宗教信仰。"[①]大学不再是单个宗教派别的学院，而且为了招引更多的学生，也为了得到更多的捐款，学校课程也开始改变，在传统的拉丁语、希腊语课程之外，增加了自然科学与自然哲学课程。比如在 1746 建立的新泽西学院，由长老派创立，深受苏格兰高等教育模式的影响。苏格兰神学家威瑟斯庞是新泽西学院的首任院长，他的教育理念来自于爱丁堡大学、阿伯丁大学。他在位时积极促进学院实施职业教育，强调教授学生实用知识，以就业为导向。所以，该校的课程设置偏重于实用性，教学语言也不是拉丁语，而是英语。

4.3.3 第三阶段：本土化和世俗化

美国成为独立的国家，博雅教育遭遇世俗化，开始本土化。殖民地学院出现

---

① 加里·那什. 美国人民：创建一个国家和社会（上卷）1492-1877. [M]. 刘德斌，译. 北京：北京大学出版社，2008：139.

新的发展，小型学院大量建立，一些州还建立了自己州立大学。博雅教育遭遇世俗化的新挑战，这是博雅教育在新学院时期的主要问题，博雅教育还有没有必要，已经有美国人开始质问这个问题。在 1827 年，身为耶鲁校董、州参议员，并熟知古典课程的诺伊斯·达林认为旧有的课程已经不合时宜，建议取消课程中的"死语言"（古典语言）而代之以现代语言课程。此建议一出，在耶鲁学院里引起了巨大的反响。

1. 本土化大学的创立热潮

高等教育的主导理念和实践发生改变，为社会培养各方面经世致用的建设人才成为目标。高等教育逐渐从出世走向入世，从宗教走向世俗；孕育出独立自主、自由平等竞争、多样化办学的理念。

殖民地学院出现新的发展，小型学院大量建立，这期间有 500 多所学院已经建立，而且还有 210 至 250 所学院正在建设之中[①]。建国后形成了学院创立的热潮，学院增长快速并且稳定。这些学院规模比较小，没有统一的管理，大量地开办，而且类型多样，被戏称为"乡村小作坊"（cottage industry）。这些高等教育机构，有着各种形式，如大学（university）、神学院（seminaries）、专科学校（academies）、师范学校（normal schools）、科学学校（scientific schools）、进修研究所（institutes）等。[②]在这些学院，课程也发生了变化，传统的西方古典学科不再一枝独秀，从自由之艺（liberal arts）扩展到法律、医学、商业、军事科学、工程、神学和农业这些学科。这些学院一定程度上也显示了美国现代中学后高等教育的各种形式，包括综合性大学、小型文理学院、研究性大学、社区学院、研究中心、初级学院、研究院、成人学习中心、技术学校等。

教育与社会的相互影响过程中，教育不得不满足社会要求，适应国家和地方

---

① 亚瑟·科恩. 美国高等教育通史[M]. 李子江，译. 北京：北京大学出版社，2010：53.

② Colin Burke. American Collegiate populations：A Test of the Traditional View [M]. New York：New York University Press，1982：15-17.

的经济发展，美国的高等教育开始出现世俗化倾向，宗教办学宗旨也显出式微迹象。这成为美国建国后大学发展的本质特征，也深刻地影响了博雅教育的发展。传统的博雅教育和宗教教育遭遇挑战，教育目的和教育内容的实用性更加明显。

2. 服务本土社会，培养公民

本杰明·富兰克林（Benjamin Franklin，1706—1790）描绘即将成立的宾夕法尼亚大学的目标，他认为大学就是应该教育青年人，培养青年一代面向公众服务，成为忠诚于公众服务的合格人才。年轻人学习写作、绘画、地理、算术、历史（包括商贸史和自然史），学生和学者住在一起，经常进行体育锻炼。教学语言为英语，而不再是拉丁语，学院的一切都是为了学生个体健康生活和社区生活的改善，而与教会教义无关。

托马斯·杰斐逊（Thomas Jefferson，1743 年 4 月 13 日—1826 年 7 月 4 日）在 1779 年议案中论述了高等教育的目标[①]，他认为：

第一，培养公共繁荣和个人幸福所主要依靠的政治家、议员和法官。这些人能够阐述政府的原则和结构，规范国家与国家之间交流的法则，以及我们自己政府运行的法律，并且宣扬健全的立法精神。正是这些原则、法律、法则和立法精神能够消除对个人自由所有任意的和不必要的行为约束，让每个人能够自由享有权利同时而不侵犯他人平等的权利。

第二，协调和促进农业、制造业和商业的利益，并通过充分理解政治经济学的观点，给公共产业提供自由的空间。

第三，发展我们的青年人其理性思考的能力，扩展其心灵，培养其道德，发展其美德和秩序之精神；启蒙青年人要学习数学和物理科学，进而促进技艺的健康发展，也能够使政府管理者过上不仅仅限于生存而且要健康舒适地生活；他们

---

① Thomas Jefferson. Report of the Commissioners for the University of Virginia. August 4，1818：1097. 转引自劳伦斯·A.克雷明. 美国教育史（二）建国初期（1783—1876）[M]. 洪成文，丁邦平，译. 北京：北京师范大学出版社，2002：115.

形成反思和正确行动的习惯，具有德性，既可以成为他人学习的榜样，也是个人幸福的源泉。

为了实现这些目标，杰斐逊认为学院可以开设这样的课程：第一类是古代语言，包括拉丁语、希腊语和希伯来语；第二类是现代语言，包括法语、英语、德语、西班牙语和意大利语；第三类是纯数学，包括代数、微积分、几何学和建筑学；第四类课程是物理数学，包括力学、静力学、动力学、光学、声学、空气学、地理学、天文学；第五类是物理学、自然哲学、化学、矿物学、植物学和动物学；第六类是解剖学和医学；第七类是政治学，包括政治经济、自然法与国家法、历史学、市政法；第八类是观念学（思想观念），包括语法、伦理学、文学和艺术。而神学却没有被列在其中，一部分出观念学教授讲授，一部分由几个教派传授。①

通过这样的课程学习，学院培养的公民是经过启蒙的公民，他们知道自己享有的权利，也理解他人的权利，成为真正意义上的自由人；他们能够明悉自身利益和如何保障这些权利，也能洞察二者之间的关系，因此他们能够像捍卫自己权利一样坚决地捍卫他人权利。正如史密斯所讲：

"他见多识广而不至于被误导；他正直善良而难以被腐蚀。我们目睹的人……既不会忽而如孩童般幼稚地盲从地追随爱国主义，也不会忽而像奴隶般地盲从愚忠于专制，我们所看到的他基本是始终如一的。他的品行纯洁无暇，为人诚实，他感受到自身天性之尊严，并欣然接受天职之驱从。"②

"到了殖民地时期后期，宗教影响开始削弱，从已有的教会中分离出来的以道德准则和公共服务为中心的文明社会观念得到发展。"③宗教对于大学影响开始式微，这在一定程度上也解除了对博雅教育的束缚，使博雅教育不再只以宗教为

① Thomas Jefferson. Report of the Commissioners for the University of Virginia. August 4，1818，in Padover，ed.，Complete Jefferson：p1098.
② 劳伦斯·A.克雷明. 美国教育史（二）建国初期（1783—1876）[M]. 洪成文，丁邦平，译. 北京：北京师范大学出版社，2002：129.
③ 亚瑟·科恩. 美国高等教育通史[M]. 李子江，译. 北京：北京大学出版社，2010：20.

中心，而是可以自由探索，寻求人的科学。

3. 宗教影响式微，学院世俗化

学院发展壮大的时期，也是宗教兴盛的时候。自由派新教具有开放性，由于它本身即是自由运用理性，思考和改革基督教的结果，因此，它不害怕自由之艺等异教徒著作学习和科学的挑战，认为宗教气氛的笼罩，完全可以让自由之艺（包括七艺和亚里士多德著作）和科学为宗教服务。结果是，为了加强宗教教育的措施，却在一点一滴地剥离大学与宗教的联系，大学世俗化愈来愈明晰。"世俗化即宗教仪礼与精神在社会生活以及个体世界中淡化和退隐是现代化的一个显著特征"[①]，那么世俗化的原因是什么？

第一，大学本身的基因。中世纪大学为适应世俗化需要而建立，就如阿什比教育生态学观点，大学的世俗化基因终究会显现成果。美国工业革命的发生，社会发展需要大学的服务，而科学的发展，的确成为推动社会发展的生产力。甚至科学成为标准，各学科要为自己的存在在科学面前辩护，否则就会没有自我认同，社会也不认同。

第二，学术自由影响。学术自由一直是美国大学的传统，各大学校长（吉尔曼，安吉尔等）也认为学术自由是从科学方法来证明世界的真理，而科学真理与上帝的真理是相通的，最后还是为了证明上帝的真理，这是宗教本身的自信。结果却让宗教人士大跌眼镜，科学的独立竟然把宗教赶到神学院里委曲求全。这正如科学逃离哲学的怀抱，成为顶天立地的男儿，而哲学作为母亲却要依靠儿子的标准打扮自己，让自己成为一门科学而达到自我认同。

第三，宗教无派别观点影响。自由派新教认识到宗教派别林立，互相排斥不利于美国社会的发展，依据神学原则上的包容性和宽容性，开始倡导的宗教无派别主义，大学也不再只是属于一个宗教派别的学院。19 世纪后期宗教无派别主义开启了美国高等教育的世俗化的一条通道。此后，清教各派的相互影响，学院变

① 乔治·马斯登. 美国大学之魂[J]. 北京大学教育评论，2015(2).

得不再派别林立，逐渐模糊了相互之间的区别。自由派新教就像高等教育中的"特洛伊木马"，使美国大学从"方法世俗化"过渡到"观念世俗化"，最终将新教精神和原则彻底边缘化。

4.4　为古典博雅教育而辩护

建国后美国教育的特色是实用。新科学是美国实用教育的核心，通过新科学的学习，公民可以理解自然界和人类的永恒法则，使社会有理性、有道德，合乎真理。通过植物学、化学和地质学，美国人将在美洲大陆上发展农业、商业贸易和工业并获得巨人利益。通过政治学、经济学、伦理学，美国人将理解和发现其他国家和民族不同的风俗习惯，这有利于国家内政和外交。通过科学在生活各个领域的系统应用，美国人能够提高其日常生活的质量，过上体面的生活。[①]

4.4.1　威廉·史密斯"博雅教育计划"[②]

在欧洲理性主义和启蒙运动，以及苏格兰大学世俗化和实用化体制的影响下，博雅教育受到科学和世俗课程的挑战。苏格兰大学传统与英格兰大学传统有所区别，它的理念是教育要为一定的职业做准备，强调非寄宿制，地方社会的代表管理学校。独立战争前 30 年创立的所有殖民地学院，基本上都保留古典课程和《圣经》学习，也同时增加了新的自然科学和数学方面的课程。如费城学院（后来成为宾夕法尼亚大学）在 1756 年，校长威廉·史密斯（William Smith）提出了一个"博雅教育计划"，致力于培养各级民主政府的官员和管理者，而不再是主要培养教士。该计划是美国高等教育史上第一个不为宗教目的服务、不模仿英国的课程

---

① 劳伦斯·A.克雷明. 美国教育史（二）建国初期（1783-1876）[M]. 洪成文，丁邦平，译. 北京：北京师范大学出版社，2002：4.
② 黄福涛. 外国高等教育史（第二版）[M]. 上海：上海教育出版社，2008：180.

计划①，具有美国本土的特色，彰显美国高等教育理念的独创性和独立性。本计划设置了三年制课程，课程的核心虽然还是博雅教育课程为主，学生通过阅读希腊语和拉丁语学习修辞学、古典文学，还有辩论术等，但是已经开始让学生学习更多算术、代数；自然科学课程有植物史、动物史、化学等；还有其他科学课程，如建筑学、光学和天文学、力学等；而且课程还涉及航海、测量、法律、政治和商业贸易等领域。"到了殖民地时代末期，所有学院都建立了数学、自然科学或医学的教授职位。"②伦理学也开始成为重要学习课程，而该课程反对主张信仰和宗教教条是正确的行为规范的类似观点，现代哲学家约翰·洛克的著作也会被纳入课程。逻辑学本来是为《圣经》而设，但是在殖民地后期服务对象变成了世俗事务学科。

4.4.2 平行课程与选修制

首先，19世纪德国教育逐渐影响美国各大高校，各学院开始实行选修制，设置各类职业教育课程和实用课程。"这种德国的影响比其他任何单一的影响因素都大，它给予了美国高等教育以新的动力，并永久地改变了美国高等教育的特征。"③

其次，美国独立后成为一个蓬勃发展的国家，社会经济迅速发展，欧洲新思想不断涌入，高等教育要适应这种经济和社会的需要。美国高等教育改革派对民主价值、实用知识和科学知识等都有所期许，在大学改革传统课程、设立新专业、设置新教席、创办新学院等是他们一直讨论的课程改革计划。其中，焦点问题就是改革博雅教育古典课程必修制度。

---

① John S.Brubacher. Willis. Rudy. Higher Education in Transition: An American History [M]. New York：Harper，1936：121.

② 亚瑟·科恩. 美国高等教育通史[M]. 李子江，译. 北京：北京大学出版社，2010：31.

③ Johns S. Brubacher and Willis Rudy. Higher Education in Transition： A History of American Colleges and Universities[M]. 1970：174.

创建于 1795 年纽约（New York）的联合学院（Union College），诺特（Eliphalet Nott）在 1804 年到 1866 年任该学院校长，他对古典课程改革的思想得到了实施和贯彻，允许学生修习非学位要求的课程，并且开设平行课程，以备不愿学习古典语言的学生学习。另外，学院特别重视科学课程，鼓励学生学习数学和现代语言，其课程设计已经有 20 世纪现代通识教育课程的雏形。平行课程意味着，学生如要获得文学学士学位，只需修完古典课程计划和科学课程计划的任何一项即可。这种创新和改革在当时获得了成功，该校的学生数量和毕业生质量都位于美国学院前茅。博雅教育的古典课程虽仍占统治地位，古典文学、数学、数学、历史和哲学仍是学院的主体课程，几乎没有校长敢于取消传统课程。①但从联合学院例子可以看出，科学课程已经显示出很强的生命力，这也证明了它确实适应了当时美国经济和社会的发展条件。

托马斯·杰斐逊为了推行他的改革设想，创办了一所全新的大学——弗吉尼亚大学，在这里打破"垂直"安排的必修课传统，赋予学生一定的选修课程的自由，把古典语言、现代语言、数学 、自然哲学、自然历史、解剖学与医学、道德哲学、法律 8 门课程设置为平行课程。平行课程和选修制，虽然在开始时候遭遇到阻力，但却有昂扬的生命力，就是古老的哈佛大学、耶鲁大学都深感震撼，自觉捍卫古典课程和博雅教育的责任重大。②

4.4.3 为古典博雅教育而辩护——1828 年耶鲁报告

耶鲁大学成立于 1701 年，是以"追求光明与真理"为校训的一所私立大学，它重视传统学科的价值，坚持学术的正统性，坚持学术的自主与独立。它和哈佛、普林斯顿大学齐名，历年来共同角逐美国大学和研究生院前三名的位置。耶鲁在

---

① 亚瑟·科恩. 美国高等教育通史[M]. 李子江，译. 北京：北京大学出版社，2010：72-73.
② 王璞. 捍卫博雅教育 造就社会精英——《1828 年耶鲁报告》研读[J]. 高校教育管理，2009，3(2)：70-74.

教授阵容、课程安排、教学设施方面都堪称世界一流，以人文科学的巨大成就而闻名于世，通过最丰富的思想训练与社会体验发展学生的智慧、道德、公民责任和创造能力，专门吸收和培养"精英学生"，其优秀毕业生其遍布美国的政坛商界。耶鲁大学曾经培养了 5 位美国总统，从 1989 年以来连续三任美国总统，即老布什、克林顿与小布什都是耶鲁的毕业生，这在美国史无前例。

1828 年耶鲁大学报告（《The Yale Report of 1828》，也称为《Report on the Course of Instruction》），被奉为美国博雅教育的"圣经"，它是耶鲁大学面对 19 世纪科学教育的挑战，为维护博雅教育在大学的地位而做出的努力和声明。"整个殖民地时期，科学的捍卫者都在同具有宗教倾向的学院创办人及其继任者作斗争。"[1]

1. 科学课程的攻击

独立战争后，科学启蒙运动席卷美国，科学课程和实用科目日益得到重视，平行课程和选修制在一些高校开始推行，社会和本校学生对博雅教育的古典学科进行批评和攻击，耶鲁面对继续坚持古典博雅教育还是让位于科学课程和实用学科，这成为当时学者讨论的热点。1827 年 9 月，耶鲁大学校长杰里迈亚·戴牧师（Reverend Jeremiah Day）组织了一批教授就上述问题进行研讨，在 1828 年形成发表耶鲁报告。

2. 耶鲁报告的内容

首先，大学要恪守博雅教育的传统，报告认为耶鲁大学的成功归功于传统的博雅教育，博雅教育理念是美国通识教育的根本基础和传统精华。对于大学来说，传统的博雅教育是高等教育的本质，它为学生提供广博的通识知识，是适合大学的唯一课程体系。[2]

其次，《耶鲁报告》所倡导的博雅教育是一种全面的教育。它认为"大学教育

---

[1] 亚瑟·科恩. 美国高等教育通史[M]. 李子江，译. 北京：北京大学出版社，2010：32.
[2] 刘宝岐. 耶鲁大学人文教育研究[D]. 保定：河北大学，2010.

的目的，不是教受某种专业技能，而是提供广博的通识基础，不是制造单一行业的专家，而是培养有领导气场的通才。"① 大学不是向学生提供碎片化的知识，教师也不是靠贩卖知识谋生的职业，而应该是刺激和拓展人的心灵，使人见识广博、心灵充实。大学教育必须提供心灵的训练和教养（the discipline and furniture of the mind），训练指扩展心理官能（faculties）的力量，教养指要以知识训练来充实心灵。官能心理学主要研究心智的训练和心灵的磨砺，② 认为思维能力的训练可以迁移到其他学科学习。

最后，《耶鲁报告》认为古代的优秀文化遗产是教育的重要内容，同时还是教育的重要手段。③ 因为，博雅教育的古典科目建立在" 训练" 和" 充实'心灵的两条重要原则之上，所以通过学习古典科目，学生可以建立起正确情趣的基础，训练青少年自己的心智（包括记忆能力、思维能力、判断能力、想象能力与审美能力等）。另外，古典科目还有较强的实用价值，能够为一个人的职业生涯和专业研究提好的准备，让人能够有更高更好的发展机会和动力。比如，古代语言不是"僵死的语言"（dead language）④，而是能够提供最好的智识文化（intellectual culture），并蕴含着美国文学的原始出处，并为从事牧师或者律师等职业奠定最扎实的基础。《耶鲁报告》主张学好古典语言及经典著作，本意并不反对学习现代语言。另外，数学、艺术、算术、几何、物理中的知识，依据官能心理学（Faculty Psychology）理论，都可以训练感官，迁移不同方面能力。

1829 年，帕卡德（A. S. Packard）发文支持耶鲁报告，并用通识教育（general education）陈述了大学开设共同学习科目的必要性，于是美国第一次正式出现通

---

① Pak M.S. The Yale Report of 1828: A new reading and new implications[J]. History of Education Quarterly, 2008, 48(1): 30-57.

② 王璞. 捍卫博雅教育 造就社会精英——《1828 年耶鲁报告》研读[J]. 高校教育管理, 2009, 3(2): 70-74.

③ 王定华.《耶鲁报告》及其在美国博雅教育中的影响[J]. 现代教育管理, 1995(5): 100-102.

④ Pak M S. The Yale Report of 1828: A new reading and new implications[J]. History of Education Quarterly, 2008, 48(1): 30-57.

识教育（general education）一词，被认为是美国通识教育开始的标志。耶鲁的博雅教育虽然不反对科学教育，主张博雅教育要适应社会发展需要，但是根本称不上通识教育，只是通识教育（general education）的说法一直被沿续了下来。该报告成为耶鲁后来形成博雅教育与科学教育并重理念的历史基础。

第 5 章　美国大学博雅教育的通识化

> 这是一个最好的时代，这是一个最坏的时代；
>
> 这是一个智慧的年代，这是一个愚蠢的年代；
>
> 这是一个光明的季节，这是一个黑暗的季节；
>
> 这是希望之春，这是失望之冬；
>
> 人们面前应有尽有，人们面前一无所有；
>
> 人们正踏上天堂之路，人们正走向地狱之门。
>
> ——狄更斯　《双城记》

美国南北战争后到 20 世纪前半叶，是美国现代大学形成的枢纽时期，也是美国博雅教育转换的关键节点。世界历史波澜壮阔，两次世界大战在此爆发；欧洲启蒙运动让人类思想相互碰撞，创新争鸣；欧美的工业革命及资产阶级运动跌宕起伏，改变着人们的日常生活；达尔文的生物进化论学说改变了人对世界的看法。就是这样一个时代，它是美好的也是糟糕的。美国当时经济飞速发展，但社会问题层出不穷，贫富差距增大，道德沦丧、贪污腐败和黑帮盛行。直到 1936 年以后的"罗斯福新政"，采用国家干预的方式来调节市场，市场放任式发展得到调节，社会矛盾开始趋向缓和，贫富分化缩小，一个新的政治秩序开始逐渐形成。

1870 年是美国高等教育的新纪元。由于美国实用主义哲学、民族国家兴起及德国大学观的影响，使美国开启了现代大学时代。真正美国式大学学术生活方式取代了陈旧的、宗教的学院体制。耶鲁大学的校长诺亚·伯特（Noah Potter）认为现代大学经历了最多的实验，引起的批评最为多样化，激发的争论最为积极，

"以至于人们经常评论说，学院和大学教育不仅仅是被改革所改变，而且是被革命所震撼。"①

美国现代化大学的博雅教育开始向通识教育转换，逐渐通识化，变成了"作为通识教育的博雅教育"（liberal education as general education），其转换的过程可分为三个阶段。

5.1　博雅教育通识化的背景

18 世纪的欧洲启蒙运动是美国现代化发展的思想背景，法语"启蒙"意思是"给人以光明"，思想家希望能够用理性之光驱散黑暗，把人们引向光明。伴随启蒙运动的发生发展，民族国家开始兴起，现代自由、民主和平等观念开始普及并且深入到美国人的日常生活；美国的实用主义哲学开始逐渐形成理论；科学知识观也在影响美国大学课程，这些背景和因素共同促成了美国大学的现代化和博雅教育的变革和转换。

5.1.1　启蒙运动的理性

16 世纪和 17 世纪自然科学的发展，主要得益于理性的应用，因此，人们也希望使用理性解决人生与政治领域的问题，让理性带来更大的自由，这就是启蒙运动开始的初衷。18 世纪启蒙运动倡导自由、平等和民主的理念，反对封建制度专制，积极迎接理性和科学，并据此挑战宗教权威。启蒙运动使人改变了看世界的方式，理性得到前所未有的重视，什么都要放到理性的天平上去考量，康德的《论启蒙》就是要让人能够摆脱自己不成熟的状态，勇敢去运用自己理性。人的理性再次觉醒，个人的权利得到前所未有的重视，天赋人权得到人们的拥护，君权神授受到人们质疑，人人在法律面前平等，封建专制和特权受到强烈批判。

---

① 劳伦斯·维赛. 美国现代大学的崛起[M]. 栾鸾，译. 北京：北京大学出版社，2011：1.

1. 运用你的理性

启蒙运动的口号"要有勇气运用你自己的理智",意思是"启蒙运动除了自由而外并不需要任何别的东西,就是在一切事情上都有公开运用自己理性的自由"。[①]理性和自由紧密相连,理性是指人们依照自律,自由地(符合思维的一般原理)进行判断的能力[②]。理性天生是自由的,不接受某种东西是真的任何要求[③],人类公开运用理性能够给自己带来自由。

第一,发展和运用理性以对抗宗教对人的限制,解放人的自由意志,使人成为目的。第二,价值理性被工具理性所僭越。人成为工具,甚至可能成为机器。第三,欲望和情感位置得到提升。具体到大学,启蒙运动唤起了很多学者运用理性的激情和发展科学的热情,并且开始追求大学的学术自由。他们认为"真理不再是一种赐予,而是需要去探索的某种东西;大学里的教师应该教育和训练他的学生获得发现新真理的技艺,而不是讲解教科书中成熟的知识。"[④]

2. 价值理性和工具理性

马克斯·韦伯提出价值理性和工具理性的概念,他认为价值理性是以人为主体,人的德性的充分实现,人只有在做事情时,才能表现出德性,而这种德性是人的本性,是合目的性的,人会无条件信仰这些价值,比如公平、正义、慷慨、荣誉等,为了这些价值实现人会不计较后果与手段,坚持心中所认为好的价值。

人是万物的尺度,造成人与世界的分离,人成为主体,世界成为客体。价值是人与物的关系的一种表述。人们认识世界,但是限制是在世界本性之内。价值理性就是建立在主客二分论的基础上,人是主体,人是目的,追求人的意义成为价值理性的追求。价值理性关怀的是人性世界,人的卓越是人关注的焦点,世界

① 伊曼努尔·康德. 答复这个问题:"什么是启蒙运动?" [M]. 何兆武,译//江怡. 理性与启蒙——后现代经典文选. 北京:东方出版社,2004:1-3.
② 伊曼努尔·康德. 论教育学[M]. 赵鹏,何兆武,译. 上海:上海人民出版社,2005:63.
③ 伊曼努尔·康德. 论教育学[M]. 赵鹏,何兆武,译. 上海:上海人民出版社,2005:69.
④ 赫尔曼·外尔. 德国的大学和科学[J]. 袁钧,译. 科学文化评论,2004,1(2):83-100.

作为客体也是一个与人交融的世界，不是冰冷的客体存在，而是氤氲于人周围，成为人一部分的世界。在这个世界中，人成了最终关怀和归宿所在。

价值理性的合目的性，是合乎人的目的，而人的目的就是追求美好生活，实现人的德性，成为人，所以这些价值具有超越性。价值理性认为，有些价值是因自身之故就值得追求，不用考虑别的事情，不管手段和结果什么样，它展示了人之为人的卓越。这正是人本身复杂性表现，人一方面是肉身的存在有着动物和植物的灵魂，同时人也是精神的存在，超越性的需要，认识你自己一直是人生最大的问题，也是人类历史长河中各色人物讨论和实践的问题。

但是，人能够义无反顾地去实现美好的价值？亚里士多德认为存在困难，特别是对希腊后期的怀疑论者及启蒙运动后的现代人来说。工具理性就应运而出。工具理性满足人的需要和人本性的需求。启蒙运动解放了人，人从绝对价值中解放出来，人必须为自己寻找价值；人灵魂中的欲望也被解放出来，也愿意大胆说出自己的欲望与情感，并表现和做出来。人为了满足自己的生存，逃避死亡，寻求安全感，就会声明自己的权利，宣称自由、财富等都是自己的，其他人决不能染指，这就是他想要的生活。当必要的欲望满足后，奢侈品开始继续挑逗人的非必要欲望，但是没有理性节制的欲望使人变得贪得无厌，自由堕落，忘记人的目的，人不同于万物。

在这个过程中，人会精于算计，为达到自己的目标，不考虑手段和价值，他认为那些不属于个人，个人已经从公共生活中逃离出来，人也从自然中独立出来。为此，人应该有所行动，行动成了现代人生活的方式。人可以去征服自然，满足自己的欲望，自然不再是人崇拜的对象，也不是人取法学习的对象，人只想着能够更好地生活，当然这种美好生活是"他在这个阶段，这个历史时空中，他所认为的美好。"

霍克海默与阿多诺的《启蒙辩证法》认为启蒙理性以理性取代神话，启蒙反而倒退成神话，启蒙理性退化为工具理性，催化了工业主义，造成了工业文明当中的数量化、标准化和商品化。

5.1.2　民族国家的兴起

17—19 世纪由于民族意识增强，欧洲民族国家开始兴起，特别是法国大革命的影响，使民族主义思潮在欧洲逐渐占据主流。随着民族国家的兴起，现代国家制度开始形成，并且影响高等教育。国家直接干预高等教育是民族国家影响和控制大学的明显标志。美国独立战争的爆发，使得美国也成为一个民族国家。民族国家的民族可以是单一民族也可以是多民族，最重要的是各民族的人有共同的文化心理、历史记忆和情感归宿，而不只是在划定的地理范围内具有最高统治权力的暴力机构。

在民族国家众多的世界生存，大学不得不依附于民族国家，其国际性和自主性越来越受到限制，民族国家开始对大学提出了很多要求，使它服务于国家和地方。比如 19 世纪的"德国人对大学寄予厚望，不仅仰仗它们来解决科学和哲学方面的问题，而且对于民族兴亡的大事，也期望它们提供解决的方针和解决的动力。"[①]许多西方世界一流大学就是在民族国家的支持和资助之下发展壮大，比如当时的德国柏林大学、哥廷根大学等。当时的德国迅速成为世界大学的中心，在世界处于领先地位，美国大量的人才涌向德国留学深造。美国学者留学德国，学习德国，以德国大学为榜样，开始移植德国研究型大学。

在美国，影响大学的外部主要力量——政府，对大学资助和影响程度和范围日益加深扩展，逐渐变成刺激美国现代大学发展最重要的外部力量，为大学提供大部分的经费。《莫雷尔法案》和第二次世界大战对美国大学体系是两次巨大的外部冲击，"使之成为独具特色的体系。而这两次冲击都来自大学外部，主要来自政府。"[②]

---

① 夏之莲. 外国教育发展史料选粹(上)[M]. 北京：北京师范大学出版社，2001. 413.
② 克拉克·科尔. 大学的功用[M]. 陈学飞，等译. 南昌：江西教育出版社，1993：33.

5.1.3 美国人的自由和民主

美国是自由的土地，美国人珍爱自由。帕特里克·亨利演讲提出的"不自由，毋宁死！"口号激励着所有的美国人。自由嵌入到美国的历史及人民的日常生活，独立宣言宣布自由是天赋人权之一，联邦宪法也是为了保护自由。

美国人的现代自由观念来自于欧洲启蒙运动，自由是一个很多人日用而不知的范畴。卢梭说"人生来自由，但是无时不处在枷锁之中。"自由的种类有：政治自由、言论自由、思想自由、出版自由、行动自由、结社自由、示威自由、处置自己财产的自由、经济自由。按时代还可以分为：古代人自由与现代人自由；以赛亚·柏林将自由分为积极自由与消极自由，分别指积极参与公共政治的自由与个人在法律内免受奴役与限制的自由。

1. 美国人的自由

在美国自由被给予每一个美国人，所有的人都是自由的。但是每个人是不同的，有的人理性占据人的灵魂，有的人是情感和欲望占据人的灵魂，对于自由就会有不同的表现。

自由是以自己为由，使自己免于本能的束缚和别人强力的束缚（集体或者个人），学习语言是自己逃脱自然束缚的开始，能够作用自己的理性思考是自由的保证。自由，首先是个人的自由，是个人生命的保全、个性的保护与天赋发挥，个人拥有理性，主宰自己生命的权力，而不是被某个人决定。这是个人存在感确定的前提条件。其次，在个人自由基础之上，人是社会的人，每个人都是平等的，你的自由不能限制别人的自由，并且人应该生活在社会中，需要参加公共生活。人们愿意结社，参加社群生活，在超越自身之外的更加广阔的背景中，寻找人生的意义。

所以，自由的社会需要有理性、独立的个人，能够独立思考、判断，表达自己的利益与权利，而且还需要每个人能关心其他人的利益与权利，不伤害别人的作为一个人的权利与利益，相互之间有共同的文化与价值和利益可以共享，这样才能在一个民主社会可以共同生存生活。博雅教育即是让每个人成为自由人的教育。博雅教育是为了自由的教育，自由的含义决定博雅教育的内容。

独立宣言中所彰显的自由理念，正是吸取启蒙运动自由观的资源。自由在以后的美国宪法中都得到体现，也因被载入美国的宪法而成为美国文化的核心价值观。人民应该享有言论自由、出版自由和信仰自由等一系列个人自由。人民除了享有个人自由之外，最重要的是出版自由和结社自由。

出版自由是人民主权的必然结果，是公民自由和安全的唯一保障。写文章、发表文章、说话和研究都是思想的外壳，思想本身的威力非常巨大，不亚于枪林弹雨。当一个思想占领人的大脑，不管它合理与否，消除这种思想简直是一件可望而不可及的事情。思想还有一个特点是"往往因为表述思想的人为数甚少而增强，"[1]一个有思想的人胜过一群大喊大叫的演说家。出版自由是自由的基本组成部分。

结社自由在美国是无限的，"是仅次于自己活动自由的最自然的自由。"[2]结社在美国可以用作多种目的，覆盖公安、商业、宗教和工业等行业，各个乡镇、市县、州都有社团。个人力量非常淡薄，容易遭遇挫折，要克服困难就必须联合其他人，比如道路发生交通事故，在美国就会有人自动组织一个临时机构，研究解决问题，在报告当局事故之前，很多故障都开始排除了。结社活动可以分三个阶段，第一，精神的联合阶段，一些人如果有思想要与大家分享，让大家同意自己的想法，他可以向别人讲述自己的主张，组织成一个团体，以某种方式获得支持或赢得胜利，最后可能会实现自己的想法。第二，行使集会权阶段，社团的人可以见面，共同交流、讨论，传播思想和理念。第三，选举阶段，社团可以组成选举团，选出代表到中央立法机构，代表本社团的利益。总之，结社自由有利于让

① 托克维尔. 美国的民主（上卷）[M]. 董果良，译. 北京：商务印书馆，1989：225.
② 托克维尔. 美国的民主（上卷）[M]. 董果良，译. 北京：商务印书馆，1989：240.

少数说服别人同意自己的见解，维护自己利益，而不被多数人暴政。所以，有理性地说服和说理是教育公民所必需的基本能力。

2. 美国人的民主

美国的独立战争是对欧洲启蒙思想的具体实践，在杰斐逊于 1776 年起草的《美国独立宣言》就继承英国哲学家洛克的现代自由观和自然权利观，宣言称："我认为下面这个真理是神圣的和无法否认的：人人生来就是平等和独立的，因而他们都应该享有与生俱来的、不能转让的权利，其中包括对生命的保存、自由和追求幸福的权利。"在制定美国宪法的讨论中，梅森就一直在申明，人民无论贫穷富有、不管社会地位高低，都是社会的一份子，其利益都应该得到保障，福利都应该得到关注，因为在不久的将来，我们及我们的子孙也会成为大众[1]，也可能沦为下层。

民主是自由精神在政治领域的应用和体现，在政治过程中运用自由就是民主。[2]美国民主观念仍然来自于《美国独立宣言》和美国宪法。杰斐逊据自然权利观和自由理念，主张国家实行共和制和普选制，人人都有权利参与民主选举，参与制定国家的重大政策。他认为人民是可以自由选择和罢免代表，人民是社会权力最根本的力量，是政府唯一安全可靠的保障者。"严格来说，美国是由人民统治的。"[3]人民就是一切，没有一个人、组织或党派敢于与人民作对，反对人民。在美国，民主政治要求立法权和执法权都由人民自己决定，人民自己可以组成陪审团惩治违法之人。无论制度还是原则上，民主一直是不变的观念。人民可以自己选择代表，而且每个一定时间改选一次（不同层次的代表间隔时间不一样，比如美国总统就是四年竞选一次），代表可以受到人民监督，完全受制于人民。政治运行的真正力量来自于人民，人民的意见、喜好和利益都会影响社会，人民的意

---

① 凯瑟琳·德林克·鲍恩. 民主的奇迹[M]. 郑明萱，译. 北京：新星出版社，2013：48.
② 邓晓芒. 西方启蒙思想的本质[J]. 广东社会科学，2003(4)：36-45.
③ 托克维尔. 美国的民主（上卷）[M]. 董果良，译. 北京：商务印书馆，1989：215.

见不会遭遇顽强的障碍。

政府虽然是代议制，国家是多数人民治理，多数公民的联合是源于利益的集合。政府的力量来自于人民，政府的决策有普通老百姓想法或心意。代表的利益与人民的利益必须一致，代表的看法就是人民的想法，人民的感受就是代表的感受。①人民的利益是国家的利益，"如果美国人绝不把国家的钱花在公共庆典上，这不仅是因为美国的税收要由人民投票决定，而且是因为美国人民不喜欢隆重的庆祝。"陪审团制度是美国民主政治制度的表现之一，是人民主权的体现。陪审团是指法院在审案时，可随时请几位公民组成一个陪审团，赋予他们参加审判的权利。这是美国实践依法治国的制度的体现，人民在审判嫌疑人时自己既接受教育，也行使权利。②

教育不能独立于政治，政治因素影响教育原则。这种普世民主主义，为美国大学的现代自由理念、平等教育观、大学自治、和为大众民主服务的理念提供了根据。

5.2　博雅教育通识化的原因

美国作为一个独立的民族国家，同样也希望大学能够为国家做出重要的贡献，满足国家和当地政府的需要。美国的大学——它们曾经是英国传统和德国传统的学生——却发展出自己的特点。它们全面地拥抱社会，把向社会提供服务作为自己的目标，外部力量主导了大学。大学为政府、工业界和公众提供各种智力方面的服务，并且也从政府和企业那里得到资金援助。因此，美国本土哲学实用主义、德国大学模式的科学研究及大学现代化都成为博雅教育通识化的主要原因。

---

① 凯瑟琳·德林克·鲍恩. 民主的奇迹[M]. 郑明萱，译. 北京：新星出版社，2013：74-75.
② 托克维尔. 美国的民主（上卷）[M]. 董果良，译. 北京：商务印书馆，1989：345.

5.2.1 博雅教育与实用主义的冲突

美国著名历史学家布尔斯廷在其美国文明史巨著《美国人》三部曲中，认为新英格兰的移民来到蛮荒之地，环境的艰难使他们不得不面对和解决许多实际问题；乌托邦的理想主义在这里有可能会破产。一个较少贵族气而更具流动性的新美利坚精神就此诞生。它诉诸经验和行动，顺应自然、务必求实，成为适应新大陆需要一种阐释经验的方式，为普通公民所用，"是一种没有哲学家的哲学，"即实用主义哲学。

"美国人讨厌理论和抽象的思辩，他们就像健康人不吃药那样避开那些深奥的政治哲学和行为哲学。本杰明·富兰克林（Benjamin Franklin，1706—1790）才是他们哲学家，……唯一可以称之为他们的哲学乃是有用即真理的工具主义。"①这种哲学基于两种看法，一是"人们为其行动提出理由远不如行动本身重要；为错误或未知的理由而行动当胜过以模棱两可的结论去掩盖一种体系化的'真理'；深沉的反思并不一定产生最有效的行动"。二是"经验的新颖之处必须自由地融入人们的思想"。②"行动"和"经验"是早期移民在美洲大陆能够生活下去的重要的工具，后来经过皮尔士、詹姆斯和杜威等人总结，成为美国实用主义哲学精神内核。

威廉·詹姆斯（William James，1842—1910）的学说是彻地的经验主义，他认为事物呈现给我们的现象就是我们生活的基础，也是实在，我们没有必要去寻求表象背后的本质。实用主义者都是行动者。受此学说影响，美国人"能摆脱统一的思想、习惯的束缚、家庭的清规、阶级的观点，甚至一定程度上摆脱民族的偏见；只把传统视为一个种习得的知识，把现存的事实视为创新和改进的有用的学习材料；依靠自己的力量并全凭自己的实践去探索事物的原因；不拘手段去获

---

① H.S.康马杰. 美国精神[M]. 南木，等译. 北京：光明日报出版社，1988：10.
② 丹尼尔·布尔斯廷. 美国人：殖民地历程[M]. 时殷弘，等译. 上海：上海译文出版社，1997. 200.

得结果，不管形式去深入本质，这是美国哲学方法的主要特征。"①

1. 实用主义的主要观点

实用主义诞生的背景是 19 世纪的第一次工业革命，它是对工业革命时代的表征和肯定。实用主义属于典型的美国本土哲学，主要观点有，第一，实在是变化的而非永恒的；第二，价值观是相对的，赞赏多元价值观；第三，人性是社会的和生物的；第四，强调民主的生活方式是重要的；第五，批判性智力在人的全部行为中的价值。②

查尔斯·皮尔士（Charles Sanders Peirce，1839—1914）是美国实用主义哲学的创始人，在 19 世纪 70 年代提出两个主要观点，第一，实在的东西是人们所相信的东西。人们因为信仰它而使它成为实在，不是因为它实在而被人信仰，实在性决定于人的主观信仰。第二，概念只有引起实际效果，才能被认为有意义，清楚明白。实际效果就是对人的功用。

威廉·詹姆斯和约翰·杜威将实用主义系统化，使其成为影响美国最大的哲学流派。詹姆斯从不理会什么绝对、原因、目的、抽象、严密和不变的原理，他一直赞赏多元论、不确定性、实际可行、冒险精神和机动灵活等；他反对第一原因的哲学，崇尚权宜哲学和效用哲学。

（1）真理即有用。实用主义哲学是权宜哲学，主要体现在它对真理的态度。实用主义否认理性主义对"真理的膜拜"，它认为"心灵是自由的，与真理无关。"③真理即有用是实用主义的根本原则。④比如美国一群商人、军官、律师和法官们在制定宪法的 127 天里，总有代表一直提醒陷入理论的九重天不可自拔的人：经验是我们唯一的导师，理性有可能反而误导我们，以此希望他们能够回到

---

① 托克维尔. 美国的民主（下卷）[M]. 董果良，译. 北京：商务印书馆，1989：569.
② 刘放桐. 现代西方哲学[M]. 北京：人民出版社，1990：263.
③ 爱弥尔·涂尔干. 实用主义与社会学[M]. 渠东，译. 上海：上海人民出版社，2000：2.
④ 爱弥尔·涂尔干. 实用主义与社会学[M]. 渠东，译. 上海：上海人民出版社，2000：5.

现实，面对当前必须解决的问题①。

真理是变化的，在经验指河流中，新的经验会修改以前的真理，人永远处于追寻的真理过程中，离开了人的经验、现实的事物及人对事物的活动，真理就会成为空中楼阁。真理是人在实践过程中检验为真的东西，抽象的真理是不存在的。②思想成为真理具有偶然性，真理的真实性来自于被证明的过程。但是，理性主义者认为真理具有客观性、永恒性、绝对性、抽象性，不受人的经验、事物及人的活动影响而改变，这是一种静止不动的状态，一代代的人们只需要继承和接受就可以了。理性主义者给我们建造了一个封闭世界，真理不用现实和经验验证，它只在认识论的意义上与真实符合。理性主义者站在云端，它高贵、清冷、单纯，认为真理是从经验中抽象出来的东西，反映了事物的本质。

"真即是能被吸收的、有效用的、能够确定的、能够实证的概念。"③真理是一种思想状态，连接着两个经验瞬间，投入经验之河是真理的归宿。真理具有相对性，在一定范围内有效，需要特定的时间空间，范围之外会失去效用或被忽视，比如建筑工人在建造高楼大厦时，爱因斯坦的相对论对他们来说不是真理，只有建筑的技术和经验才是他们所需要的真理。实用主义的真理有效用、与人的利益紧密相联系，认为利益动机是人发展的原动力。

涂尔干在《实用主义与社会学》中总结到，真理是变化的非静止的，真理是可变的非永恒的；真理是个人化的，不是非人格化的；真理不是唯一的，每个人都可能拥有真理；真理是在行动中的。所以，实用主义也是民主的哲学，每个人都要学会宽容持有不同意见的人，尊重不同的意见。

（2）民主的哲学。实用主义是权宜的哲学也是民主的哲学。每个人都是哲学家，每个人都具有平等的选举资格，无论高贵或是卑微。每个人都是自由的，可以

① 凯瑟琳·德林克·鲍恩. 民主的奇迹[M]. 郑明萱，译. 北京：新星出版社，2013：45.
② 威廉·詹姆斯. 实用主义[M]. 燕晓冬，译. 重庆：重庆出版社，2006：143.
③ 威廉·詹姆斯. 实用主义[M]. 燕晓冬，译. 重庆：重庆出版社，2006：143.

决定自己命运，"它推翻了哲学独裁主义的暴政而代之以民众代议制的民主。"①

当然，民主不只是针对政治制度而言，在杜威看来民主具有更深层次的意义，"民主不仅仅是一种政府形式，它首先是一种联合生活的方式，是一种共同交流经验的方式。人们参与一种有共同利益的事情，每个人必须以自己的行动参照别人的行动，必须考虑别人的行动，使自己的行动有意义和有方向，这样的人在空间上大量地扩大范围，就等于打破阶级、种族和国家之间屏障，这些屏障过去使人们看不到他们活动的全部意义。"②这意味在民主社会中，各个社会成员之间相互交流，相互平等，能够共享利益，人人相互依赖，又相互独立，能够相互关心和自由交往，最终促进了社会的繁荣和进步；民主社会中，社会处于开放的状态，不像一些原始民族或野蛮民族夜郎自大，专制国家的闭关锁国，各个阶层、种族、民族的界限都被打破，人类之间更多地交流，共享利益。社会成员的个性化发展与社会的共同利益诉求都要求教育做出相应的变化，教育对象应该扩展到所有成员，以他们不同的天赋和个人特殊变化的品质为基础，教育他们不被眼花缭乱的世界所迷惑，要有首创精神和适应能力。不过，在古代的阶级社会，教育只要求把统治阶者教育安排妥当即可，比如柏拉图在《理想国》中，就坚持认为为了建立一个稳定、不容变革的国家，只有护卫者和哲学家才能接受博雅教育。

实用主义哲学确实主导美国社会包括教育，"实用主义"不是简单的东西，不能从字面上理解。杜威实用主义哲学的精华就是民主思想，而民主制度的一个保证在于特定的公民精神和素质，而公民精神和素质要依赖通识教育。

不过，多数人的民主有可能会导致民粹主义（Populism，又译平民主义），以下层人民为精粹，反对精英主义；价值和利益导向都以下层人民为根本指针。高等教育就会失去独立性，应对人民活跃而粗糙的需要，应对市场消费者低级的品味和心血来潮的想法、时尚和功利野心，传统的博雅教育标准会因此降低。

---

① H.S.康马杰. 美国精神[M]. 南木，等译. 北京：光明日报出版社，1988：140.

② 约翰·杜威. 民主主义与教育[M]. 王承绪，译. 北京：人民教育出版社，2001：97.

另外，实用主义是个人主义的哲学，每个人要靠自己的努力去成功，承担责任，而不是无条件依赖上帝和大自然，无论权威来自于历史、科学或神学，无论形而上学多么精微，都比不上每个人的经验教训和洞察力。实用主义还是人道主义和乐观主义哲学，同意进化论思想，但不迷信。实用主义是富有冒险精神的哲学，愿意尝试任何假设，喜欢创造、新奇和实验。

2. 实用主义对博雅教育影响

美国具有非常浓厚的实用主义文化氛围，实用主义文化是美国社会的主流文化和本土精神，在美国社会政治、经济及教育等各个方面的影响都非常明显。实用主义对于美国大学及博雅教育的影响的主要表现有，教育应该关注知识的实用性以及与现实之间的联系，强调行动的重要性，在精神内核方面与古典博雅教育提倡的博雅课程相互冲突。

实用主义对教育的影响非常明显，教育逐渐世俗化，教育内容发生很大的变革。宗教派别对高等教育影响逐渐减弱，国家通过制定教育目标和教学纲要开始控制和影响大学。美国的大学中，神学的中心地位受到威胁，宗教课程失去了往日的荣光，大量服务于当地经济建设和国家需要的实用课程，比如自然科学、经济、法律和管理等课程，因为适应了工业化时代的而受到日益重视。各州及地方在筹建州立大学方面具有明显实用主义和功利主义倾向，制定和执行资助和支持自然科学和实用科学的政策。比如美国著名的赠地法案《莫雷尔法案》（《Morril Act》），目的非常明确，就是要发展农工科目。[①]

实用主义的教育理念，使教育的工具意义明显，教育实际效用被放大。教育要为职业准备，为社会的需要服务。教育成为服务于国家，满足社会需要的"服务站"，个人的发展与需求被忽视，甚至受到抑制。大学的唯一理想就是服务，它必须像社会一样富于变化和弹性，充满活力与激情，满足社会光怪陆离的欲望。像美国威斯康星州立大学，还有 19 世纪中期的应社会需求而创建的润斯利尔多科

---

① 张晓立. 解析美国高等教育[M]. 北京：中央编译出版社，2012：233.

技术学院、哈佛的劳伦斯理学院和耶鲁的谢菲尔德学院①，都是这种理念的实施者和创造者。

传统的博雅教育强调训练人的心智，强调人之为人的德性培养，对实用性教育有所忽视甚至会鄙视；博雅教育属于精英教育，实现对少数人的心智培养，与正在如火如荼地开发新大陆崇尚"立刻有用"的实用性知识有冲突；科学技术和科学研究在学院遭到不同程度地排斥。但是，博雅教育要在美国生存下去，必须经过本土化，与美国实用主义文化相互协调和共处，这是博雅教育美国化所要解决的主要问题。

独立战争之后，美国处于重要的建设时期，实用主义者对教育改革的呼声愈来愈高，对博雅教育的改造也逐渐提上日程。本杰明·富兰克林是秉承实用主义哲学精神的重要代表之一，他非常强调教育的实用性，认为教育应该服务个人福祉和国家发展，这与传统的博雅教育理念有所冲突。学院在美国独立后出现故步自封的问题，不能适应美国资本主义的迅速发展；神学科目和博雅教育课程仍然是学院的课程的主体。后来在实用主义文化影响下，"美国大学不再满足于仅仅为培养传教士服务的功能，开始从实用主义的视角反思其自由科目的设置，认为博雅教育的课程是否具有理智的价值应由社会实际来检验，逐渐将大学与社会现实需要结合起来。"②弗莱克斯纳这样评价："在学院里，他们将度过又一个廉价货物买卖时期。在货柜上，学生们又一次发现各种东西应有尽有——拉丁语、希腊语、历史学、科学、商学、新闻学、家政、工程学、农学、军训以及其他各种五花八门难以概括的科目和活动。"③

实用主义使许多大学对博雅教育的课程进行改造，现代语言、工艺技术等现

---

① 约翰·S.布鲁贝克. 高等教育哲学[M]. 王承绪，等译. 杭州：浙江教育出版社，2001：6.

② 董成武. 美国大学通识教育的内涵及其对中国的启示——基于本土化的视角[J]. 复旦教育论坛，2014，12(1)：80-84.

③ 亚伯拉罕·弗莱克斯纳. 现代大学论——美英德大学研究[M]. 徐辉，陈晓菲，译. 杭州：浙江教育出版社，2001：42.

代自由科目课程进入大学课程范围之内。同时，大学开始重视专业教育，高等教育哲学理论由认识论转向政治论，大学的服务社会的功能逐渐得到社会的认可。由于时代所需改变了教育理念和形式，19 世纪后期，博雅教育（liberal education）在美国向通识教育（general education）发生转换。正如狄尔登所认为的那样：虽然现在通识教育这个概念现在现代美国以及世界都很流行，但是却仍然在延承着古典博雅教育的精神[①]。通识教育遗弃了古典博雅教育的等级观念和少数精英人士专享的对象限制，认为大学教育是全民的民主教育，目的是培养有责任感公民，捍卫美国的民主制度。这种教育观念表达了美国民主的思想，符合人人平等，人人都有受教育的权利的民主理念。通识教育正是据此而成为博雅教育的代名词。

哈佛大学的校长艾略特同样是实用主义哲学的信徒，他在 19 世纪末 20 世纪初，首先批判美国学院时期古典博雅教育模式（美国早期的耶鲁模式），为这种模式亮起了红灯。他认为老欧洲大学的传统博雅教育模式以古典课程为主，注重人精神的训练和道德的提升，有鲜明的宗教色彩。在现代美国人看来，这种经典模式几乎没有实践价值，不适应美国热火朝天、急剧变化的工业发展模式。为了维护美国的社会民主制度，大学应该教育年轻人"除了需要选择一门学科通过全面的学习以为未来的职业做准备以外，还应拥有反映人类情趣的所有学科领域的通识性知识（general knowledge）。"[②]

5.2.2　德国大学模式对博雅教育的冲击

1810 年，德国教育家、科学家洪堡创建了柏林大学，确立的办学原则是"教

---

① Dearden R.F. Theory and Practice in Education[M]. London：Routledge and Kegan Paul，1984：70.

② Ernest L.Boyer and Martin Kaplan. Educating for Survival[M]. Change Magazine Press. 1977.29.转引自阎光才.新保守主义与美国大学博雅教育的危机[J].高等教育研究,2004(4):99-104.

育与科学研究相统一"，使德国的科学教育飞跃式发展。从 1851 年到 1900 年之间，德国成为世界上产生重大科技成果数量最多的国家，几乎是英国、法国、美国三国的总和，德国 202 项，英国 108 项，法国 75 项，美国 33 项。在 1901 年到 1920 年之间，获得诺贝尔自然科学奖的学者德国 20 人，英国 8 人，法国 11 人，美国 2 人。①数据的对比说明美国和德国在科学技术方面差距几乎可以用天壤之别形容，另一方面也说明德国科学教育在培养强大的科学技术人员方面取得了巨大成功，值得美国及世界其他国家学习。19 世纪末 20 世纪初，美国效仿德国建立了自己研究性大学，开始重视自然科学研究，标志着德国大学模式开始影响美国。

1. 德国大学模式

柏林大学于 1810 年由洪堡创建。虽然在组织制度方面，柏林大学与传统的德国大学没有区别，但是柏林大学的理念却超越于启蒙思想的功利主义原则，体现了新人文主义、理想主义新大学观念。可以说，在精神和观念方面，柏林大学开启普鲁士德国一个新的时代，甚至开启了整个欧洲高等教育的新时代。②

18 世纪末 19 世纪初德国大学是纯学术研究型大学，大学观包括以下几个方面：学术和学习生活的自由；修养（教化）自身提高，彰显神的荣耀，科学成为宗教，学术成为志业，鄙视功利主义，依靠精神与观念的内在激励作用；寂寞是教师的生活状态，把自己与俗事分开，单身面对科学研究，奉献自己的生命；学术是一场赌博，没有保障可以凭借，教师只能依靠自己的学术成就。我国北京大学在蔡元培任校长期间也深受受德国大学的影响。③

洪堡时期的柏林大学鄙视功利主义原则，从更加长远的利益服务于国家，认为大学就是研究"纯粹科学"的地方，纯科学是指没有任何功利目的的科学，而不是实用性的专门科学知识，就如洪堡所说：

---

① 吴铎. 教育与社会[M]. 北京：中国科学技术出版社，1991：87.

② 陈洪捷. 德国古典大学观及其对中国的影响[M]. 北京：北京大学出版社，2002：26.

③ 陈洪捷. 德国古典大学观及其对中国的影响[M]. 北京：北京大学出版社，2002.

"国家不应把大学看成是高等古典语言学校或者高等专科学校。总之，国家不应指望大学同政府的眼前利益直接联系起来；却应相信大学若能完成它们的真正使命，则不仅能为政府眼前的任务服务，还会使大学在学术上不断地提高，从而不断地开创更广阔的事业基地，并且使人才物力得以发挥更大的功用，其效果是远非政府的近前布置所能意料的。"①

19 世纪百年间，大约有一万多名美国人去留学德国，这些人经过在德国的学习和生活，"回国后，大多成为美国高等学校教学和科研骨干，成为传播德国大学思想的主要力量。"②他们将德国大学观原则，尤其重视科学研究的风气带回美国，使大学开始重视科学知识和学术研究。美国大学开启了新的篇章，强化研究、教学和公共服务的职能，向综合型、研究型大学发展成为趋势。

其中，有些人成为美国重要大学的校长，在学习德国大学模式方面影响甚大。比如，塔潘对于密歇根大学的改革就是受其在德国大学学习的经历影响，他在 19 世纪 50 年代曾经试图通过聘任学者开展科研以及鼓励优秀学生参与科研活动的方式进行研究生教育。③"今日美国学术所拥有的较高地位以及它在某些分支领域所拥有的主导地位，直接或间接归于许多在德国大学接受先进训练和吸取灵感的美国人。"④大学实施双层制教育模式，双层制从学校内部是指在本科教育基础之上，建立德国大学的研究生院。其标志是 1876 年，约翰·霍普金斯大学建校之初就开设研究生教育，特别重视科学研究。

2. 德国大学模式对博雅教育的威胁

"德国大学模式"移植到美国，许多古老的学院，如哈佛、耶鲁、哥伦比亚等都以约翰·霍普金斯大学和芝加哥大学成功为榜样，向现代研究型大学转型，但是这种模式并没有完全主宰美国高等教育，彻底取代旧的学院，而是成为美国

---

① 弗·鲍尔生. 德国教育史[M]. 滕大春，滕大生，译. 北京：人民教育出版社，1986：125-126.
② 贺国庆. 德国和美国大学发达史[M]. 北京：人民教育出版社，1998：116.
③ 亚瑟·科恩. 美国高等教育通史[M]. 李子江，译. 北京：北京大学出版社，2010：97.
④ Tappan，H.P. University Education[M]. New York：George P.Putam，1851：46.

高等教育众多形式中的一种，融合进美国特色的高等教育。

第一，古典语言学习被取消。德国大学模式对博雅教育的影响也非常巨大，最明显的转变就是希腊语、拉丁语古典语言学习被取消，传统古典教育发生断裂。这些古老学院在南北战争之前，移植英国的牛津剑桥和法国的巴黎高师为代表的西方大学传统教育，基本上长期都在实施古典博雅教育，以希腊语和拉丁语为中心，重视古典语言训练、经典文本研读和古典文化的熏陶。美国的古典博雅教育仍然是针对少数自由人的精英教育，其核心目的是培养具有高度古典文化修养的统治精英。古典博雅教育虽然没有实际效用，正如英国绅士名言所说：虽然希腊语、拉丁语对于管理印度殖民地毫无实际用处，但只有精通希腊语、拉丁语的人，才能统治印度[①]。另外，仍然还有相当多的文理学院（liberal arts college）坚持英国古典传统的博雅教育模式，不追随"时代潮流"，不一味地追求"升级"成为所谓研究型大学。

第二，科学研究威胁古典博雅教育理念。科学研究带来了专业主义，对博雅教育有消极的影响，威胁传统大学所秉持的古典博雅教育理念，特别是新兴的学术职业主义。由于研究文化的影响，学科之间的联系遭到人为地隔离，整全的知识分裂为不同专业的知识；人成为专业人，教授变成专业人员，条块分割限制了他们的视野，使其各自为政；研究者被孤立存在自己专业的学术孤岛上，忠诚于自己的某一学科，何谈博雅教育的广博？博雅教育知识本身的整全性分崩离析。

科学研究在大学里无节制地发展和膨胀，使教师过多地专注科研，把教学当作科研的手段，而对不成熟的学生不顾不问[②]。学术研究代替教书育人成为现代大学的本质，一些教授们希望专心研究，摆脱本科教育的教学活动困扰。过去大学是培养学生的公民素质，训练他们的心智，现代大学是培养研究生成为学者，本

---

① 甘阳. 大学之道与文化自觉[J]. 教育，2008(5)：46-47.

② JENCKS C，RIESMAN D. The Academic Revolution [M]. Chicago and London: The University of Chicago Press，1977：492-504.

科生过着"寄人篱下"的生活①。博雅教育本来是传统本科教育的主体，现在以大学牺牲本科教育为代价去发展科学研究，博雅教育不受到威胁才是怪事，博雅教育的未来真是前景堪忧。当然，在研究性大学之内，像哈佛大学和新兴的芝加哥大学并没有完全忽视博雅教育。

第三，引发博雅教育的大争论。坚持传统的英国模式的古典博雅教育，还是积极向转向科学研究，美国大学为此问题发生了的争论，在 20 世纪 20—30 年代表现得尤为激烈，因为这个问题关系着大学发展的道路。在 1934 年美国芝加哥大学，高等教育的专家和学者进行了一场轰动全美的教育大辩论，史称"芝加哥之战"（Chicago Fight）。

大学中保守派学者坚持传统的博雅教育理想，并认为实用内容的增加和及重视专业教育会导致实用性科目代替传统的博雅教育课程，降低其标准，根本颠覆传统博雅教育理念。改革派主张成功改造博雅教育，使其适应现代化的要求，满足本国对于大学教育的需要，开始使用"通识教育"（general education）区别"博雅教育"（liberal education），认为博雅教育属于保守主义者②，通识教育成为美国高等教育领域一个新的本土概念。美国大学对于博雅教育本土化的改造，正是"通识教育"本土生根成长的过程。

争论的结果使美国重新发现传统，主张以现代的方式激活古典的博雅教育，重新维护博雅教育在本科教育中的核心地位，以永恒主义应对世界日新月异的变化和挑战。此后的百年时间，美国博雅教育在大学一直在做一件事，目标就是让美国受教育的青年能够认识西方文明与美国文明的关系，认识传统与现代的关系，从而能够确证自己的身份、文化和生存的意义，解决西方文明的危机问题。

"德国大学模式"的影响，使美国的现代大学制度逐渐成型。高等教育界一

---

① 哈瑞·刘易斯. 失去灵魂的卓越：哈佛是如何忘记教育宗旨的（第二版）[M]. 侯定凯, 译. 上海：华东师范大学出版社，2012：34.
② 布鲁贝克. 高等教育哲学[M]. 郑继伟, 等译. 杭州：浙江教育出版社，1987：82.

般认为 1876 年新建立的约翰·霍普金斯大学和 1890 年建立的芝加哥大学两所大学的建立，标志着美国现代大学的开始。两所大学代表新的大学方向，此前的美国高等教育是局限于学院教育，比如哈佛学院和耶鲁学院等都称不上现代意义的大学，学院是宗教机构，目标是为本地区培养本教派的牧师及其政治领袖。

5.2.3 美国大学现代化

美国现代大学时代主要特征就是高等教育的现代化，现代化的主要表现是教育的民主化和实用化、世俗化。具体来说，美国高等教育现代化基本形成了以下特点[①]：美国高等教育减少了与宗教特别是教派之间的联系，而开始建立与现有专业团体的联系；大学开始积极地参与社会服务，其社会服务职能逐渐凸显；教师专业化程度越来越高，专业化的教师团体得到建立；大学的科学研究和知识探究受到推崇；农业、机械和工业等研究领域的价值得到肯定和提升；自然科学的地位受到重视，位于人文学科之上；教学观念由坚守传统教条向建构知识的教学观转变；研究生教育的开始，使学生的高等教育年限从四年延长到更长时间；大学拓展了资金来源的渠道，积极吸纳公共资金和私人捐赠。

1. 教育民主化

美国民众当时对民主概念的理解，一个学生可以根据自己想法决定接受公共教育年限，选择自己喜欢的课程，也可以获取自己感兴趣、又有吸引力任何学位。大学就因这样的民主观念做出反应，其课程与教学方法都可以由当地社区及代表或一些不负担责任的人作出调整[②]。1944 年《退伍军人权利法》（《The GI Bill of Rights》）的颁布，让每个美国人形成了现在习以为常的观念：每个人，无论年龄、性别、种族、宗教或家庭状况，都可以而且应该享有受教育的机会。民主意味着最大的开放性，这意味着所有的学科和课程的地位都是平等的，同等重要，通识

---

① 亚瑟·科恩. 美国高等教育通史[M]. 李子江，译. 北京：北京大学出版社，2010：96.
② 罗伯特·M.哈钦斯. 美国高等教育[M]. 汪利兵，译. 杭州：浙江教育出版社，2001：4.

教育的课程应该从头至尾向所有人开放。当时的康奈尔大学，就设立了特殊科学与艺术学院，学院下设法律、教育、医疗与治疗、政治科学与历史、制造艺术与市政工程、公共法学服务、商业与贸易、农业、矿业共九个系，开展各个专业教育。[①]丰富的课程与美国社会惊人的开放性协调一致，人与人的平等与课程的同等重要性相互辉映，"它将单一的真理扩展为人民大众普通接受的真理，将有限的几项职业扩充成为中产阶级所从事的展现个人价值的无数项职业。"[②]

2. 教育实用化

受实用主义哲学影响，美国高等教育此间发生了质的变化，大学正日益走向社会的中心，不再是僧侣居住的田园牧歌式的"乡村"，已经变成了及工业化初期的繁华热闹、"知识分子垄断的城镇"。独立后的美国社会的发展日益需要大学的知识和智力支持，需要大量建设者和劳动者，美国大学的社会服务职能开始显现。民众接受高等教育的需求日益增加，美国高等教育即将迎来大众化时代到来。

1862 年林肯总统签署《莫雷尔法案》之后，各州所建立的赠地学院适应了美国工农业大发展的要求，使美国现代的公立大学初具雏形[③]。法案规定：联邦政府向各州提供土地或赠送土地，资助各州建立高等学校教授农业、机械和其他实用学科，以支持本地工业、农业和机械业的发展。该法案的实施最直接作用是推动赠地学院运动发展，促进美国本土新型大学的形成，使高等教育走向世俗化、实用化、学术化、现代化和多元化发展的道路[④]。一直到 1922 年，美国大约建成 69 所赠地学院。赠地大学使得大学与社区建立密切的伙伴关系，最成功的成就是农业推广工作，它们能够把学校的知识技能与社会急需解决的问题联系起来，促进技术转让。

赠地学院运动的发展，大学的实用化和世俗化趋势越来越明显，但并没有使

① 贺国庆，王宝星，等. 外国高等教育史[M]. 北京：人民教育出版社，2006：234.
② 贺国庆，王宝星，等. 外国高等教育史[M]. 北京：人民教育出版社，2006：234.
③ Clark Kerr. The Use of the University[M]. New York：Harper and Row，1993：44.
④ 施晓光. 美国大学思想论纲[M]. 北京：北京师范大学出版社，2001：24.

美国大学丢弃博雅教育理念及课程，美国高等教育研究者考利（W.H.Cowley）认为法案当时并没有限制大学不教授自然学科和古典学科。[①]或者说赠地学院并没有瓦解博雅教育，实际情况是即使没有赠地学院，博雅教育也面临着被工业社会迫切需求瓦解的危险。一定程度上，赠地学院的建立反而却可能分担了大学实践博雅教育的生存压力，使其可以继续传统的博雅教育，而无须担心工业社会对技术人才的要求，应对社会的需要[②]。

3. 教育世俗化

（1）大学开始追逐金钱。金钱对于学校财政来说是生命的营养，但是过度追逐金钱会使大学丧失独立性，变得世俗化。美国大学的教育资金来源分别是私人捐赠、立法机关和学生，这些来源同时带来了以下后果。

首先，一些富豪慷慨捐赠的附加条件会改变学校的教育政策，"只要有人愿意出资，不管什么都会成为明年的政策。"[③]如果大学一味地迎合富豪大亨的一时兴趣，所付出的代价就不是所捐赠资金能够弥补的，其消极意义很大。实际上，捐赠带来的偶然事件不该亦不能决定大学的教育政策。在金钱事务方面，校友和董事会也没有尊重学术自由和大学的学术独立。1936 年，芝加哥大学校长哈钦斯（Robert Hutchins）对那些指手画脚的校友和自以为是的董事说："如果你认为学校的毕业生因为向学校交了钱就自认应该控制大学，那么就请恕我提醒你，他们所发出的噪音是与他们所支付的钱成反比的。"[④]

其次，学生是大学的消费者，学生的喜好就是大学努力的方向。如果民众对都市报纸感兴趣，新闻专业就会如雨后春笋而后成为热门；如果民众喜欢大企业、大工业，商学院就会在大学受到吹捧和重视；如果政府需要大量的行政人员，大学就义不容辞地去承担公共服务方面的培训。而且为了吸引学生，大学要向学生

① 陈学飞. 美国高等教育史[M]. 成都：四川大学出版社，1989：58.

② 吴妍. 西方博雅教育的流变与分化[D]. 重庆：西南大学，77.

③ 罗伯特·M.哈钦斯. 美国高等教育[M]. 汪利兵，译. 浙江教育出版社，2001：3.

④ 罗伯特·M.哈钦斯. 美国高等教育[M]. 汪利兵，译. 浙江教育出版社，2001：13.

提供过度的体育运动、娱乐活动及社交生活。只有这样，大学才具有吸引力，否则失去这些学生就会损失大学的收入。

最后，大量学生的出现会降低通识教育的质量标准，课程讲授、测试都会从如何更加简便应付大量学生的实际出发，把出勤率、所修课程学分及复现上课内容的程度作为智力进步的标准，实际上在顺从、记忆与诚实的考核标准中，智力的训练的目标付之阙如。

（2）大学校长的非神学背景。大学校长作为一所大学的核心人物，以前学院都是由牧师担任。但是，这个时期，具有神学背景的校长比例少于 10%，艾略特是哈佛大学第一位没有神学背景的非牧师校长，1899 年耶鲁大学出现第一位非牧师校长亚瑟·哈德利（Arthur Twining Hadley），1902 年普林斯顿的非牧师校长伍德罗·威尔逊（Woodrow Wilson）上任。新生代的校长见识远大，对高等教育史理解深刻，也曾游学欧洲。所以，他们理想的大学就是"必须服务国家的商业、职业和工业利益。"[1]比如霍普金斯大学的吉尔曼（Daniel Gilman），密歇根大学的安吉尔（James Angell），还有康奈尔大学的怀特（Andrew White）和哥伦比亚大学的巴纳德（Frederick Barnard）等。

（3）大学服务于战争[2]。大学在两次世界大战期间，都与战争结缘，成为军事训练中心。训练中心主要为国家提供培训军官的项目，训练招募新兵，实施把普通士兵培养成高级军官的高级培训。另外，大学与国家签订合同，研制武器以用来提高国家的战斗力。

4. 教育专业化

专业（profession）指具有高水平技术能力并能服务于公众需求的职业。在大学专业化与知识之间的隔离相联系，二者共同削弱了博雅教育的发展，这也是专业化所必须付出的代价。

---

① 亚瑟·科恩. 美国高等教育通史[M]. 李子江，译. 北京：北京大学出版社，2010：139.
② 亚瑟·科恩. 美国高等教育通史[M]. 李子江，译. 北京：北京大学出版社，2010：150.

第一，学生的兴趣因为专业化而改变，学生上大学不是为了知识本身的价值，而是为了找到好工作而受教育。本科学位开始看重未来的专业学位，而逐渐忽视了本科经历的多样化和活力。第二，知识因专业化而转变成商品，学生是顾客，教师成为知识商人，教师对于单个学生个性发展的关心变得不再可能，学生不被当作整全的人对待，师生关系变成了交易关系。而在博雅教育模式下，知识本身就具有价值，它是滋养灵魂，引导灵魂转向的东西，师生关系是一种心灵与心灵的交流。第三，最重要的是专业化使人具有领域意识，损害了博雅教育对通才的影响力，使跨学科对话、公众讨论以及专业实践都收到消极影响。教师更加忠诚于自己的专业，而不是学校；教授只面对自己的专业领域讨论研究问题，专业之间相互孤立。但是，我们社会却需要我们对公众和公共领域的事务具有责任感，也需要通晓各种知识的通才。①

5.3　博雅教育向通识教育转换

由于传统的博雅教育课程僵化、人民民主意识增强、学科知识分化和现实迫切需要，自由选修走出了博雅教育向通识教育转换的第一步，也给于传统博雅教育很大的冲击，有力地改变了博雅教育的方向。

5.3.1　第一阶段：哈佛大学的通识教育改革（1869—1909）

首先，艾略特实施选修制对博雅教育冲击巨大。1869年艾略特就任校长之前，哈佛学院的课程体系一直是古典语言文学和神学为核心，基本上都严格限制在博雅教育课程之内，教学方法是强调修辞原理、机械学习和持续操练。他上任的第一年，就意志坚定地推行"选修制"，改革本科生的所有课程。1872年，学校取

---

① 弗兰克•罗德斯. 创造未来，美国大学的作用[M]. 王晓阳，蓝劲松，等译. 北京：清华大学出版社，2007：40-46.

消所有大四学生的全部课程的要求；1879 年，选修制扩展到大三及以上学生的全部课程；1884 年，"自由选修"（free electives）的队伍中增加了大二学生；1895 年，唯有大一学生还有两门英语和一门现代外国语作为必修课程。

艾略特之所以对哈佛博雅教育课程进行重大改革，是基于他的教育理念。他的教育理念核心就是自由，强调尊重学生的自由发展和学生的自然天性。大学应该重视学生个人智力和兴趣方面存在的差异，保证学生选择学习内容的自由（freedom in choice of studies），让他们选择自己感兴趣的科目。大学的道德使命就是"培养年轻人在自由选择中达到自制（self-control）和自立（self-reliance）。"①这样的大学才是学生理想和安全的世界，也是遨游书海、获得荣耀、实现梦想的地方。

"自由是大学最核心、最本质的东西，"在自由的氛围中，学生能够发展成自由的社会人。②因为，人们在生活中要做出选择，比如选择职业，投票选举，是否做出道德的行为等，所以，最好的教育是让公民能大量练习自由选择，给他们机会选择，在选择中学会明智地自由选择。艾略特曾经质问："自由非常危险吗？是的！但它是人类品格成长的必要条件，这也是我们生存的目的⋯⋯我们在自由中历经磨练，从而培养品格。选择成就了人性的高贵。"③

他把大学本科生看作自律成熟的成年人，具有相当程度的"自觉"和"自愿"，能为自己的自由选择负责，做出适度的行为。通过大学提供自由选择的机会，学生可以训练和培养自我责任感，有利于他们毕业后社会责任的感建立和发展。高等教育的根本目的不就是培养既具有社会责任感，又能够享受自由的权利的社会公民吗？另外，学生如果想促进自己心智成熟，必须有一定程度的智力空间。为此目的，自由选修的形式意义大于内容，在培养和训练学生方面，所有自由讲授

---

① Charles W.Eliot，Educational Reform：Essays and Addresses[M]．New York：the Century Co．1908：148．

② 徐志强．哈佛大学通识教育课程改革研究[M]．北京：中国社会科学出版社，2015：9.

③ C.W.Eliot，Address to New Students，October 1，1906[J]．Harvard Graduates' Magazine，XV，1906：222．

的课程都具有同等的价值。重要的是，学生在自由选择的过程中获得自由，学会选择，学会负责。

艾略特在改革中给予学生最大限度的信任和自由，他的这种信念来源于美国19世纪的自由民主之风和人们对待社会改革的乐观心态，也是自由主义进入大学并在课程方面的反映。而且，由于德国研究型大学的影响，科学研究和专业分科受到艾略特的注意，他用一种新的方式在本科课程体系之中将博雅教育与研究生教育整合，这种模式塑造了20世纪美国高等教育的雏形。[1]

"选修制"在美国高等教育系统的正式确立，为新兴学科进入大学敞开大门。这不仅标志着博雅教育开始向通识教育过渡，而且成为美国高等教育发展历程中的转折点。具体来说，选修制对丁博雅教育的影响主要表现在以下三个方面[2]：

第一，选修制打破了古典博雅教育的必修制。之前的古典博雅教育，所有的课程都是必须学习，学生没有任何选择的余地，尤其是古典语言和数学；所有年级本科生的课程几乎没有不同，学生接受相同文化熏陶和教育，这是博雅教育的优点所在。

第二，选修制为近代自然科学、社会科学课程进入通识教育课程体系提供了机会。艾略特认为"所有的知识分支都具有相同教育价值，在知识序列中具有同等的重要地位。"[3]在选修制下，一门课程的价值取决于每个学生不同的选择，而不会因为训练心智就要求所有学生共同必修。共同必修显得不合时宜。选修制彻底打破了学院时期博雅教育的宁静，到1897年哈佛大学博雅教育课程只剩下修辞学作为大学一年级必修课程，其他都是自由选修课程。

第三，自由选修制补充了博雅教育本身存在的不足。改革适应了不同学生对

---

① 陈向明. 美国哈佛大学本科课程体系的四次改革浪潮[J]. 比较教育研究，1997(3)：21-27.

② 沈文钦. 西方博雅教育思想的起源、发展和现代转型：概念史的视角[M]. 广州：广东高等教育出版社，2011：307.

③ Lawrence Levine. Clio，Canons，and Culture[J]. Journal of American History，1993，80（3）：849-867.

课程的不同要求，充分发展了学生的个性；而且改革使学科分化加剧，大学增加了门类众多的新课程，大量的实用学科因有利于就业而受到很多学生喜欢；学校也开始重视实用学科，使大学更好地为社会和科技发展服务。

哈佛大学一直是美国大学教育改革的风向标，其他大学在选修制方面也都积极跟进，比如 1896 年威斯康星大学和密歇根大学放弃了大学前两年的必修课程的做法，学生几乎完全自由选修课程；1897 年，哥伦比亚大学将希腊语停止作为必修课，而且 1900 年开始招生没有学过拉丁语的学生；耶鲁大学也于 1901 年准许学生在大学后三年有完全选课的自由。[①]选修制的推行似乎直接威胁着博雅教育的存在，但是艾略特实施选修制本意并不是否定博雅教育的价值，而是扩充自由之艺课程的范围[②]，从而使博雅教育更加安全和强大，通识教育则是博雅教育课程扩充和改革后的延续。

其次，劳伦斯·洛厄尔（Abbott Lawrence Lowell）通识教育的分类必修（Concentration and Distribution）改革。自由选修奉行的就是自由，对学生课程选择不作任何限制和要求，问题也由此产生。选了一大堆课程的同时留下一大堆问题。首要也是最重要的问题是学生之间缺少共同必修科目，不同学科和专业间的学生不存在共同教育（common education），因此，这些学生之间难于进行有效的交流与对话，难以形成共同的文化。其次，自由选修还会使学生选修课程杂乱无章，不成系统，或者学习过于集中在单一的学科领域，知识面狭窄。"新的教学方法带来了学生知识结构的支离破碎和不同学生在学习进度上的差异。这些都破坏了原先教学组织的完整性。"[③]第三，学生年龄尚小，心智不成熟，在选修课程方面经验少，很多人不甚明白所选所学对自己的意义是什么，而是偏向选择容易过

---

① 劳伦斯·维赛. 美国大学的崛起[M]. 栾鸾，译. 北京：北京大学出版社，2011：123-124.

② W.B.Carnochan. The Battleground of Curriculum-liberal Education and American Experience[M]. Stanford，Calif.：Stanford University Press，1993：5.

③ 哈瑞·刘易斯. 失去灵魂的卓越：哈佛是如何忘记教育宗旨的（第二版）[M]. 侯定凯，译. 上海：华东师范大学出版社，2007：39-40.

关，轻易拿到高分的课程，而不顾该课程是否有精神训练的意义。

这与大学教育的根本宗旨相违背，自然遭到古典博雅教育人士的强烈反对。芝加哥大学校长哈钦斯就是其中之一，他认为大学专业分化过细，造成不同学科和专业没有任何共同性，也没有共同语言，勉强聚在一所大学之内只能增加管理成本，导致行政队伍膨胀。大学因没有了共同教育，而失去存在的意义。大学之大在于大学不随波逐流，大学不是市场的奴隶；大学应该是社会的灯塔，大学应该有自己独立的理念；大学不是被动地决定于市场和就业需要。①

劳伦斯·洛厄尔在1909—1933年任哈佛校长，他首先第一次区分了通识教育与博雅教育，认为通识教育在于开拓学生知识的宽度和深度，而传统的博雅教育是本科教育的全程教育②。其次，他对艾略特"通识教育"方案提出了"分类必修"的改革计划，实施通识教育基础上的专业教育，"在我们这个复杂的社会里，通识教育的最佳方式就是培养学生'广泛涉猎、学有专攻'（a little of everything，something well）的知识结构。"③本改革方案意图非常明显，就是让接受大学教育的学生能够什么学科都要了解涉猎，而且还要对有些学科要精深理解。至今，哈佛本科教学的基本模式仍然是以本套改革方案为蓝本。

总之，艾略特与洛厄尔的通识教育改革根本地改变了博雅教育的模式，使其转换成通识教育。这种转换的目的在于塑造美国共同的文化及知识与文化的一致性。但是，通识教育强调的是专业教育之前的知识准备，并不能遏制大学以后遇到的问题："大学愈加细化、四分五裂的专业化格局的形成和知识整体性的瓦解"④，通识教育的"通识"也成为问题。

---

① 甘阳. 大学人文教育理念、目标与模式[J]. 北京大学教育评论，2006(4).
② Ernest L. Boyer and Martin Kaplan. Educating for Survival[M]. Change Magazine Press，1977：31.
③ 哈瑞·刘易斯. 失去灵魂的卓越——哈佛是如何忘记教育宗旨的：40.
④ 阎光才. 新保守主义与美国大学博雅教育的危机[J]. 高等教育研究，2004(4)：99-104.

5.3.2 第二阶段：美国通识教育的真正开始

博雅教育在哈佛大学转换成通识教育，现代通识教育正式开始了它的时代。学界一般认为 1917—1919 年的哥伦比亚大学是美国现代大学通识教育的起点[①]，而哥伦比亚大学的通识教育除了解决专业化与通识的冲突问题，也和战争不无关系。

美国在 1914—1918 年参加第一次世界大战，而大多数美国公民对于美国参战不理解也不想明白，他们认为美国是新大陆，欧洲是腐朽的旧大陆，美国没有必要去卷入欧洲的事务与麻烦之中，而美国联邦政府却不这样想，他们认为应该参与到欧洲战事当中。联邦政府就深切感受到在大学进行公民教育，有必要加入西方文明课程，使美国公民能够理解美国文明与欧洲文明的关系，以及美国参与欧洲战事的原因。美国联邦政府向各大学拨款，资助学校开设"战争目的"（War Aims）或"战争问题"（War Issues）课程，哥伦比亚大学的教授从课程的目的——使学生明白美国文明与欧洲文明之间的关联出发，设计课程内容，发展成了系统的"西方文明"课程，规定为全校大一的必修课程。而这一模式成为其他大学效仿和学习的榜样，很多大学都开设"西方文明史"课程，如斯坦福大学因为一战，从开设"战争问题"相关的课程"公民问题"（Problems of Citizenship），演变成"西方文明"课程，就以哥伦比亚大学通识教育为模板。一定意义上可以说，整个美国以后的大学通识教育都是哥伦比亚模式的扩大和改造。

哥伦比亚大学的通识教育理念及课程被我国学者甘阳认为是最理想的传统，值得我国高校学习和实践。其中，西方文明课程的设计理念，就是希望在美国多元化的社会中，解决人与人之间日益隔离与孤立的问题，使离散性的共和国和孤单的个人"有一个共同的东西、有一个共同的 language、有一个共同的文化传承。实际上这是美国通识教育的中心。"[②]倡导在大学生中实行共同的教育，就是为了

[①] 甘阳. 美国大学通识教育的五个阶段[J]. 中国文化论坛，2005.

[②] 甘阳. 文明·国家·大学[M]. 北京：生活·读书·新知三联书店. 2012：316.

让他们毕业后，无论从事什么专业、涉足哪个行业或领域，都能够有共同的教育背景而相互交流。

5.3.3 第三阶段：哈钦斯的"伟大名著"

1936 年，哈钦斯作为芝加哥大学校长发表《高等教育在美国》(《The High Learning in America》)，书中专门用第三章介绍和解释通识教育（general education）。本书也成为美国通识教育的标志性文献之一，充分阐释了美国通识教育比较有代表性的理念。开宗明义，文章首先就指出，美国教育处于一片混乱的状态，从中学一直到大学，完全迷失了教育的自主方向。在中学，教学只为少数人升入大学做准备，而置大多数没有机会升入大学的中学生于不顾。在大学中，一方面，大学本科完全服务少数考研究院的学生，完全不顾大多数不能继续入读研究院的学生；另一方，市场的逻辑日益改造大学，各种新兴学科因适应了市场需求而不断增加，大学好像日益成为职业培训所。大学变得乱七八糟，长此以往将丧失"大学的理念"或"大学之道"，大学不能成其为大学。芝加哥大学本身在许多方面就像个工厂。

哈钦斯针对美国大学内充斥的实用主义、专业主义、功利主义、唯科学主义倾向和唯市场取向等理念，进行了尖锐的批判，要求芝加哥大学学生学习和研读经典课程"伟大名著"（great books），目的是为相互隔离专业之间提供共同的精神文化基础，为学生之间提供有共同交流的平台。他还认为，通识教育最终目的在于培养全人（manhood），使人成为人而不只是人才（manpower），"就青年而言，无须教会他们一切，但要帮助他们获得继续教育自己的习惯、观念及方法。"[1]相反，一所大学"如果只教会一技之长而不能培养出掌握完整知识、具备较深见识的人，那么大学就降为造就营造手工匠的作坊了。"[2]这是哈钦斯不愿意看到的，

---

① 王定华. 走进美国教育[M]. 北京：人民教育出版社，2004：227.
② 王定华. 走进美国教育[M]. 北京：人民教育出版社，2004：224.

也是他所批判的当时美国大学的弊端。

从 20 世纪 30 年代开始到 40 年代,哈钦斯在芝加哥大学推行和实施通识教育,实际上是对于哥伦比亚大学通识教育尝试的扩充, 从两年扩展为四年。这意味着本科生四年都要接受通识教育, 修完 21 门通识教育课程, 占所有本科生课程整整一半。芝加哥的通识教育课程设置, 在美国高等教育史上达到了一个峰顶, 相比以前更加完备, 更加系统和全面; 在通识教育教学方面也积累相当丰富的经验,可谓首屈一指。[①]这种通识教育的改革, 进过实践证明和时间的考验, 效果非常明显和突出, 获得诺贝尔奖的人中芝加哥大学的毕业生很多都名列前茅。

5.3.4 博雅教育的教学

改革讲座制, 实施个性化教学。所有的课程向所有的学生开放, 选修制是通识教育改革的第一步,"怎么教"的问题则影响改革成功与否。以前的学院的教学方法是讲座制, 讲座制有其优点, 可以激发学生灵感, 进行综合式教学, 能充分发挥教师主导作用。教师如果素质全面, 在驾驭课堂教学时, 能够高屋建瓴、游刃有余, 才能发挥讲座制的积极效果。讲座制也有明显的缺点, 艾略特说:"讲座制通常在白白浪费精力, 教师不遗余力地把知识注入一个筛子里, 但知识从一头流进, 有从另一头流出。"[②]学生的大脑因为没有积极的参与思考, 根本得不到锻炼。这种教学方法要求教师以背诵法为主要检验学习的手段, 现在必须转换到谈话式教学, 通过提问的方式, 为学生提供提问的机会, 让他们能够与老师互动交流, 听取教师的解释和意见。[③]教师的教学任务不再是听学生背诵, 而是教师育人了。这种互动式个性化教学方式, 采用苏格拉底的问答教学法, 对于学生有很多

---

① 甘阳. 美国大学通识教育的五个阶段[J]. 中国文化论坛, 2005.

② 哈瑞·刘易斯. 失去灵魂的卓越:哈佛是如何忘记教育宗旨的(第二版)[M]. 侯定凯, 译. 上海: 华东师范大学出版社, 2012: 31.

③ 哈瑞·刘易斯. 失去灵魂的卓越:哈佛是如何忘记教育宗旨的(第二版)[M]. 侯定凯, 译. 上海: 华东师范大学出版社, 2012: 31.

有益的影响，学习气氛不再那么沉闷，更加利于学生个体身心的发展。

但是，个体化教学方式的经济成本特别高，不像讲座制那样适合培养大批量的学生，而当时在艾略特任期内，学生的数量增加了四倍。这就使哈佛大学不得不继续改革教学方法，于是分组教学（sections）便是成为解决问题的方法[①]。分组法是把上大课的学生分成若干小组，每个小组由实习教师指导，实习教师一般由研究生担任。从一定意义上说，美国许多大学研究生教育为本科生教学培养了一批助教教师。

---

① 哈瑞·刘易斯. 失去灵魂的卓越：哈佛是如何忘记教育宗旨的（第二版）[M]. 侯定凯，译. 上海：华东师范大学出版社，2012：32.

第 6 章　美国多元巨型大学的博雅教育

世界上最大的大学——加利福尼亚大学，是高等教育大众化的典范。统计数据令人叹为观止，43600 名全日制学生，8 个校区，免费为本州的居民提供高等教育，年度预算为 4400 万美元（以 2000 年的现值计算，相当于 3 亿 1470 万美元），拥有 4000 万美元的捐赠基金（相当于 2 亿 8610 万美元）。加利福尼亚大学充分证明了"学校越大越好"（Big was better.）的论断。加利福尼亚大学伯克利分校所拥有的获得诺贝尔奖桂冠的科学家和进入玫瑰碗橄榄球决赛、全美棒球冠军队一样备受世人瞩目。

——约翰·塞林

第二次世界大战后（1945—1975），是美国高等教育大众化时期，也称为美国高等教育的"黄金时代"[①]。我们可以用"3P（three P's）"[②]形容这个时期的高等教育，即繁荣（prosperity）、威望（prestige）和普及（popularrity）。1945 年高等教育入学人数开始发生变化，1949—1950 年，全美大学入学人数从 150 万飞速增到 270 万，增长率达 80%，到了 1960 年数字又增加到 360 万，1970 年翻一番则变成 790 万，[③]而当时 18～20 岁的美国人群却还略有减少。学生人

[①] 约翰·塞林. 美国高等教育史[M]. 孙益，林伟，刘冬青，译. 北京：北京大学出版社，2014：244.

[②] 约翰·塞林. 美国高等教育史[M]. 孙益，林伟，刘冬青，译. 北京：北京大学出版社，2014：244.

[③] 约翰·塞林. 美国高等教育史[M]. 孙益，林伟，刘冬青，译. 北京：北京大学出版社，2014：245.

数增多主要由于《退伍军人适应法案》(《Servicemen's Readjustment Act》)①的推动，公民高等教育入学途径创新计划的提出以及美国社会"婴儿潮"(baby boom)的出现。

美国多元巨型大学时期的博雅教育，随着现代化的演进而发生分流，一方面自由派为了更好地适应了当今时代的发展需求，博雅教育以通识教育的新面貌出，在促进教育民主化、教育的权利平等以及社会开放方面具有重要意义，代表思想有科南特(James Bryant Conant，1893—1978)及哈佛通识教育委员会《自由社会的通识教育》(《General Education in a Free Society：Report of the Harvard Committee》，俗称《哈佛通识教育红皮书》)理论。另一方面，以列奥·施特劳斯和艾伦·布鲁姆为代表的保守派认为通识教育一味地适应和顺从时代而不反思，也许是在纵容时代虚无与分裂、民主的低劣与庸俗、文化的世俗与沙漠化，更使现代性这架机器怪兽无人驾驭。为了解决西方现代民主社会的危机，施特劳斯学派提出了大相径庭的解决方案，即恢复古典博雅教育，并且这种呼声愈来愈强，这使得博雅教育的精神和内涵得到新的诠释与实践。

两派争论的焦点是启蒙运动，二者分别对启蒙运动的作用与民主品质做出了不同的反思与应对：理性究竟是否可以给予每一个人，启蒙对每个人是否适合，是让人重新回归到意见世界，还是给予他们光明；是顺应 18 世纪启蒙运动，人与人之间平等、民主、自由，抑或重新评估启蒙运动，提升民主的品质。

---

① 《退伍军人适应法案》是 1944 年美国国会为了安置第二次世界大战退伍军人，使他们延缓进入劳动力市场，而给予他们的教育福利法案。以 2000 年现值计算，考虑到通货膨胀因素，政府给每个退伍军人每年学费 4800 美元，单身军人生活补贴每月 489 美元，已婚军人生活补贴每月 734 美元。该法案创造性地改变了美国大学的生源结构、增加了大学短时期(1943 —1950 年)内的入学人数，也增强了美国校园的保守性。法案的成功与影响对美国人来说完全是一个意外。

6.1 博雅教育分流的背景

大学已经不是纽曼时期的"僧侣的乡村",也不是弗莱克斯纳时期知识分子垄断的"城镇",现在的大学是一个光怪陆离、形态万干的"城市",闻名全美的加利福尼亚大学的前校长克拉克·科尔称之为多元巨型大学(multiversity)。多元巨型大学集中体现了高等教育的现代化特点。除此之外,现代化的高等教育还有以下特点:专业教育造成人与人之间的隔离状态;科学教育占尽主流优势而人文学科势微;大学沦为职业的培训场所等。

6.1.1 光怪陆离的多元巨型大学

克拉克·科尔被美国教育界称为高等教育改革的总设计师,"他对高等教育的贡献如同福特对汽车工业的贡献,他开创了批量生产优质廉价的教育和科研能力的人员。"[①]科尔的成功是美国人的典范,他创造性地设计并且实施了著名的加利福尼亚大学的"总体规划"。科尔适应了第二次世界大战后美国国家政策的需要,遵循美国实用主义文化传统,提出了大学工具主义的发展思想,使加利福尼亚大学成为名符其实的多元巨型大学。

美国多元巨型大学,是一种与以前大学迥异的新现象,是一种新型机构。它是不信仰上帝的机构,由多个社群组成:在学生层次方面,包括本科生社群与研究生社群;在学科领域方面,包括自然科学家社群、社会科学家社群和人文主义者社群;在内部机构方面,包括管理者社群和专业学院社群。

1. 诞生

大学在中世纪产生,是社会最古老的社会机构之一;但是在 20 世纪后半期,大学已经处于一个全新的环境。如果大学还一味地抱残守缺、留恋过去,只会阻

---

① 韩学平. 世界 100 所著名大学排行榜[M]. 北京:中国经济出版社,1994:48.

碍社会的发展，也会使自身走向衰亡，所以大学应该以积极的心态和无畏的勇气去正视现实世界的变化。"社会在变化，高等教育的功能也在变化。大学像其他机构一样，在变化中求得生存。"①现实是这样的，经济的发展需要新知识的支撑和支持，新知识成为影响个人、社会和国家发展的最强有力的因素。而大学正是创造知识的发动机，社会也比过去更需要大学向普通大众普及知识、发挥服务功能。大学现在走进了美国生活的中心，也是美国教育的重中之重。大学是新思想的发源地和交流中心，不断地倡导和推动新思想，积极引领社会新理念。大学"仅次于政府成为社会的主要服务者和社会变革的主要工具。"②

2. 内涵

多元化巨型大学不同于以往大学，包括纽曼的传统人学和弗莱克斯纳的现代大学。首先不同于英国红衣主教纽曼在《大学的理想》中所推崇传统大学，比如牛津大学、剑桥大学。传统大学是以古典博雅教育为教育理想的大学，纽曼认为"大学是一个传授普遍知识（universal knowledge）的场所，是所有知识和智力发展的王国，应接纳并吸收人类所有科学、艺术、哲学和历史方面的知识并使它们各得其所。"③传统大学的目的在于通过古典博雅教育，训练人的心智，培养悠然闲暇的绅士。由于工业革命、科技革命和民主革命的影响，传统大学变得越来越不适合时代要求。

其次，它不同于弗莱克斯纳的现代大学，比如约翰·霍普金斯大学。弗莱克斯纳强调德国大学对于美国现代大学的影响，认为现代大学主要是一种研究机构。现代大学具有其他社会机构没有的特殊职能，在增进知识、训练学生理智，创建和维护真理方面具有特殊意义，是"有意识地致力于追求知识、解决问题、审慎

① Clark Kerr. The Great Transformation in Higher Education[M]. State University of New York Press，1991：61.

② 约翰·S.布鲁贝克. 高等教育哲学[M]. 王承绪，译. 杭州：浙江教育出版社，1998：21.

③ John H. Newman. The Idea of A University: Defined and Illustrated[M]. Loyal University Press，1987：437-464.

评价成果和培养真正高层次人才的机构。"①这也就是说大学追求科学与学术方面的要保证以下四个方面：保存知识和观念、解释知识和观念、追求真理、训练和培养学生。②现代大学的培养人的核心是专业学院、文理研究生院及重要研究所，医学和法律等专业学院尤其受到重视。

多元巨型大学符合美国实用主义文化传统，是大学工具主义的发展思想实现形式。它能根据外界的需求、本身的特性和理想做出明智变化；是美国现代大学在第二次世界大战之后巨大变形。1972年，科尔更加深入地解释多元巨型大学，认为现代大学的多元性，并非指多校园院校意义上多校区大学，更要要的意义在于它有许多个目标，许多个权力中心，面对很多个顾客，服务种类也很多。多元化巨型大学的边界模糊，涉及人员多而广，"可以牵涉历届校友、议员、农场主、实业家——而他们又同这些内部的一个或多个社群相关联。作为一所学校，它要回顾过去、展望未来，并经常同现在发生矛盾。"③它像服务上帝一样，全心地服务社会，但也不留情面地批判社会，甚至尖锐地质疑社会。

在这个多元化社群中，已经没有中世纪教师与学生社群的属性，很难保证存有共同的利益；各种社群彼此利益不同，甚至互相矛盾和冲突。中世纪大学有一个统一的灵魂，一个大家都认同的生活原则，但是，多元巨型大学却有许多个灵魂组成，灵魂之间也良莠不齐，有好有恶，有的在提升，有的在沉沦而需要拯救。"它标志着许多真、善、美的幻想以及许多通向这些幻想的道路；它标志着权力的冲突，标志着为多种市场服务和关心大众。从总体上讲，多元巨型大学可以被理解为多元大学或综合大学。"④

---

① 亚伯拉罕·弗莱克斯纳. 现代大学论——美英德大学研究[M]. 徐辉，陈晓菲，等译. 杭州：浙江教育出版社，2001：32-33.

② 亚伯拉罕·弗莱克斯纳. 现代大学论——美英德大学研究[M]. 徐辉，陈晓菲，等译. 杭州：浙江教育出版社，2001：4.

③ 克拉克·科尔 Clark Kerr. 大学的功用[M]. 陈学飞，等译. 南昌：江西教育出版社，1993：12-13.

④ 克拉克·科尔 Clark Kerr. 大学的功用[M]. 陈学飞，等译. 南昌：江西教育出版社，1993：96.

3. 特征

多元巨型大学具有鲜明的个性特点,表现出不同于以往任何大学的显著特征。

第一,多元性。多元性是现代世界存在的状态,正如詹姆斯所认为的,事物的每个部分都与其最接近的部分结合在一起,部分之间的联系可能是间接性的,可以被称为"附和式"连接,而不是能够形成绝对中心的绝对式连接。多元性因此强调包容和相互独立,有点类似于国家"联邦共和制"形式,而不是帝国制。它不是单一的、固定的、统一的社群;它有若干个目标与中心,服务于各种各样的顾客。

多元是多元巨型大学最显著的特征,主要表现在以下几个方面:

(1)大学目的和利益的多元性,指大学具有若干目的和利益追求,不能统一为单一的目的与利益,"作为一个机构,它的内部虽然不统一,但它却始终如一地产生效益;虽然经受到变革的折磨,但它保持着稳定的自由。"[①]虽然它连一个自身被认可的灵魂也没有,但它的成员却愿意为真理而献身。

(2)大学的职能的多元性,大学不是单一地关注或教学、或科研、或服务职能,而是多种职能的复合,甚至会继续增加新的职能。简单用三种分类体系评价巨型大学,实际上限制了人的想象力,也束缚了大学职能的拓展;用一种理想主义的职能规定大学,就会忽视随时随地社会正在发生的变化。科尔认为大学职能的多样性会形成一个错综复杂的网络,这种网络包括生产性职能(Production Functions)、消费性职能(Consumption Functions)和公民职能(Citizenship Functions)。[②]其中生产性职能包括筛选人才、培训技能、研究和服务;消费职能,包括为学生或校园内的其他人员提供服务和产品消费;公民职能包括学生社会化、批判评价社会和补偿教育。

(3)校长角色的多样化,大学内部的多社群以及履行多项职能决定大学的校

---

① 克拉克·科尔 Clark Kerr. 大学的功用[M]. 陈学飞,等译. 南昌:江西教育出版社,1993:29.
② Clark Kerr. The Great Transformation in Higher Education[M]. State University of New York Press,1991:58.

长角色必须多样化，校长应该既是教育家、领导者、掌权者、教导者、创新者、信息灵通人士，而且还是管理者、官员、继承人、劝说者、寻求一致意见的人，还有形象创造者，但主要是调节者。[①]

（4）一个国家可能存在多种类型的大学，每所大学的职能的侧重点也不同。

第二，开放性。多元化巨型大学坚持开放的理念，向社会全方位地、彻底地开放，与社会有机地融为一体，成为社会发展的"动力站"。大学必须参与到社会服务当中，回应社会的需要，大学应当为更多的人提供受教育的机会，应该向所有人开放，不同宗族、民族、肤色和性别的人。大学的开放性彻底颠覆了以往大学精英教育模式，从根本上否定了中世纪以来的大学传统。大学开放性使大学成为美国工业化发展的核心力量，帮助其在战后迅速成为军事和科技领域霸主。大学的开放性推动美国高等教育的迅速发展，使美国高等教育大众化成为趋势。美国高等教育"黄金时代"就在20世纪60年到来了。

第三，自由性。多元巨型大学的自由主要表现在学生拥有较大的权力，学生对于课程和教师选择具有一定的自由，这种自由选择有助于决定大学应该重视哪些领域和学科，他们是课程的消费者，能够引导大学课程的扩展和收缩。

6.1.2 博雅教育继续衰落

博雅教育已经转变成通识教育，通识教育的地位在多元巨型大学越来越受到轻视，本科生课程中博雅教育成为一个"重灾区"。作为培养基本技能和传授自由知识的通识教育，地位受到专业教育的挑战，一直在不断地失去自己的阵地。科尔呼吁"恢复通识教育的中心地位"，则是通识教育本身衰落的表现。但无论如何，美国大学教育不太可能再回到19世纪以前的博雅教育权威性时代，因为专业教育应时代之需，不得不考虑，最好的选择便是更加合理地安排通识教育与专业教育的比例。毕竟，"一个人既要谋生，还要生活；生活除了包括工作之外，既要学会

---

① Clark Kerr. 大学的功用[M]. 陈学飞，等译. 南昌：江西教育出版社，1993：21-23，101.

操持闲暇，还要学会履行公民职责。以前的毕业对大学生活特别感到遗憾的就是没法在通识教育上花费较多的时间。"①只有这样，大学才能既培养专家，也能培养通才，更好地安顿每个人的生活与工作，协调个人与社会的关心。

科尔的通识教育方案，②反对传统哈钦斯的的"伟大著作"课程和西方文明课程，认为少数人的博雅教育已经过时，"伟大著作"课程和西方文明课程只适合少数人，排斥"非西方""非白人"和"非男性"等群体。其次，通识教育比例问题，他认为通识教育课程应该占本科课程 1/4 时间，1/2 的时间应该用于专业教育，剩下 1/4 的时间用于选修课、辅修、补习课程或其他技能训练。第三，他提出两种通识教育的课程计划。第一种计划称为"教育的全球化视角"（Global Perspective in Education），主要课程有世界历史（一年），在世界历史的背景下特别重视美国历史；认识世界（一年），主要目的是让学生用联系的观点看待世界系统，认识到物理、生物、政治和经济、信息与评价各系统之间的相互联系；比较文化课程（一学期）和随后的非美国文化课程（一学期）；公共政策问题分析概论课程（一学期），随后开设研究和讨论一个或几个具体国家的政策和国际政策问题（一学期选修课）。第二种计划称为"综合学习经验"（Integrative Learning Experience）课程，主要基于这样的想法：专业教育是纵向的知识组织方式，而人们为了解决问题需要横向或跨学科的联系。综合性的课程则满足了需求，例如远东文明课程涵盖哲学、艺术、历史和政治等领域，城市综合课程会涉及城市历史、城市社会学、城市设计和城市工程学等科目，环境综合课程包括领域更加广泛，有环境学、环境保护、环境伦理学、生物学、人类对环境的影响等。③

---

① Clark Kerr. The Great Transformation in Higher Education[M]. State University of New York Press，1991：281.

② 刘宝存. 科尔大学理念述评[J]. 比较教育研究，2002，23(10)：7-12.

③ Clark Kerr. The Great Transformation in Higher Education[M]. State University of New York Press，1991：281-282.

6.2 "哈佛红皮书"的通识教育

1957 年 10 月，苏联发射了世界第一颗人造卫星，在美苏争霸中暂时略胜一筹，美国人非常震惊，各界人士都开始反思美国的教育问题，认为教育关系到美国的未来和民主制度的胜利，呼吁教育改革。曾任哈佛大学校长的科南特认为，苏联良好的教育制度，以及所培养的众多优秀人才，是其卫星上天技术的取得成功的根本原因。仅仅 1957 年和 1958 年两年，第 85 届美国国会就接受了来自议员的教育议案大约有 1500 份，至少 80 项获得通过，其中最重要的法案《国防教育法》于 1958 年 9 月通过，法案主要内容涉及：增加教育经费投入；加强"天才教育"；加强职业教育以及加强普通学校的自然科学、数学和现代外语教学[①]。

由此，彻底改造教育和支持教育是美国此后二十年的主要目标，美国立法者对国家的教育机构提供的支持之大前所未有。从 1940 年到 1960 年，美国联邦政府非常支持科学研究，在高等教育方面的资金投入非常巨大，二十年间投入增长了 100 倍，占整个大学预算的 15%，占全部大学研究资金的四分之三。1960 年，在哈佛大学，政府投入就占到其全年预算的四分之一。[②]

6.2.1 报告的社会背景

1957 年前苏联人造地球卫星发射成功后，面对苏美两国之间的科技竞争，科南特清醒地意识到，这实际上是教育的竞争和人才的竞争。他认为，如果美国要在这种竞争中居于领先地位，就必须改革大学的通识教育。

---

① 吴式颖. 外国教育史教程[M]. 北京：人民教育出版社，2005. 629.
② Phyllis Keller. Getting at the Core: Curricular Reform at Harvard[M]. Cambridge: Harvard University Press，1982. 19.

科南特作为哈佛大学的校长，是推进美国大学现代通识教育的关键人物；大学之外，他是美国第二次世界大战期间和战后制订原子弹发展计划的重要人物，而且还担任过战后美国驻西德大使。他为了担任了一名世界一流大学的校长，放弃了一个可以成为世界一流化学家的机会。在他任哈佛大学校长时期，1943年由于他的邀请，来自于许多学科领域12位著名教授组成委员会，以"民主社会中的通识教育目标问题"为主题讨论研究，经过两年时间出版了《自由社会的通识教育》。该报告引起了美国社会的热烈讨论和强烈反响。本书对通识教育大学中的地位与作用、通识教育和专业教育之关系等的精深分析为美国人高等教育界所认可，迄今为止一直是美国高等教育研究被援引最多的文献之一。

哈佛大学通识教育委员会一流的学者们，在第二次世界大战期间，有两年多的时间，每周都聚会和讨论"通识教育"问题。一边是战争的硝烟弥漫，一边是大学通识教育的唇枪舌战，通识教育的重要性就在两者的鲜明对比之中凸显。他们认为"大学本科通识教育"关系到美国的根本和未来，这个问题比原子弹还重要，因为是人在掌握和控制原子弹，而人是由教育的目的和方向来决定，不是由原子弹的大小来决定的。但是，仅仅专业教育不能使人成为负责任的道德主体，基本的人文历史教育是必需的。[①]

6.2.2　大学专业化问题严重

第二次世界大战后，美国大学面对教育大众化，教育系统不断扩张，以及随之而来的知识的快速增长等现象，这些现象共同塑造成了更大、更富有的现代大学，导致现实中学院的分裂，也是现代博雅教育必须面对的问题。

我们生活在一个专业主义的时代，现代生活越来越依赖于专业知识。学院的分裂正是由于各个学科领域要为种类繁多的职业做准备，大学生的成功一定程度上在于选择一种专业化程度较高的职业。对大多数学生来说，接受高等教育实际

---

① 甘阳. 大学之道与文化自觉[J]. 教育，2008(5)：46-47.

上是进行一种高级的职业训练。人们不得不承认，职业主义的存在有其必要性，首先，毕竟绝大部分年轻人都不得不为谋生做准备，因为在美国这样的民主国家基本没有世袭的贵族，世代相传的有钱阶层；其次，现代专业应时代所需，吸引着年轻人的兴趣，能够实现很多人阶层的转换。

当然，专业主义的局限性也与优势共存。专业主义在这个时代具有霸权地位，势头正猛。专业主义导致社会出现很多专门化职业，比如律师、医生等，各个专业与职业之间产生了不同的专业语言，各领域之间相互理解存在困难，加强了社会的离心力，把社会推向分裂。职业的专门化使流动变化的世界变得分裂和碎片化，每个人都很难从整体上认识世界、理解世界以及解决问题。

社会专业分工虽然促进了社会的经济、政治的发展，但是却对人显示出极大的压迫性，让人彼此隔离而缺乏理解，更是忽视了人内心渴望整全，以多为一，把握纷繁复杂外部世界的冲动。现代生活复杂多变，很多事务都要求公民必须具有管理复杂人类机构的智慧，以适应变动不居和纷繁芜杂，把握整体性和统一性，只有这样，人才能成为一个能够履行责任的好公民。人类面临着许多共同的问题，比如性别问题、全球变暖、恐怖主义、经济危机、原住民运动、民族主义、难民移民等，这些问题不是某个单一领域所能解决的，需要跨越经济学、政治学、法学、哲学、人类学、社会学、国际关系等学科，共同研究解决。

另外，专业主义在教育领域表现就是职业教育如日中天，而博雅教育却日渐衰落，专业教育在未来会培养出大量的麻木不仁、似人非人的"单面人"，其负面意义越来越会对人们的美好生活构成威胁。专业主义有可能削弱传统博雅教育的理论的统一性，也会造成科层制的社会，但是我们仍然不能拒斥专业主义，我们需要做的是如何在专业主义时代，在专业繁多的大学中拯救博雅教育，并重估其价值①。

---

① 哈佛委员会. 哈佛通识教育红皮书[M]. 李曼丽，译. 北京：北京大学出版社，2010：41.

6.2.3 通识教育的内涵

现代通识教育具有自己独特的内涵，它既不同于专业教育，也与博雅教育相区别，虽然这种区别是两种维度。为了更好地理解通识教育的内涵，可以从两种维度划清区别，一是从横向角度划清界限，在范围之外比较通识教育与专业教育；二是从纵向角度理清脉络，在历史线索之内对比博雅教育与通识教育。

1. 通识教育与专业教育

广义地说，教育可以被分成两个部分：通识教育（general education）和专业教育（special education）。通识教育中的 general 具有"普遍的""通常的""一般的""概括的"等意思。通识教育相对于专业教育而言，属于学生整个教育过程中的一部分，其目的是培养学生成为人类成员中一个负责任的人和公民；专业教育旨在培养学生将来从事某种职业所需能力的教育①。二者同为人生活的两个方面，不能完全分离，都是为了培养情感和智力全面发展的人。

通识教育与专业教育是一个问题的两个方面，相互联系，相互影响，不可或缺。通识教育像一颗大树的主干，而专业教育是树枝，各个阶段与类型的学生从这个主干出发，从枝叶离开，都享受大树主干传输的营养，共同接受阳光雨露，追求美好生活。"通识教育可以被比作一棵树的树干，而树枝则代表专业教育，各种学生群体从不同高度的树枝（高中、初级学院、本科学院或研究生院）上离开，并结束自己的正式教育。"②通识教育的精神在专业教育领域里延续，从内容上说，滋养大树主干的即是美国共同的文化与传统，它弥补专业教育带来的各学科之间的相互隔离，使多元化的价值观有统一的平台，也使不同阶层、不同背景的人能够相互理解，相互关照，组成一个"和而不同"，自由民主的社会。

如果让人只接受专业教育，那么每个人就会成为一簇簇矮小的灌木，变成孤

---

① 哈佛委员会. 哈佛通识教育红皮书[M]. 李曼丽，译. 北京：北京大学出版社，2010：40.
② 哈佛委员会. 哈佛通识教育红皮书[M]. 李曼丽，译. 北京：北京大学出版社，2010：80.

立的、原子化的个人，相互之间没有照应与关心，为了获取有限的资源不遗余力地竞争，人与人之间遵照"丛林法则"；而且单个的人在面对国家机器时就会孤立无援，沦为工具与奴隶，失去人的尊严与体面，更别奢谈美好生活了。专业教育强调课程内容的多样性，适合不同智力、兴趣与背景的学生，满足社会的多元化的需要，而通识教育强调课程的统一性原则，防止课程的碎片化、隔离化、原子化的不平衡状态，"专业教育的科目根据其功能使人与人之间有所区分，而通识教育的科目在共同的人性和公民感上将人们团结起来。"①通识教育是一条纽带，把高中毕业走进社会的学生与进入大学或学院学习的学生连接在一起，成为共同体。

通识教育和专业教育不是处于相互竞争的位置。"通识教育就像一个完全的、整合的有机体，专业教育是有机体的一个器官，它在有机体的整体范围内完成特殊的功能。"②器官功能的正常发挥依赖于整个有机体整体得运行与发展，通识教育正是在整体意义上为学生专业的选择和学习打下坚实的基础，也为学生创造环境发展其专业潜能。有机体是输送给器官营养的源泉，学生只有在通识宽基础之上的专业化，才能使各专业教育和专业发展有所支撑，有所联系。专业教育在技术层面，能教会学生如何做和能做什么；通识教育则在理念层面，告诉学生为什么这样做和需要做什么。通识教育相对于专业教育应该是一种"润雨细无声"的渗透作用，通过理解和认识世界万事万物之间的有机联系，赋予专业教育以意义。大学的专业课程如果不能为通识教育做出突出的贡献，那么也不可能为专业教育本身做出最大限度的贡献。

2. 通识教育与博雅教育

古典博雅教育与贵族政治相匹配，其根本内涵"即适于或有助于造就自由人"的教育。古典博雅教育是现代通识教育的早期形式，两者具有共同的目标和精神，但存在程度上的差别。在奴隶社会，自由人是统治阶级和有闲暇的阶层，他们人

① 哈佛委员会. 哈佛通识教育红皮书[M]. 李曼丽，译. 北京：北京大学出版社，2010：24.
② 哈佛委员会. 哈佛通识教育红皮书[M]. 李曼丽，译. 北京：北京大学出版社，2010：154.

生的目的就是治理和管理国家，主要关心公民的责任和权利，这都需要学习自由之艺（政治技艺）作为支撑。博雅教育则为他们提供自由之艺学习的机会，使他们理解自身、以及自身在社会和宇宙中的位置，而不是限制为职业培训的实用目标；把他们培养成为思索与追求美好人生的完整的人。而奴隶则政治上与自由人相对立，从事专门化的职业，只需要实用技艺的学习就足够，不需要教育。

现代通识教育是与现代民主社会相匹配的博雅教育，"通识教育问题的核心在于自由传统和人文传统的传递"[①]。现代的自由、民主和平等观念赋予所有人自由和平等。"每个人都掌管着自己的人生，并且分担着管理共同体的责任。"[②]每个人都是自己决定自己的生活，无人干涉。从事体力劳动和脑力劳动的人都值得尊敬，美国人不能理解过于悠闲的人，绅士也要参加工作。通识教育的对象不是少数人，而是所有的共同体内部的成员。自由人也不同于奴隶社会的标准：首先，他是自由的，具有自我批判的精神，有能力为自己做出判断，真正地实现自己决定自己的行为与事务，而不被外部人和物所束缚；其次，他必须具有普遍性的同情心和动机，克服狭隘的本土主义（provincialism），成为世界公民，做"任何时代和任何存在的旁观者"。[③]

古典博雅教育是古代教育的主体，属于通识教育的初级形态，而通识教育是博雅教育的现代发展；博雅教育与通识教育有相通之处，其目标都是为了培养自由人，但自由人内涵、数量与素质要求方面都有所差别。

6.2.4　通识教育的理念及目标

通识教育是公民教育，是培养完人（the whole man）的教育，它以促进民主社会发展为目的，倡导合作而非竞争，既关注个人利益与个性又关注公共利益与

---

① 科南特. 科南特导言[M]. 哈佛委员会. 哈佛通识教育红皮书[M]. 李曼丽，译. 北京：北京大学出版社，2010：4.
② 哈佛委员会. 哈佛通识教育红皮书[M]. 李曼丽，译. 北京：北京大学出版社，2010：41.
③ 哈佛委员会. 哈佛通识教育红皮书[M]. 李曼丽，译. 北京：北京大学出版社，2010：41.

其他人的福祉，与他人一起奔向美好生活。个人如果要过上一种负责任的和完满的生活，实现幸福的生活，一定的心智品质和道德品质是需要具备的。具体来说，心智品质涵盖的能力包括："有效思考的能力，交流思想的能力，恰当判断的能力，辨别价值的能力。"[①]前三种能力相对于心智品质，辨别价值的能力则相对智识、品格和审美等品质。最终通识教育强调完整的人性培养，完整的人性不是这四种能力之外的第五种品质，而是四种能力共同作用的结果。人性包括人的直觉、情感和智力，人应该既血气方刚，又具有良好的心智训练；既善于思考、明智判断，又勇敢坚强。

通识教育是为了建设民主社会。通识教育最终目标是为了自由的社会，使自由人相互联合，组成一个共同体。个人的自由和社会的价值都是通识教育的目标，两者缺一不可。个人的自由是个人有能力选择，为自己着想的权利。个人主义只强调个人的自由，会使人回归个人的城堡，人成为孤单的个人。原子式的个人很难组成民主社会，社会需要人与人之间相互照应，能够为了共同的美好而友好合作。"民主制是自由与忠诚的混合体，它们既相互牵制，也相互加强。"[②]如果只是强调个体的自由，就有可能使人进入极权社会，进入奴役的状态。托克维尔在《论美国的民主》中就描述了这样的一群乌合之众。

我看到一群难以数计、彼此相似和平等的人在不停地忙碌，以取得渺小和庸俗的欢乐来充实灵魂。他们每个人都独居一隅，不关心其他一切人的命运；他们的孩子和私人朋友构成了他全部的交际环境，至于他的同胞，他虽然在他们的身边，却视而不见；他接触他们，却什么也感觉不到；他只是为了自己而存在，如果说他还有一个家庭，那可以说他至少不再有祖国。在这些人的头上，有一种强大的监护权力，负责保障他们的生存，照管他们的命运；这种权力是绝对的、无所不包的、卓有远见的和温情脉脉的。这种权力如果像父权一样以把他们培养成

---

① 哈佛委员会. 哈佛通识教育红皮书[M]. 李曼丽，译. 北京：北京大学出版社，2010：50.
② 哈佛委员会. 哈佛通识教育红皮书[M]. 李曼丽，译. 北京：北京大学出版社，2010：59.

人为目标，那就类似于父亲的权威。然而相反，它竭力所为的却是牢牢地把他们固定在童年时代，它让公民们享乐，只要公民们想着享乐；……而那条自由的不确定的旅程就此被切断，人类的成年被永远推迟，陷于这一状态的人也就注定了受奴役的命运，他生命中的火花仍会闪现，却日益微暗。①

德国诺贝特·埃利亚斯在《个体的社会》②中认为，社会是个体的温柔乡，是个人的家乡，在社会中个体能够体会到温暖与永恒的意义，消除独自承受生命的孤独与恐惧感，也能抵御生命如此短促而如此漫长的虚无感。个人总有一种倾向，它作为自然生物界进化链上的一环，总是试图超脱出动物的特征，超越自然的局限，追求超越的意义，属于人本质的含义。人类把自然对其的限制当作一个秘密保存，向自然一直发出挑战，试图克服自然的限制，最后发现这些无济于事，人类又被打回原形——裸猿③。社会是第二自然，在我们人出生之前已经存在，在我们死后也会继续存在。社会是意义的制造工厂，个体不能生存于社会之外，否则，如若不是天使那就是野兽。生活其中我们遵守共同风俗习惯、法律守则，也享受社会赋予我们的快乐与幸福，但是这些又每时每刻都限制着我们，刺痛我们的内心，让我们欢喜让我们忧。在社会中我们获得自由，克服自己生理的欲求，驱除生命中这个幽灵，把自己有限的生命投放于社会的久长的寿命，体验不朽。但是，我们仍然想着逃脱社会对于我们的束缚与限制，摆脱程式化的生活，重新寻找意义。从根本上说：

通识教育的伟大目标是自由。这种教育使得个体远离无知，以及与无知相伴的畏惧、偏见和非理性；这种教育使个体不会成为孤立的个体和处于孤立的时空之中，而体会到人类经验的丰富性、连续性和共同体的力量。通过对于经验的各个方面的相关性和意义的发现，这种教育还使个体远离破坏性的虚无主义和无意

---

① 托克维尔. 美国的民主（下卷）[M]. 董果良，译. 北京：商务印书馆，1989：869.
② 诺贝特·埃利亚斯. 个体的社会[M]. 翟三江，陆兴华，译. 南京：译林出版社，2013.
③ 德斯蒙德·莫利斯. 裸猿[M]. 何道宽，译. 上海：复旦大学出版社，2010.

义；通过使学生意识到所有知识的根源都在于个体的理解和经验，这种教育使得自由与非人性区分开来。①

通识教育与整个美国社会的文化，政治和经济相互支撑，是美国文化与美国精神的一部分，而且通识教育又在传承和创造着美国文化。我们学习美国的通识教育，不仅是拷贝其课程表，更应该体会其背后的精神与文化内涵，就如学习科学一样，不能只把它当作奇技淫巧的"器"，这是一种传统文化现代化的过程，也是我国文化与西方文化对话的过程，更是人与社会关系的重新认识。从某种程度上说，通识教育反映了美国人对教育与教育目的的根本看法。

通识教育代替博雅教育意义在于教育对象的扩展，通识教育是面向大多数人的教育，而主要"不是使少数幸运的年轻绅士学会欣赏'美好生活'"②。通识教育的精神是博雅教育，它的核心"在于自由传统和人文传统的传递"。教育的目的在于培养民主国家的合格好公民，提供各阶段学生价值判断的机会，能够与个体情感体验和实践经验相联系，使其有能力从道德伦理层面做出是非善恶的判断，而这恰恰来源于通识教育提供的具有普遍意义的思想和理想——"它们是人类生命中的深刻驱动力。"③ "我们的目的是培养最大量的未来公民理解自己的责任和利益，因为他们是美国人，是自由的人。"④

通识教育是小学、初中、高中一直到大学、大学后成人都必须享受的教育，从类型方面包括学术高中、职业高中、普通本科、文理学院、初级学院、技术学院甚至两年制职业学校，这些学校都会开展不同程度的通识教育，"最重要的是让

---

① 弗兰克·H.T.罗德斯. 创造未来：美国大学的作用[M]. 王晓阳，蓝劲松，等译. 北京：清华大学出版社，2007：136.
② 哈佛委员会. 哈佛通识教育红皮书[M]. 李曼丽，译. 北京：北京大学出版社，2010：呈送函. 2.
③ 哈佛委员会. 哈佛通识教育红皮书[M]. 李曼丽，译. 北京：北京大学出版社，2010：4.
④ 哈佛委员会. 哈佛通识教育红皮书[M]. 李曼丽，译. 北京：北京大学出版社，2010：呈送函. 2.

每一代人中的绝大部分都能接受通识教育,而非少数进入四年制学院的学生。"[①]这纠正了许多国人的误解,通识教育大学的不只是精英型、研究型大学的事,职业学院也有必要实施通识教育。

6.2.5 通识教育的课程及教学

哈佛通识教育《红皮书》认为,通识教育需要培养的能力要有课程和教学支撑才能来落实。本科课程设计主要继承了洛厄尔的分类必修(Distribution Requirements)和集中主修制度(Concentration),通识教育课程主要集中在传统的三大学科领域,分别是自然科学、社会科学以及数学和人文学科。大学的通识教育课程是继续高中阶段的通识教育,教育价值和目标具有延续性。在高中数学和科学学习、社会科学、文学和艺术的学习基础上,大学生需要修满的 16 门学位课程中,包括6门课程通识教育课程和6门主修课程以及4门自由选修课程(Free Electives)。其中通识教育课程再分为两类:3 门分类必修科目是基于西方社会的跨学科课程,包括:物理学原理或生物学原理(二选一)属于自然科学;"西方思想和制度"属于社会科学;"文学经典名著"属于人文学科。剩下 3 门通识教育课程分别在数学和自然科学、社会科学(美国民主、人际关系等)和人文学科(哲学、文学、音乐、美术等)中分别选择 1 门。另外,6 门集中主修某一个学科或领域。

哈佛通识教育的课程教学效果良好,首先取决于教师的素质,担任通识教育课程的教师都是自然科学、社会科学和人文学科领域非常著名的教授。其次,在教学方法上,为了培养民主价值观,哈佛大学特别重视自由讨论。诸如"宪法的起源问题,联邦政府三大部门的职能运作问题,现代资本主义的军事力量问题,对于这些问题必须无所顾忌地进行解剖分析,就像地质学家考察岩石的起源问题

---

① 哈佛委员会. 哈佛通识教育红皮书[M]. 李曼丽,译. 北京:北京大学出版社,2010:4.

一样认真仔细。"①这些问题的讨论都不设禁区，鼓励自由讨论，相互交流，深入研究，只要言之成理，持之有据就可以视作有效的学习。这种讨论和方法有利于培养学生民主意识和参与精神，使他们成为未来社会的好公民。第三，在课程和教学方面要注意学生之间的"差异性"。差异性主要来自两个方面，一是内部思想和能力；二是外部环境和机遇。具体米说，内部因素可能造成的智力、兴趣、意志力和毅力等方面的区别；而外部因素会可能造成收入差距、社会地位不同。所以，学生年龄不同，能力也有所差别，通识教育课程与教学要能够适应这种差异性，特别是能力方面。对于心智较低的学生，通识教育看课程既不能居高临下地面对学生，也不能太深奥和抽象，教师上课时应该热情激昂，多采用电影、戏剧和音乐等感性的材料，更好地吸引学生注意力，从而达到传达思想的目的。

6.3　回归古典博雅教育

第二次世界大战前后，世界每天都变化出新的模样，知识大爆炸，人口数量激增，现代技术更新换代，科学发展日新月异，美国国内进入高速发展时期，成为世界最强大的国家，工业社会的大发展需要大量的专业人才，包括科学家、工程师、机械师、商人以及技术工人。社会的文化模式发生转变和意识形态出现论争，人的物质生活虽然丰富了许多，但是人精神价值却在降格。这些都对高等教育产生了深远而巨大的影响。

面对高等教育共同的现代性问题，美国通识教育与博雅教育提出了大相径庭的解决方案，但是两者仍然还有相通的地方，比如对待人文学科、专业教育的态度。所以，新保守派的博雅教育与现代博雅教育之间存在着隐匿的对话。

施特劳斯学派属于美国新保守主义阵营，列奥·施特劳斯（Leo Strauss）和

---

① 华东师大外国教育研究所．外国高等教育参考资料[M]．上海：华东师范大学出版社，1981．658．

艾伦·布鲁姆（Allan Bloom）属于该学派最具代表性的人物。布鲁姆是施特劳斯的得意门生和衣钵继承人，他的思想深受施特劳斯的治学方式、思维逻辑、观点立场的影响。他也承认自己之所以能够深邃地哲学思考，主要由于施特劳斯的帮助和教导。①学术界和媒体认为他是美国人民和民主的头号公敌，"B杀手集团"的核心成员（the killer B's）②；在政治领域他被称为"里根新保守主义在美国知识界的代言人和最凶恶打手"。面对美国社会共同的问题"现代性危机"和大学共同的危机，施特劳斯学派做出了不同的反映。

6.3.1　现代性危机

施特劳斯认为现代的启蒙运动是依靠实践理性（经验），而中世纪启蒙依靠的是纯粹理性（理论），这是古今之争的关键。现代启蒙把人从宗教的愚昧和迷信中解放出来，把他无情地打入了"第二洞穴"③，自由的现代人被封闭在表现为相对主义和怀疑主义的现代性之中。在现代社会，人把自己当作世界、宇宙万物的尺度，认为人能够凭借自己的理性为自然立法，也为自己制定道德法则，这是最高的法则。除此之外，神的法则、上帝的法则都不值得尊崇和遵守。这是一种现代性的傲慢，这种傲慢放弃古希腊民主制度关涉美好生活的普遍的价值追求。④

现代性在施特劳斯看来主要表现为历史决定论，历史主义者认为历史过程是一张无意义的网，不存在普遍的或抽象的真理，从历史中得出的是特殊时间和空间的规律，而这些特殊的原则也没有不可剥夺的神圣性和权威性。历史给予我们一副绚丽多彩的画，但是那些思想的烟火可以转瞬即逝，因为那些思想是依据当时特定的情景，随着新的历史情形的出现，这些思想也会衰落，被新的思想所取

---

① https://en.wikipedia.org/wiki/Allan_Bloom
② 因为布鲁姆（Allan Bloom）、贝奈特（W.J.Bennett）和索尔·贝娄（Saul Bellow）等三人姓氏都以B开头，被自由派人士简称为"the killer B's"。
③ 徐贲. 阅读经典：美国大学的人文教育[M]. 北京大学出版社，2015：256.
④ 徐贲. 阅读经典：美国大学的人文教育[M]. 北京大学出版社，2015：266.

代。关键在于旧思想的衰落，新思想的兴起，所以依据的基础是脆弱的命运，而不是永恒的真理。历史主义者认为实证科学具有独一无二的权威性，所有的形而上学和伦理学不具有权威性。

1. 开放与封闭：价值相对论

价值相对论的理论渊源可以追溯到 18 世纪德国哲学黑格尔，他认为所有文化共同体都因具有独特价值而值得尊重。价值相对论使美国人对于各种价值采取"开放"态度，观察到不同文化对价值的观点不同，宽容对待群体中成员的各种观点，承认个性、自我，价值变得可有可无或因人而异。正是这种所谓的过于"开放"而缺少坚定的"善与恶""是与非"的价值判断，导致价值标准混乱，虚无主义盛行，使美国精神走向封闭。所以说，冷漠的开放"否认了解善与恶的可能性就压制了真正的开放"。

价值相对论只注重培养宽容其他文化，而不是凭借理性以自然为标准，判断衡量其他文化的优劣，实际的影响事与愿违。这有可能预示着三种危险：

第一，相对主义赋予所有价值以不证自明的至上性或者绝对性，否定了理性的自由，废除了理性的权威，既切断了一己之善和至善的统一，同时也切断了美国政治体制运作的源流；相对主义形成的离心力会瓦解人类群体之间的联系，因为人们之间没有共同的文化和价值，缺少共同的目标和公共善的观念。社会契约几乎不再可能，美国有可能会走向分裂。

第二，可能出现极权主义的危险。从德国希特勒这位"克里斯马型"（Charisma）或称为"魅力人格型"的国家领袖给德国和世界带来的灾难得出教训，人们如果失去用理性进行价值判断的能力，非理性就会填补空虚；另外，孤立的原子化的个人为了逃避自由，更容易盲从，或者被集体无意识的激情所迷惑，而最终走向奴役之路。

第三，不能发现本民族文化与其他文化孰优孰劣，没有审视理解就提前悬置和驱逐了其他文化，后果只能使自己的文化故步自封，走向封闭的死胡同。①人们不能放弃理性的价值判断，即使会有意见产生，但是这是通向真理的过程，对抗、冲突甚至矛盾都是真理表现的不同形式，不同价值应该被控制在合理范围之内，是有好处的。

价值相对主义是多元文化主义的表现，强调多元化的各种价值都值得尊重，宽容每个人不同的价值与追求，不做出"善"与"恶"、正确与错误的判断，只有适合与否。"当相对主义本身成为终极原则的时候，道德便降低为'文明人'相互交往的礼仪而不再是个人自律的要求以及崇高的人格标准。"②

现代美国人因此跌进"虚无主义的深渊"，把善赶进了私人领域里，更深层次的原因则是启蒙运动的"天赋人权"赋予了人自然权利，带来现代自由和现代人学的诞生；美国文化对于德国思想相对主义价值观的吸收和引进过于浅薄，并使其占据文化的主导地位。整个堕落的过程从马基雅维利、霍布斯开始到洛克、尼采，最后到海德格尔、韦伯、弗洛伊德等人，始终贯穿相对主义价值观，美国人一直申明真理的相对性、文化的多元性等似乎不证自明的理念，不再慕求古代人的真善美。在这个过程中，文化多元代替了一元，自我权利代替了德性，发展生产力代替了追求高尚的道德。

2. 高贵与庸俗：现代民主制的滥觞

现代民主制的原则是自由，德性在这里缺席。现代性最大的罪恶来自于人类可以不要德性的马基雅维里信条。③古代人为了德性，要限制和约束人的自然欲望，而现代人把毫无限制、放任直流的自由视为自然正当，人的基本欲望得到承认。这种改变起始于马基雅维利，被洛克发展，他们都希望一劳永逸地找到德性与自

① 艾伦·布卢姆. 美国精神的封闭（导言）[M]. 战旭英，译. 南京：译林出版社，2011：14-15.
② 唐士其. 自由社会的精神高度——读艾伦·布鲁姆《走向封闭的美国精神》[J]. 国际政治研究，2009，Vol. 46(1)：144-155.
③ Remembering the University of Chicago——Teachers，Scientists and Scholars[C]. Chicago：University of Chicago Press，1991：495.

由、个人与社会悖论的答案。他们真诚地相信利用制度设计，可以根本解决个人利益与公共利益之间的冲突问题①。洛克即提出了政府制度的设计方案就是这种现代民主制度滥觞的结果，实际上，德性在这里被置换成制度的要求，保证个人利益与公共利益的和谐相处。

托克维尔在《论美国民主》中，讨论民主体制下的美国人精神生活，认为"民主的最大风险是沦为舆论的奴仆。"民主社会需要每个人平等地参与公共事务，讨论、辩论、决策、投票、选举等，但不是所有人都时间和能力，因此公民之间依赖的共同意识是传统和舆论。舆论的制造者本身的德性与素质非常关键，否则，民主制度就会走向危险。

施特劳斯说现代民主政治建立在"低而坚实"的基础上，这种民主制度下的民众所具有的德性不同于古典博雅教育培养的德性，民众是"好人"，而这个"好"指为人随和、平易近人、容易合作、常识思维、不出格等，但是这种德性具有"危险的倾向"，就是从众心态，不能辨别修辞下所隐藏的意见。

每当许多人或聚到一起开会，或出庭庭审，或到剧场看戏，或在兵营训练，或参加其他任何公共活动是，他们（诡辩家和教育家）就利用这些场合大呼小叫，或指责或赞许一些正在做的事情或正在说的话，无论他们的指责还是赞许，无不言过其实……你想一个年轻的听众的心灵会在什么状态下呢？有什么私人给他的教导能站得住、不被众人的指责或赞许的洪流所卷走？他能不因此跟着大家说话，大家说好他也说好，大家说坏他说坏，甚至跟大家一样地行事，并进而成为他们那样的人吗？②

现代民主制不是普世贵族制，而是大众统治（mass rule），也可以说是大众文化统治。"大众文化是一种被没有任何智识和道德努力的并因此极为廉价的最平庸

---

① 唐士其. 自由社会的精神高度——读艾伦·布鲁姆《走向封闭的美国精神》[J]. 国际政治研究，2009，Vol. 46(1): 144-155.
② 柏拉图. 理想国[M]. 郭斌和，张竹明，译. 北京：商务印书馆，2012.

的能力所占据的文化。"德性与智慧是民主制的必备要件，但大众文化给于民主的是冷漠与平庸，更是选民公共精神的贫乏。民主需要公民具有这样的品质：献身、专注、广博和深邃。为了抵御这种低而坚实的民主，为了培养公民具有这样的品质，回归古典博雅教育就显得尤为重要。

实际上，自由民主本是来自基督教，基督教认为人是绝对的平等个人，但是，启蒙运动使人切断了与基督教的联系，孰不知基督教正是自由民主的道德屏障。所以，自由民主越深入发展，越破坏自己建立的根基，最后因没有上帝的教诲而陷入万劫不复之地。回归古典的博雅教育正是宗教意义上代替品。

6.3.2 大学的危机

由于美国科学技术发展，导致物质生活的丰富，但是精神文明衰落，传统价值观丧失殆尽，非理性主义和存在主义思潮流行，人们普遍厌恶科学技术对人的宰制，呼吁尊重人的尊严和价值、关注人性。随之，20 世纪 60 年代美国爆发了大规模的学生运动，主要抗议和反击主流文化对青年学生的控制，具体表现在关注公民权利、反性别偏见、反种族歧视、反对残障偏见。学生运动使教育及美国大学课程深陷"混乱状态"[①]，主要表现为：希望教育使人机会均等，来自不同民族、阶层、宗教信仰、种族、性别和特殊群体的人在接受教育时都能被公平对待；反对传统课程设置的非人性化，西方中心主义特点，希望课程设置应该吸纳多民族和世界主义的观点，引导学生理解不同民族或族群之间差别，希望更加自由地选课；发展学生个体多元性文化，培养他们适当技能与态度，反对各种类型的歧视和偏见。[②]学生运动的各种表现隐藏着深层的精神危机，主要有以下几点。

---

① Frederick Rudolph. Curriculum: A History of the American Undergraduate Course of Study since 1636. Jossey-Bass Publishers，1997.

② C. I. Bennett. Comprehensive Multicultural Education: Theory and Practice. Boston. 1990：11-13.

1. 大学不再追求真理

大学作为公民教育的基地，本应该追求完善的人性，把探求和传播永恒的真理和价值作为根本目的；本应该是一个国家弘扬理性的神殿，担当提升社会的精神高度的重要责任；大学本来是哲学保存和学习最好地方，应该为社会培养真正的精英。但是，因为自由主义、相对主义思潮，大学变成了专门职业和技术的培训机构，只是为了培养具有熟练技术的专家；大学放弃了研究真理，学习哲学，放弃了探讨德性，向社会提供价值论断。

伴随着求真追求的消失，大学也放弃人生的意义探讨。曾经的大学保持一种对于生活目的的追求，研究生活的目的是其指向。大学教育人成为虔诚、审慎和聪明的人，纯技术性的东西与大学无关。而今天，巨型大学大学丢失了这些目的。大学的大多数人，满足于上大学就为了求职的功利性需求，他们很少思考一些严肃性问题，也不对自身和整个社会进行反思。但是，功利需求对那些渴望理解最严肃问题的学生并无吸引力，他们更愿意思考人如何过一种美好（good）生活，质疑自己因循的道路，以及正义的自然等这些问题。他们虽然是少数人，但是最值得关注，他们可能在未来成为世界和国家的领导者、开拓者和革命者[①]。巨型大学对于他们来说是一个不尽人意的地方，这里不能解决他们内心的困惑，也不能满足他们灵魂的渴望，毕竟所有的专家加起来不能成就整全的生活。最优秀的学生去哪里才能找到提升自己的大学呢？

2. 大学不再追求卓越

灵魂，指传统中永恒不变的价值，博雅教育理念是欧洲大学的灵魂。一所大学在灵魂方面的卓越，主要在于以下几个要素[②]：大学要有对国家、学生和学术的责任感；教师要教书育人，对于学生教育要晓之以情，动之以理，既严格要求学

[①] 阿兰•布鲁姆. 博雅教育的危机[M]//阿兰•布鲁姆. 巨人与侏儒[M]. 应星，译. 北京：华夏出版社，2003：314.

[②] 哈瑞•刘易斯. 失去灵魂的卓越：哈佛是如何忘记教育宗旨的（第二版）[M]. 侯定凯，译. 上海：华东师范大学出版社，2012：译者序.

生，又喜爱关心学生；有体现整体性的通识教育课程；有能独立于社会的判断力；强调教育过程和方法。但是，现在的哈佛大学已经失去灵魂的卓越，

第一，大学道德教育功能变得虚弱。学校为了使学生家庭的投资得到回报，取悦学生，也为了自身在竞争大学排名的行列中居于前茅，用"糖果"哄骗学生，而不是在锻炼学生品行方面严格要求。①学校对学生的行为和道德修养只有纵容之爱，而缺少了理性"（tough love，with reason）。比如哈佛大学面对施莱费尔事件，采取相对主义态度，在学生面前丧失了道德权威性，影响学生对学校的信任和尊重，以及学生道德教育的效果。在消费文化的影响下，"大学的任务就是让学生开心，而不是给他们以良好的教育。这已经威胁到纪律制度育人的传统思想。"②

第二，大学课程越来越丰富多样，却分离无限；课程内容杂乱无序，没有明确的教育目标作为指导。③"自助餐"式的选修课堆积无序，整全的知识被切割分块，学科之间隔着崇山峻岭，学生的知识融会贯通成为奢望。一些重大的、深层次的人生问题，比如"我们是谁""我们应该如何处世"，学生却很难回答和解惑。④

多数人来学校是为了学习某种专长和技术，只有少数人来学校是为了满足追求意义的渴望。⑤学生进入学校，发现学习的课程眼花缭乱、各自为政、种类繁多。教师也是职业化的群体，他们认为专业研究是最重要的事业，他们对于自己专业领域与其他领域之间的相互关系缺少反思，甚至他们不同的专业研究假设也可能

---

① 哈瑞·刘易斯. 失去灵魂的卓越：哈佛是如何忘记教育宗旨的（第二版）[M]. 侯定凯，译. 上海：华东师范大学出版社，2012：5.
② 哈瑞·刘易斯. 失去灵魂的卓越：哈佛是如何忘记教育宗旨的（第二版）[M]. 侯定凯，译. 上海：华东师范大学出版社，2012：139.
③ 侯定凯. 一流大学与一流教育之间的距离——《失去灵魂的卓越》引出的思考[J]. 复旦教育论坛，2008，6(1)：34-37.
④ Derek Bok. Our Underachieving Colleges [M]. Princeton：Princeton University Press，2006：2.
⑤ 阿兰·布鲁姆. 博雅教育的危机[M]//阿兰·布鲁姆. 巨人与侏儒[M]. 应星，译. 北京：华夏出版社，2003：316.

相互矛盾。

第三，在日常的生活中，大学生只相信此时此地"新"的事物和时尚的东西，英雄从他们心中消失。这个致命的倾向源于当今不承认伟大与崇高的民主原则。他们难于找到英雄，也不愿寻找英雄，实际情况是，他们看似从英雄的崇拜中解脱，却落入流行偶像和明星的控制之中。当今时尚的娱乐和体育明星正在俘虏我们心灵，代替了古代的摩西、居鲁士等先知。大学生不断追求完美的肉体，而忘记渴望充盈的心灵（mind），甚至想象不出这样的东西，还质疑它曾经存在过。

大学本来是思想自由的岛屿，任何观点都可以找到听众和研究者，这得益于自由民主制度的慷慨大度，但是，现在社会却在规训大学，希望大学能够扮演更加正面的角色，更多地关注社会问题。比如健康、性、种族和战争等问题的研究，已经使得大学和学术界名利双收，但是名利的背后的大学成了社会的概念仓库，常常起着有害的作用。针对通识教育提出的任何改革都是难以想象的，它有可能使大学陷入与全美国的对立之中。"圈内人"的欲望和动机日益变得跟"圈外人"一模一样。①

我国学者杨叔子认为，萨默斯任校长时的哈佛大学，曾经为了追求一流的学术成就，重视研究生的教育，轻视本科生教育；重视市场名利，轻视教学；重视和迎合学生的需求，过度迁就学生的行为，忘记培养学生的道德人格。大学轻视和忘记的才是大学的灵魂②，才能实现人的卓越。

6.3.3 博雅教育的危机

博雅教育的危机是"现代性危机"和大学危机的一部分，其中学术专业化就是博雅教育危机的重要表现。专业化制造大批所谓的现代"学者"，依照尼采的说法，"学者"的出现是"知识民主化和平等化的结果：学术人发表了一份独立宣言，

---

① 艾伦·布卢姆. 美国精神的封闭[M]. 战旭英，译. 南京：译林出版社，2011：8.
② 杨叔子. 大学是否在追求失去灵魂的卓越[J]. 科学中国人，2008(10)：37-37.

宣告今后不再接受哲学的通知，从此以后知识不再有等级秩序，不再有纲目之别，一切知识都平等了，没有什么重要不重要之分，而只有时尚的翻新，"①现代人成为进入"第二层洞穴"的人。

1. 学术专业化快速发展

博雅教育的危机问题源于学术专业化的快速发展。大学的技术化与专业化挑战必须要求高标准和高效率，这些要求在某种程度上与博雅教育的要求相反。专业化具有可行性和必要性，不仅满足了学生对各种专业的需要；更重要的使各专业进入平行课程计划，相互之间具有平等的地位。政治领域的宽容原则在学术领域同样适用，大学不得不废除了统一和等级的东西，每个领域都值得尊重，申明自己的权利。哲学和神学被从科学之王的位置上罢黜，与其他学科处于相同等级。神学为了适应自然科学的整体环境，遭到贬黜而成为其他科学的虚弱的模仿者，学生学习一些实验心理学、经验性社会科学、历史或语言学，甚至经验性自然科学等知识，目的为了找到一份职业。②哲学的地位也是同命相连。

2. 人文学科被自然科学所绑架

自然科学在 20 世纪前后，从哲学的怀抱中解脱出来，成为一种社会进步的强大的精神力量，代替了哲学与神学。科学研究满足经济和政治的功力性需要，具有实用性。科学的结论与日常生活距离遥远，"科学等同于理性，反科学等于反理性。"③科学甚至成为一标准，其他学科必须以此为标准为自己的存在而辩护。科学告诉我们的世界是祛魅的世界，很少涉及世界对于我们的意义。人文学科代替神学告诉我们世界的意义，但是遭到了自然科学的扭曲，为了保持一种权威与信心，削足适履使自己更像自然科学。人文学科"对于人的任何人文解释始终受到心理学相反解释的威胁，这种心理学是根基于现代理论科学的；人文学科没有独

---

① 列奥·施特劳斯. 自然权利与历史[M]. 彭刚，译. 北京：生活·读书·新知三联书店，2004：前言，27.
② 罗伯特·M.哈钦斯. 美国高等教育[M]. 汪利兵，译. 杭州：浙江教育出版社，2001：59-60.
③ 高伟. 生存论教育哲学[M]. 北京：教育科学出版社，2006：6.

立的地位。"①

博雅教育危机的真正根源是人文学科与自然科学之间鸿沟难于跨越，两者互不关心，一个科学家不要人文学科的修养，一个人文学者也不需要成为科学家的训练。就如斯诺在其著作《两种文化》中提到的"一极是文学知识分子，另一极是科学家，特别是最有代表性的物理学家。"②二者具有不同解决问题的思维方式和方法，在感情方面也没有共同的基础，彼此之间互不理解，有时还相互讨厌憎恶，相互歪曲对方的形象。

人文学科在大学地位是"久已沉没的大西岛，"我重新回到那里，力求"找回别人都已经放弃的自我。""人文学科就像古老的巴黎大跳蚤市场，眼力好的人方可以从一堆破烂中找出被人丢弃的宝贝……人文学科是难民营，被友善的当局剥夺了工作赶出家园的天才们，在那儿游荡……"③

6.3.4 博雅教育是解决现代性危机的良药

站在时代的最中央，现代性浪潮几乎将我们淹没，我们无法立足、欣赏，来不及休整，无助地被一种巨大无比的力量裹挟而去。保守主义者认为西方社会的危机也是西方文化和教育的危机，这种危机源于启蒙运动。启蒙运动破坏人的自然，解放了人，人的权利受到重视，权利优先于善，最终导致现代民主的平庸化和平均化。大学的博雅教育应该是精英教育，培养适应贵族政治的少量绅士或领导人。

1. 博雅教育的内涵

博雅教育是在文化中并且朝向文化的教育④，教育要营造文化的氛围，以文化

---

① 阿兰•布鲁姆. 博雅教育的危机[M] //阿兰•布鲁姆. 巨人与侏儒[M]. 应星，译. 北京：华夏出版社，2003：318.
② C.P 斯诺. 两种文化[M]. 纪树立，译. 北京：生活•读书•新知三联书店，1994：4.
③ 索尔•贝娄. 美国精神的封闭（序）[M] //艾伦•布卢姆. 美国精神的封闭[M]. 战旭英，译. 南京：译林出版社，2011：8.
④ 列奥•施特劳斯. 什么是博雅教育[M]. 一行，译. //刘小枫，陈少明. 古典传统与博雅教育[M]. 北京：华夏出版社，2005：4-5.

为中心和目标，培养学生成为一个有文化的人。"文化"（culture）的本意是农耕，意思是对土壤的照料，对农作物的耕种，并依照土壤和农作物的本性进行提升。"文化"的对象是人，着重于对人心灵本性的呵护、培育与提升。文化这里特指经典的西方文化，而不是今天已经变成复数的文化，比如西方文化、郊区文化、少年帮派文化甚至疯人院文化。博雅教育是致力于文化的教育，文化不是大众文化，而是精英文化和传统文化，因为大众文化需要精英文化的引领和指导。因为，西方民主社会表面上是大众统治，实际上仍然是精英掌握权力，大众统治只是民主的外壳。不过，大众文化具有很强的腐蚀性。博雅教育是大众文化和现代大学专业教育的解毒剂。①它能够使少数学生具有一层保护铠甲，能够抵御大众文化的腐蚀性，一定程度上解决专业教育弊端：生产"没有精神或远见的专家和没有心肝的纵欲者"②。

艾伦·布鲁姆认为博雅教育是让人能够意识到"认识你自己"这样严肃的生活问题，促使学生去理解和思考各种回答，自觉抵制那些唾手可得和受人吹捧的答案，通过经典阅读，让学生能够独立思考，考虑其他选择而不盲从的教育③。博雅教育还关注人类最基本和永恒的问题，比如国家是什么？什么是美好生活？以及个人对于国家责任是什么？教给学生信念的标准和深度，追求人性的卓越和优异，关涉人类的美好生活，让人从庸俗中获得解放。

博雅教育是灵魂的教育。人生来是自由的，也必须在社会中生活，具有社会性。人若能适当地运用自由，需要纪律的约束。社会有许多人组成，个人的自由不能危害其他人的利益与自由，在社会中生活，人必然需要德性。施特劳斯认为

---

① 周雁翎，周志刚. 隐匿的对话：通识教育与博雅教育的思想论争[J]. 北京大学教育评论，2011，02(6)：80-94.

② 列奥·施特劳斯. 什么是博雅教育[M]. 一行，译. //刘小枫，陈少明. 古典传统与博雅教育[M]. 北京：华夏出版社，2005：4.

③ A. Bloom. The The Closing of the American Mind: How Higher Education Has Failed Democracy and Impoverished the Souls of Today's Students[M]. New York：Simon & Schuster, 1987：21.

博雅教育不是仅仅把人培养成匠人、技术人士、专家的知识教育，教育是触及人灵魂的教育[①]，不追逐收入与公众效应，是以人的教养和德性为目标的教育。正像哈钦斯所认为的那样，教育培养人良好的道德的和理智的习惯，才能最充分地发展人的本性。

博雅教育是一架阶梯，凭借它，我们可以努力从大众民主上升到原初意义的民主。博雅教育是在民主的大众社会中建立一种高贵气质的必要努力。博雅教育呼唤着大众民主中那些有耳能听的成员，向他们呼唤人的卓越。[②]人的卓越与优异是指人与动物、植物不同特质，是人之为人的本性，德性是人本性的充分发展的因素之一。

2. 博雅教育是精英教育

施特劳斯是新保守主义学派，认为大学应该回归古典博雅教育。他们认为现代通识教育应该效仿古希腊城邦的"自由人的教育"。自由人在古希腊是与奴隶相对立的政治阶级，拥有闲暇和自由；奴隶不能决定自己的生命，也没有自己的时间，他们是归属于主人的物品。

现代民主使所有人都成为"自由人"，民主政治得以运行要求所有公民都该具有一定民主素养。但是，人的天赋才智为自然所给予，不能强求，我们不能否认少数人确实智力优异超群，多数人的确非常平庸，这些少数人在美国被称为"自然贵族"（natural aristocracy）[③]。人与人之间存在的"自然"差异与等级，指道德与理性之上的差异，而非金钱、权力、血缘、种族之上的差异。而且，多数人"因为属于他们自己的时间少得可怜，他们必须为了谋生而工作，又为了明天能继续

---

① 列奥·施特劳斯. 博雅教育与责任[M]. 肖涧, 译//刘小枫, 陈少明. 古典传统与博雅教育[M]. 北京：华夏出版社, 2005：24.
② 列奥·施特劳斯. 什么是博雅教育[M]. 一行, 译. //刘小枫, 陈少明. 古典传统与博雅教育[M]. 北京：华夏出版社, 2005：4-5.
③ 法里德·扎卡里亚. 为人文教育辩护[M]. 梁栋, 译. 北京：新星出版社出版, 2015：74.

工作而必须休息。"①

　　施特劳斯积极倡导精英教育，认为博雅教育的对象是小部分贤人（gentleman）或自然贵族，他们具有一定数量的财富，不用太多的时间获取财富，还能够雇佣人管理财富，最重要的是他们能凭借才能而有所成就、出人头地。所以，施特劳斯说："我们绝不能期望博雅教育会被普遍施行，它总是小部分人的义务和特权。"②布鲁姆同样做出这样的判断：不管人们情愿与否，大学某种程度上应该是贵族制的，博雅教育属于最好大学和学院里最优秀的人，"他们是以最可能的优秀素质为前提的教育对象，……他们是民主版本的贵族"③

　　所以，大学本质上应倡导精英教育，真正使命不是传播各种专业知识。布鲁姆认为，大学应该设立少数人才能达到的成就标准，培养那些智慧超群的人，而不是降低标准适应多数。因为，世上接受大学教育的人中，只有极少数人具有孜孜不倦追求独立的精神，适合接受博雅教育；只有少数人才是以"最崇高的方式发挥人类能力的典范，他们将主要因其所是而非因其所为泽被我们所有的人。"④假若一个社会没有了他们，或者不尊重他们，无论它多么富足，物质如何丰富，技术如何先进，情感上如何细腻，都没有资格被妄称文明之邦。

　　3. 博雅教育要研读经典

　　施特劳斯学派和哈钦斯的博雅教育思想有一脉相承之处，哈钦斯先于施特劳斯批判教育中的反智主义、相对主义、科学主义，主张博雅教育和名著计划。施特劳斯沿着哈钦斯开拓的道路，建议美国大学生阅读经典。严肃的经典书籍的缺失，会使我们在生活中不能辨别精华与糟粕，分不清宣传与真理，忽视独立思考；

① 列奥·施特劳斯. 古今自由主义[M]. 马志娟，译. 南京：江苏人民出版社，2010：10.
② 列奥·施特劳斯. 博雅教育与责任[M]. 肖涧，译//刘小枫，陈少明. 古典传统与博雅教育[M]. 北京：华夏出版社，2005：24.
③ 阿兰·布鲁姆. 博雅教育的危机[M]//阿兰·布鲁姆. 巨人与侏儒[M]. 应星，译. 北京：华夏出版社，2003：315.
④ A. Bloom. The The Closing of the American Mind: How Higher Education Has Failed Democracy and Impoverished the Souls of Today's Students[M]. New York：Simon & Schuster，1987：21.

我们正在走向平庸，淹没于大众的海量信息中，听命于宣传式的口号和同质化的叫嚣。现实生活与高雅文化之间是有距离的，这种严肃的文化是大学生需要的，它能让他们发现什么是最重要，将他们膨胀的欲望中拯救，而不致沉溺其中。

首先，阅读经典能让我们能够认识人类面临哪些重大问题，以及解决这些问题的理论模式；更重要的是能让我们在共有的体验和思想的基础上，建立这些思想之间的友好联系。然后与一样有思想的朋友交流，探讨理想与追求，享受沉思的幸福，重视柏拉图对话的底蕴；朋友之间对共同问题的思考，共同善的探讨使他们紧密地联系在一起，彼此相互依赖，心灵决然相通，这才是朋友之间唯一真正的友情，唯一真实的共同利益，柏拉图如是说。与古人交流，与古人成为一个共同体，这才是真正的人类共同体，是寻求真理者、潜在智者的共同体，是全体求知者的共同体，他们是真正的朋友。因此，我们的时代比任何时候都更需要那些伟大的古典心智，都需要阅读古典著作，理解其微言大义，使人走出现代的"第二层洞穴"。

其次，阅读经典具有重要的政治功能。美国实用主义哲学和大众文化腐蚀，传统的西方文化的影响严重削弱，逐渐丧失其世袭的领地。经典著的权威性遭到解构，尊严已经受到威胁；人们对经典名著已经失去了"温情和敬意"。现代人的心灵已经难于抵御电影、广告、电视、娱乐等"精神食粮"的侵袭，人们已经生活在"媒体的洞穴"[①] 中。现代一些思想思潮，如女性主义、后殖民主义、后现代主义等都向历史经典发起批判，认为它们具有西方中心主义、男子主义等倾向。这些大众文化腐化的影响力，会造就马克斯·韦伯所说"无理想或缺乏愿景的专家；无心的酒肉之徒"。美国民主号称"大众统治"，可大众根本不能统治，实际上是得到大众支持的少数精英在统治。为了抵御这种腐蚀和庸俗，博雅教育只有培养有德性知识的贵族，让民主回归初心，阅读经典的政治功能才能得以实现。

---

① 沈文钦. 博雅教育与美好生活——施特劳斯学派博雅教育观述评[J]. 北京大学教育评论，2006，04（1）：33-45.

最后，布鲁姆认为大学生只有学会阅读经典，才可以提升自己精神高度，形成真正的品味；才能发现庸常观念下所遮蔽的东西，体验到日常经验无法得到的经验；才能训练心灵的眼睛更加敏锐，看到各种选择具有替代性，也看到人与人之间之间差别，行为与动机之间的联系；更能对社会具有批判性的意识，不安于现状，最终"忘却自己偶然的生活，参与到某种永恒的存在之中。"[①]

相对于经典著来说，现代著作理论翻新、追逐时尚、囿于专业之内，缺乏整对关注最为重大的基本问题和事物的整全性。博雅教育的最好内容就是经典名著，经典名著主要探讨人类最为重大的问题，如什么是真理？什么是善？什么是美？等问题，可以使人们从根本上整体把握问题，解决现代的困惑。

4. 博雅教育强调思考和对话

博雅教育强调哲学化思考。德性和智慧是普世贵族制民主的基本要素。柏拉图认为教育在最高意义上是哲学。[②]哲学爱智慧，是智慧之学，研究关于最重要、最整全、最高事物的知识学问。哲学王是最幸福的人，拥有人类心灵中一切的优异。但是，能够成为哲学王的人毕竟是少数，大多数人都只具有平凡的心智与不足的天赋。大多数凡夫俗子，虽然不可以成为哲人，但是可以热爱哲学，尝试哲学化思考，努力追求自身的卓越和高贵的气质。若想能够哲学化思考，我们应该倾听最伟大哲人之间的交流，聆听最伟大心灵的教诲。阅读过去的重要经典（old books）就是聆听伟大心灵的对话。

教师是引领我们与伟大心灵对话的导师，责任非常重大，他们像培育学生心灵的农夫，所以教师必须首先自己重新做学生，向最伟大的心灵学习。最伟大的心灵来自于每个时代的最伟大的人，比如苏格拉底、柏拉图等，他们的著作（great books）是研读和学习的文本，在研读的过程中教师与学生，学生与学生以最伟大

---

① A. Bloom. The The Closing of the American Mind: How Higher Education Has Failed Democracy and Impoverished the Souls of Today's Students[M]. New York: Simon & Schuster, 1987: 80.

② 柏拉图. 理想国[M]. 郭斌和，张竹明，译. 北京：商务印书馆，2009：322.

的心灵为媒介，相互对话交流。

伟大经典著能够解决现代大众文化理性和精神颓废问题，是伟大哲人心灵的教诲。古代哲人写作有两种方式①，一是浅显式写作（exoteric teaching），写给一般人阅读；二是隐晦式写作（esoteric teaching），写给具有一定天赋和资质的人阅读。这样的写作方式，可以保护哲人免受到政治迫害。另外，哲人担心政治哲学化问题出现，使真理动摇社会存在着的习俗与价值，甚至破坏整个社会的政治秩序。所以，理解和阅读经典，第一，学会"字里行间式"（read between the lines）的阅读技巧。见微知著，方能听到弦外之音，悟出言中之"真意"（true teaching）②。第二，利用"哲学式"读法，也叫作"历史的"③读法，即阅读的目标应该悬置我们的判断，"像作者理解自己一样理解他"④，研读他的作品应该是从他那里学习，而不仅仅是了解了一堆的信息。

阅读经典书籍要求学生和教师都怀着敬畏之心、谦虚的态度和勇敢的精神，与最伟大的心灵持续的交流。首先，我们必须谦卑，心存敬畏，要知道自己不能胜任作为伟大哲人观点的裁判，成为指挥员和训导员，而应该保持一种温良的态度，专注去倾听和理解，做一个不耻下问的学生。"阅读经典时，如果我们发现它们中间的思想很愚蠢的时候，我们第一个念头应该是也许是我们很愚蠢，没能够明白这些经典中的深刻思想。"⑤

---

① 施特劳斯在《迫害与写作艺术》（《Persecution and the Art of Writing》）中论述了隐晦式写作，认为古代哲人为了保护自己免受迫害，将真理隐藏在字里行间，就像我国古典名著《红楼梦》的"甄士隐"和"贾雨村"，作者将真实隐藏，保存假话谎语。但是，海德格尔认为，真理在古希腊语中是 aletheia，意思是揭开遮蔽，放在光明处，让人们看见；而施特劳斯作为海德格尔的高徒，确实是在实践"吾爱吾师，吾更爱真理"。另外，施特劳斯的著作《自然权利与历史》（《Natural Right and History》）也是在与海德格尔的《存在与时间》（《Being and Time：A Translation of Sein and Zeit》）遥相呼应。

② Strauss L. Persecution and the Art of Writing[M]. West. port, Conn: Greenwood Press, 1952: 18.

③ 黄继勇. 列奥·施特劳斯的古典阅读之道[J]. 湖南师范大学教育科学学报, 2016（1）: 15-18.

④ Leo Strauss. How to Study Medieval Philosophy[J]. Interpretation, 1996（3）: 337, 329.

⑤ 白彤东. 从美国通识教育反思中国大学教育改革[J]. 高教探索, 2010（6）: 80-82.

　　而且，我们还要勇敢，因为每次交流就像一次次勇敢的心灵冒险。勇敢意味着，学生和教师都必须面对和冲破破智识者及其敌人的名利场，这个喧嚣的名利场，它浮躁廉价、懒于思考、浮在表层。勇敢还意味着"决心将所接受的观点都仅仅当成意见，或者把普通意见当成至少与最陌生和最不流行的意见一样可能出错的极端意见。"[①]心存敬意和勇敢质疑似乎矛盾的心态，却决定了一个人精神的提升。博雅教育是将人从庸俗中解放出来，而庸俗是 apeirokalia，意思是缺乏对美好事物的经历。博雅教育会给予我们惊喜，让我们能够有机会经历美好事物。

---

① 列奥·施特劳斯. 什么是博雅教育[M]. 一行，译. //刘小枫，陈少明. 古典传统与博雅教育[M]. 北京：华夏出版社，2005：2-8.

第7章 美国当代大学新博雅教育的世界主义

"为什么君主对他们的臣民毫无怜悯之心？因为他们确信自己永远不会变成老百姓。为什么富人对穷人如此冷酷？因为他们相信自己不会变穷。为什么贵族对农民如此鄙视？因为他不会变成农民。"

"要让他理解：那些不幸者的命运很可能也是他自己的命运，他们所有的不幸都在他脚下等待着喷涌而出，无数不可预见、不可避免的事件随时都可能把他变成他们。教导他不要认为出身、健康或富有是牢靠不变的。让他看到命运的各种变数。"

——卢梭《爱弥儿》

7.1 全球化时代与世界主义

进入 21 世纪，世界处于全球化时代。全球化是西方文明的全球化，是英语语言主流文化对于本土文化的宰制，在经济方面表现在发达国家对发展中国家剥削与压制。在全球化生过程中，一方面世界各国的人与人、物与物、资金与货币、信息与技术都迅速流动；另一方面，一些全球性问题或疾病在各地横行无阻，如 SARS 病毒、恐怖主义、跨国犯罪等。全球化是机遇与风险并存的，教育事业和大学因此面临着诸多挑战与问题。教育方面的表现就是教育的主体性危机，教育本土化遭遇西方文化霸权的侵袭。

7.1.1　世界的全球化

全球化是解民族化和解疆域化[①]。解民族化是指民族国家的终结，世界社会的到来，即第二次现代的来临，对第一次现代的终结，而第一次现代的前提就是"国家—政治对空间的固定和统治"，存在于民族国家的思想、行为及生活方式传统崩溃，世界社会使民族国家的正统性权力、社会行动、生活空间等被打破。解疆域化，指世界经济、政治和生活方式可以跨越民族国家的疆界，而且解构这些民族国家凝聚人心的文化。世界因此突然变得紧密和触手可及，远方并不遥远，陌生也变得熟悉，但是人的思想却没有为此做好准备。

社会学家吉登斯（Anthony Giddens）认为全球化是现代性的后果之一。在形式上，全球化成为一种生活方式，表现为世界的趋同化和世界各地的相互关联（interconnectedness）加强和提升；本质上即是资本在世界的耀武扬威和中心对边陲的统治。他用"脱域"机制解释全球化的表现，即超越时空的限制，凭借货币与专家系统的信任而产生大规模、高效率的商业贸易。

全球化时代，人类面临着许多共同的问题。全球化时代的到来，地球村出现，人与人距离更近，也面临更多需要解决的共同问题。"在全球化的条件下，杜威的哲学似乎的确过时了。杜威要人们不要忘记一个不可回避的事实：一个群体的任何真实的利益都由所有群体共享；一个群体处于不利时，全体都受伤害。社会各群体实际上是密切相互关联的，对一个群体发生的事最终要影响到所有人的福利。虽然不是所有的人都能理解这一点，但它却是现代条件下的一个基本事实。"[②]

7.1.2　多元文化论

世界是多元化的，多民族、多种文明在同一时空并存，这种背景要求每个国

---

① 乌尔里希·贝克. 全球化危机[M]. 孙治本，译. 台北：台湾商务印书馆，1999：90-91.
② 张汝伦. 政治世界的思想者[M]. 上海：复旦大学出版社，2009：84.

家的公民通过对话相互理解、相互合作解决共同的问题。美国，由于是移民国家，国内同样也存在多元化特点，人口来源高度多样化，不同地域、民族和文化背景的人都聚集在美国这个大熔炉中。依据人类学中文化相对主义理论，很多人都具有不同的文化背景，每种文化都具有自己本身的特色，不同文化和生活方式塑造了每个人不同的思想感情等，所以，人们应该求同存异，尊重不同文化之间的差异，谋求如何和谐相处。为了适应这种特点，政治上，美国实行联邦制，缺乏中央政府的限制，地方主义占主导地位。

教育也不得不面对时代的特点，高等教育国际化，大学生源愈加多样化，文化更加多元化，不同民族和国家的学生可能会在一个教室上课。传统的大学课程模式已经不合时宜，开发新的学校课程需要多元文化教育哲学作出指导和阐释。在这方面，美国学者盖伊（Genera Gay）说："多元文化教育哲学认为民族文化多样性和文化多元主义，应该是美国教育的一个重要组成部分和不间断的特征。学校应该教学生真正地将文化和民族多样性作为美国社会标准和有价值的东西而加以接受。"[1]克拉克·科尔的"多元巨型大学"概念及现实即是多元文化教育理念的体现。多元文化的教育理念应该成为大学通识教育的一部分。

但是总有少数人（要素主义者）质疑美国是否存在一种理念。他们钟情于特权、国家资助，喜欢欧洲的学术、艺术和文化，反感国内多元主义及大学的粗俗与平庸，而这种平庸与粗俗更来自于"随心所欲、广泛而激进的参与式民主，以及民粹主义和无处不在的个人主义。"[2]

玛莎·努斯鲍姆（Martha C. Nussbaum，1947—）正是基于世界全球化的时代大背景与世界和美国多元文化的实际情况，利用古典学学养，向斯多葛派寻找资源，认为博雅教育是培养整全的人，他们眼界开阔，不能只是囿于"个人、家庭、

---

① Carl A.Grand. Multicultural Education：Commitments，Issues and Applications[M]. the Association for Supervision and Curriculum Development，1997：95-96 .

② 谢尔顿·罗斯布莱特. 现代大学及其图新——纽曼遗产在英国和美国的命运[M]. 别敦荣，译. 北京：北京大学出版社，2013：34.

小集团，根本看不见或看见了却不去关心社会、国家乃至整个世界的公正与和谐这样的大问题。"①博雅教育的目标是世界公民，世界公民的培养要培养人基本的人性，人性不仅包括理性，还有情感和叙事现象力。世界公民是抛弃社会的习俗，而留存自己自然本性，人出于自然，逃离自然，最后以一种超越的状态，重回自然状态，但是这种自然状态更像卢梭的自然状态，人与人之间相互友好，互相理解彼此的差异，而能够和而不同地和谐相处。

7.2　玛莎·努斯鲍姆与博雅教育

　　玛莎·努斯鲍姆毕业于哈佛大学，是美国著名的政治哲学家、法学家和教育家，也是国际上极具影响力的伟大思想家，现为芝加哥大学法学院教授。作为美国当代"新斯多葛学派"（New Stoicism）代表人物，她先后在哈佛大学、布朗大学、牛津大学和芝加哥大学任教，并且获得世界上美洲、亚洲和欧洲 37 所大学的荣誉学位。②努斯鲍姆著作颇丰③，有《善的脆弱性》（《The Fragility of Goodness：Luck and Ethics in Greek Tragedy and Philosophy》）（1986）、《爱的知识》（《Love's knowledge：Essays on Philosophy and Literature》）（1990）、《诗性正义》（《Poetic Justice：The Literary Imagination and Public Life》）（1996）、《培育人性：从古典学角度为通识教育改革辩护》（《Cultivating Humanity：Classical Defense of Reform in Liberal Education》）（1997）、《告别功利：人文教育忧思录》（《Not for Profit：Why

---

① 阮炜. 做整全的人——《培养人性》导读[M]. //玛莎·纳斯鲍姆. 培养人性——从古典学角度为通识教育改革辩护. 李艳，译. 上海：上海三联书店，2013：5.

② MATHESON，M. The Tanner Lectures on Human Values[M]. Cambridge：Cambridge University Press，2011：414.

③ The University of Chicago：Martha C. Nussbaum [EB/OL].The University of Chicago >>The Law School>>The Faculty：Martha C. Nussbaum.(2016-03-16) [2016-06-16]. http：//www. Law. uchicago.edu/faculty/nussbaum/

Democracy Needs the Humanities》）（2010）、《政治情感》（《Political Emotions：Why Love Matters for Justice?》）（2013）。

国内外关于努斯鲍姆哲学、政治哲学、伦理学、法学思想的研究很多，但对其博雅教育的研究主要局限于译著，科研论文还相对较少，有姜元涛的《玛莎·纳斯鲍姆的"世界公民"教育思想探究》[①]、杨豹的《论努斯鲍姆思想中的世界主义》[②]、余创豪的《在全球化的脉络下探讨 Nussbaum 的世界主义和世界公民意识》[③]。前一篇仅局限于对世界公民教育思想的述评，有以下几点不足：第一，没有以努斯鲍姆思想的整体框架为参照背景，比如伦理学思想中的诗性正义、能力正义等，而是孤立地介绍世界公民教育思想；第二，没有深度挖掘努斯鲍姆世界公民教育的哲学基础，使研究略显浅层化；第三，没有将世界公民教育思想纳入古今博雅教育思想范围之内。后两篇主要内容是解释世界主义的理论来源和特点、世界主义何以可能及其能力路径思想，而没有涉及博雅教育领域。但是，努斯鲍姆的博雅教育（liberal education）思想具有重要理论价值，值得深度研究。她从其哲学理论出发形成了自己创新性的观点，既超越和发展了古典博雅教育思想，也与美国"文化战争"[④]（Culture War）中的保守派博雅教育观点针锋相对。

古典博雅教育肇始于古希腊苏格拉底、柏拉图，而亚里士多德则是古典博雅教育思想之集大成者。[⑤]亚里士多德以古典政治哲学依据认为博雅教育是为了追求个人之善和城邦至善，面向城邦少数自由人（城邦公民），培养公民的理性、德性与智慧，使其能参与公共事务管理和操持闲暇时间，非实用的公民教育。随着历

---

① 姜元涛. 玛莎·纳斯鲍姆的"世界公民"教育思想探究[J]. 教育科学，2012，28(03)：93-96.

② 杨豹. 论努斯鲍姆思想中的世界主义[J]. 社会科学，2012(12)：128-134.

③ 余创豪. 在全球化的脉络下探讨 Nussbaum 的世界主义和世界公民意识[J]. 开放时代，2006(03)：58-67.

④ HUNTER J D. Culture Wars: The Struggle to Define America[M].New York: Basic Books, 1991：2.

⑤ 吴妍. 民主与大学的契合——西方博雅教育的政治哲学解读[M]. 重庆：重庆大学出版社，2014：28-39.

史演进，博雅教育也在变化发展，但是在公民教育意义上，一直都局限于本城邦和本民族国家之内，具有民族主义和本土化特点。

20 世纪后半叶形成了保守派和自由派两种代表性的博雅教育思想。保守派阵营是以列奥·施特劳斯（Leo Strauss，1899—1973）和艾伦·布鲁姆（Allan Bloom，1930—1992）为代表组成的施特劳斯学派，他们针对美国现代社会民主的平庸化、低劣化和平均化等现代性危机，认为博雅教育应该是"在文化中朝向文化的"[①] 精英式教育：教育对象是少数有天赋和智力优异的人，教育内容主要是西方古典文化；其目的使大学生在文化中熏陶中与古人对话，推崇德性，追求理性，最终成为有教养的贵族、绅士或领袖。

努斯鲍姆是自由派博雅教育的主要代表，她以深厚的古典学素养，基于对美国及世界现代化发展中的问题，思考博雅教育的新的思路，赋予博雅教育新的意蕴和生命。特别是在培养什么样的公民以及如何培养公民方面，她反对施特劳斯学派在博雅教育上所表现出的价值一元论、西方中心论和精英主义的论调，认为布鲁姆的《美国精神的封闭》（《The Closing of the American Mind》）[②]给美国及美国人民制造了"非民主的前景"（原文为大写字母 UNDEMOCRATIC VISTAS）[③]。由此可见，两派观点有着根本的区别。

她在博雅教育方面新的教育理念与价值，像初升的太阳光芒四射，咄咄逼人，被拥戴它的人以彻底决绝的勇气和青春的朝气去代替旧思想。努斯鲍姆的新博雅教育为现代博雅教育理论建构提供了思想资源，也为世界各地博雅教育的实践提供了借鉴意义。那么，努斯鲍姆的"新"博雅教育究竟"新"在何处？新式博雅教育又如何实践呢？

---

① STRAUSS L. What Is Liberal Education?.[J]. Academic Questions, 2003, 17(1):31-32.
② BLOOM A.D. The closing of the American mind[M]. New York：Simon & Schuster, Inc，1987.
③ NUSSBAUM M.C. Undemocratic Vistas[J]. Prometheus，1988，6(2)：382-400.

7.3 新博雅教育是世界公民教育

博雅教育的精神之一是公民教育，公民教育属于政治哲学的范畴。玛莎·努斯鲍姆的博雅教育思想同样也是建立在其政治哲学理论之上，本质上也是一种公民教育，目的是为了追求人类欣欣向荣（flourishing）^①的生活。但她的博雅教育思想具有全球视野与世界主义的态度，认为博雅教育的目的在于培养世界公民。在这一方面，对《自由社会中的通识教育》（《General Education in A Free Society》）一书的公民教育观点也是一种超越。这种超越、创新和发展究竟是什么，即世界公民的哲学基础、具体内涵是什么？

7.3.1 世界公民的哲学基础

培养世界公民（古希腊时称为 kosmopolites，英语翻译为 world citizen）是努斯鲍姆新博雅教育的培养目标，也是其整个教育理论的核心。她的世界公民教育理念源始于犬儒主义学派鼻祖第欧根尼（Diogenes），斯多葛派的世界主义哲学观，但又超越他们，显示出时代的特点。每当有人问第欧根尼来自哪里时，他总会说：“我是世界公民。”^②他不用自己的出身和所属群体定义自己，虽然这两点在古希腊传统看来至关重要，甚至关系到自己的政治身份。他是在用自己的普遍性和自然（本性）代替特殊性和习俗，这一观念延续到斯多葛派。斯多葛派生活在世界帝国开始兴起，城邦国家已逐渐衰落的时代。他们从自然与习俗之间的关系出发，认为世界主义与人人平等都是与自然及自然法相互联系的，“因为我们个人的本性都是普遍本性的一部分，因此，主要的善就是以一种顺从自然的方式生活，

---

① DENICOLA D R. Learning to flourish: a philosophical exploration of liberal education[M]. New York: Continuum International Publishing Group, 2012：36.

② M.努斯鲍姆. 培养人性——从古典学角度为通识教育改革辩护[M]. 李艳，译. 上海：上海三联书店，2013：38.

这意思就是顺从一个人自己的本性和顺从普遍的本性"①自然法是理性的象征,宇宙的运行法则是理性的,人作为宇宙的一部分,具有理性。人按照本性生活就是按照理性生活,也是遵从德性生活。遵从德性的生活也是自然的生活。习俗于习惯千变万化,而自然具有奠基性,也是最高法则,它合乎人的自然本性。

在古希腊、古罗马时代,哲学家对于世界公民的认识起源于自然与习俗观念的分离。自然(physis)与习俗(nomos)的关系问题,是西方哲学史上一个源头问题,其争论最先发生于公元前 5 世纪古希腊智者之间。自然与习俗,其希腊文形式分别是 φυσις 和 νομος,拉丁文音译成英语为 physis 和 nomos。②自然的意思是自然本性,有两种含义:一是指人为秩序内在的普遍原则,二是指人的本性;习俗指的是人为秩序,如风俗习惯和法律。自然具有以下特点: 是像自然规律一样具有普遍性;二是在人们制定生活秩序原则中具有优先性和至高无上性;三是含混性,具体情境应用中有不确定意义,从好的方面指普遍原则、人的本性、至高无上性。习俗相应也有以下特点:一是特殊性和多样性;二是对于普遍原则的依附性;三是与自然相应的含混性,在自然是好方面时指与普遍原则相符的秩序,在自然是坏的方面时,它指弥补人性缺陷的人为秩序。

公元前 5 世纪以前,古希腊自然哲学家灿若群星,他们思索日月星辰,发现自然,亚里士多德把这些自然哲学家称为谈论自然的人,以区别那些谈论诸神的人。③他们从变换中寻求不变的东西,尽力寻找世界的始基。这时候自然主要指物理世界。比如米利都学派(Milesian School)的泰勒斯(Thales)通过观察到的事实运用理性解释自然世界,认为"水是万物的本源"④。这种解释世界的方式代替了原来用古希腊神话解释世界的方式,解放人的主体性。这时候,自然与习俗尚

---

① 北京大学哲学系外国哲学史教研室. 古希腊罗马哲学[M]. 北京:生活·读书·新知三联书店, 1961:375.

② 汪子嵩. 希腊哲学史(第二卷)[M]. 北京:人民出版社, 1993:202-203.

③ 彭慧东. 自然与约定之争——古希腊智者思想研究[J]. 研究生法学, 2012(2):1-9.

④ 叶秀山. 西方哲学史(第二卷)[M]. 南京:江苏人民出版社, 2005:89.

未分离，自然的认识只局限于物理世界，在社会领域尚未被发现，人们认为习俗因不同地域，不同民族和不同城邦而不同，这是自然正当的（nature right）、可以理解的。①但是到了公元前 5 世纪末，由于人类学的发展，自然与习俗发生分离。人们发现自然界的规律是不变的，人事却是约定俗成的。自然哲学家思考物理世界思维方式被思想家们运用到了人类社会问题的探讨中，正如萨拜因（G.H.Sabine）所说："此前的哲学家已逐渐把对物理世界的解释设想为是对一些简单而不变的实体的发现，因为他们认为随处可见的具体事务的表面变化正是由于这些简单而不变的实体所发生的变异而产生的。"②

自然因此成为一种理想的价值标准，可以用来衡量人类社会的道德与政治规范，自然应该成为价值规范的来源和基础，造成理想的价值准则与现实规范之间的对立，人们期望用理想价值原则去改造现实规范。哲学政治化开始出现端倪，哲学家们可以：

> 到习俗和约定（convention）中去发现转瞬即逝之表象之间的相类现象，并再一次去探寻一种使这些表象能够被简约成常规性（regularity）的性质（nature）或永恒不变的原则，这难道不是极其自然的事情吗？……结果，希腊的政治哲学和伦理哲学继续沿着自然哲学在此前开辟的那条古老路线前进——探寻变化中的恒定和多样性中的统一性。③

世界公民的思想正是古希腊自然与习俗分离观念的延伸，人类把自然的价值标准引用到人的身份方面，发现人的身份不只是国家城邦给予政治身份，家庭给予的伦理身份，人更应该具有符合自己本性，与人的普遍人性相一致的身份。而世界公民的身份则超越于家庭、城邦和国家，走向全球的自我认同；具有高度的抽象性，是全世界每个人身上普遍个性的体现。那么，世界公民的所要遵守的道

---

① 赛班，G. 西方政治思想史[M]. 李少军，尚新建，译. 台北：桂冠图书股份有限公司，
  1991：41.
② 萨拜因，G. 政治学说史（上卷）[M]. 邓正来，译. 上海：上海人民出版社，2008：58.
③ 萨拜因，G. 政治学说史（上卷）[M]. 邓正来，译. 上海：上海人民出版社，2008：58.

德和政治价值观，就不应该是特殊地域、城邦和民族所制定的习俗和惯例（法律nomos），而应该考量、审视和批判它们，考虑到是否存在其他的生活规范和习惯，也许"我们的规范是人类制定的，跟历史有关，并非永恒不变的，也不能因此就认为没有必要为道德规范寻找理性的解释。"①也许我们习俗建立的基础正是人的本性。犬儒主义的第欧根尼和斯多葛派的塞涅卡（Seneca）、西塞罗（Cicero）、马可·奥勒留（Marco Aurelius）等就是体会到了自然与习俗的分离事实，毅然不顾自己小群体的身份，专注于自己内在道德与思想。②他们希望人能从哲学层面，以旁观者的心态，去理解自己的生活方式，这样才能意识到自己生活规范的深刻或者肤浅，才会认同社会就是一个万花筒。而人要在繁华芜杂的社会中找到真正的生活的基础，则是需要自由的精神、充分的理性、睿智的思考，以世界公民的身份去考辨所有的生活方式。③

7.3.2 世界公民身份的内涵

从自然与习俗的关系容易理解世界公民身份的来源，而其本身内涵也只能在自然的特点中得到确证。努斯鲍姆采用了斯多葛派关于世界公民身份的说法，认为博雅教育应该让大学生知道人都有两个世界，④一个世界是属于小群体的世界，是我们出生之地；另一个世界是宏大的，但又显得缥缈无踪，所以容易被忽视，这个世界是我们用太阳丈量的世界；面对两个世界，人应该消除城邦、阶层、民族或性别的差异，承认所有人共同的人性，以其为人的基本的道德和规范。就如

---

① NUSSBAUM M.C. Cultivating Humanity：A Classical Defense of Reform in Liberal Education[M]. Massachusetts：Harvard University Press，2000：54.
② NUSSBAUM M.C. Cultivating Humanity：A Classical Defense of Reform in Liberal Education[M]. Massachusetts：Harvard University Press，2000：58-59.
③ NUSSBAUM M.C. Cultivating Humanity：A Classical Defense of Reform in Liberal Education[M]. Massachusetts：Harvard University Press，2000：67.
④ NUSSBAUM M.C. Cultivating Humanity：A Classical Defense of Reform in Liberal Education[M]. Massachusetts：Harvard University Press，2000：59.

人生活在一系列同心圆中，圆心是自我；然后原子核是家庭；然后家族、社区、城市；一点点扩大为国家和世界。[①]这种思路与我国社会学家费孝通先生在《乡土中国》中对我国乡土社会伦理的差序格局描述相似，自我是中心，然后如水波纹一样向外荡漾，齐家治国平天下。但是，两者之间有本质区别，费老先生是在描述我国古代乡土社会的社会结构，解释人与人之间爱有差等和公私关系[②]；努斯鲍姆强调是世界公民如何关爱他人的方法，揭示人与人有共同的本性，人应该将同情心推及到全人类[③]。

既然人具有世界公民的身份，那么是不是我们就可以放弃我们自己本土文化的归属关系，建立一个大同世界呢？博雅教育如何做到让人去爱所有的人？努斯鲍姆认为，博雅教育并不是让所有人没有或忽视本土的规范和习惯，事实上人也正是理解自己本土与世界习惯的差异，才会更加能体察和尊重其他人。博雅教育首先要求让大学生"向着中心画圆"[④]，就是要求所有的人都应该放弃自己特殊的情感和身份认同，国家、宗教、民族等小群体的，关心所有的人，与世界所有人对话，尊重所有人。其次，博雅教育要让大学生认识到世界的多元化，文化的多样性。世界上的人说英语或汉语、日语或韩语，或其他外国语言，都是具有偶然性，我们应该在学习本国语言的同时，能够尽量多学习外语[⑤]。语言是存在的家，也是思想和文化的载体，学习外语也是在了解一种文化和思维方式。这有助于我们理解世界多元文化与人类的多样性传统。最后，世界公民要学会倾听[⑥]，尽可能

---

① NUSSBAUM M.C. Cultivating Humanity：A Classical Defense of Reform in Liberal Education[M]. Massachusetts：Harvard University Press，2000：59-61.

② 费孝通. 乡土中国[M]. 南京：江苏文艺出版社，2011：25-33.

③ F.梯利. 西方哲学史（增补修订版）[M]. 葛力，译. 北京：商务印书馆，2015：123.

④ NUSSBAUM M.C. Cultivating Humanity：A Classical Defense of Reform in Liberal Education[M]. Massachusetts：Harvard University Press，2000：61.

⑤ NUSSBAUM M.C. Cultivating Humanity：A Classical Defense of Reform in Liberal Education[M]. Massachusetts：Harvard University Press，2000：63.

⑥ M.奥勒留. 沉思录[M]. 何怀宏，译. 北京：中央编译出版社，2008：92，14.

地站在他人角度思考问题，尽量进入他人的思维方式；要时刻记住人性尊严在于我们内在的普遍性，人除了自己的栖身之所，还有更为重要的休戚与共的共同基础——人类社群（世界），那才是人类真正的共同的家。

7.4 新博雅教育要求培养人性

努斯鲍姆认为博雅教育的目的在于培养世界公民，而世界公民真正要求在于培养人性。她在人性方面继承了斯多葛派的自然哲学，认为培养人性在于祛除病态社会对于人性的"遮蔽"，最终实现人生命的完满（human flourishing）。人性与神性具有同一性，人具有神性。神是宇宙神，而神性是理性的逻各斯，理性不仅是指人可以合理地思考与判断，最重要是人能够与宇宙的本性（nature）相一致。关于人性概念，柏拉图强调人性分为理性、情感和欲望三部分，人的灵魂因主宰的部分不同而成为不同的人（金质的哲学王、银质的护国战士、铜铁的手工业者）[①]，而斯多葛派更强调人性的整体性和普遍性，人不仅仅是理性的动物，而且也具有情感与欲望；人也指整个人类，是超越城邦的世界公民。相应地，斯多葛派人强调通过审视自己的内心就可以实现与神共在。

7.4.1 培养人性在于人的理性

努斯鲍姆认为博雅教育应该能够使学生对自己及其传统能够进行批判性审视，即要过一种苏格拉底地式的经过"反省的生活"[②]。一种生活对个人来说值不值得过，信仰值不值得去信服，不在于它们来自于传统、习惯或权威，而主要在于这种生活和信仰是否经得起逻辑推理，能否在推理的基础之上具有连

---

① 柏拉图. 理想国[M]. 郭斌和，张竹明，译. 北京：商务印书馆，2012：131.
② M.努斯鲍姆. 培养人性——从古典学角度为通识教育改革辩护[M]. 李艳，译. 上海：上海三联书店，2013：1.

贯性。苏格拉底引进了新的理性神，也就是"灵机"，来质疑城邦神，他认为神除了赐予人各种感官以外，还赐予人推理能力，将其培植在人心中，使人通过这种推理能力，对感觉的对象进行推理，知道每一件事物给予人提供什么样的好处，让人能够享受这些美好的事物，避免不好的事物①。苏格拉底在《申辩篇》（《The Apology》）中反驳自己的罪证"毒害青年"②，就是用理性的辩护，逻辑的论证申辩自己无罪③。这也是他所希望民主社会公民所应该具有的理想品质，能够独立思考，而不是屈从于权威或传统，能够清晰、有条不紊地说出自己的意见和选择，代替一味地谩骂和恶言相对。苏格拉底的诘问式的博雅教育形式则能够实现这种能力。

玛莎·努斯鲍姆认为博雅教育要培养公民的批判性思考能力，其历史渊源是苏格拉底的古典学园的诘问精神和斯多葛派（Stoics）教育理念。古代雅典苏格拉底的教育被认为是新式教育，这种教育敢于怀疑传统、挑战权威，只认可自己的理性神，去考辨当时习俗和法律的合理性。苏氏认为，当时的雅典人是在消极地生活，生活在传统的影响下，被传统观念所支配，而没有真正审视过这些观念，也不愿意去尝试新的方法，更没有比较过哪一种理念更适合他们的个人生活和政治生活，也就不可能活出真实的自我。苏格拉底要做一只勇敢的牛虻，去叮醒沉睡的雅典人。苏格拉底这种行为和态度在阿里斯托芬（Aristophanes）的喜剧《云》（《The Clouds》）中有所展现，剧中描述了接受苏格拉底教育的年轻人会认为殴打父母有理。这也成为苏格拉底遭到雅典人审判和处死的理由所在，他腐化青年人，让年轻人不再相信传统和神的权威。④回到今天，我们的大学也要做苏格拉底曾经做过的工作，就是要大学生通过接受博雅教育，能够质疑周围不合理的现象，比如男女平等、女权主义、爱国主义、社会正义等。但是，保守派博雅教育就会

---

① 色诺芬. 回忆苏格拉底[M]. 吴永泉，译. 北京：商务印书馆，2014：160.
② 柏拉图. 柏拉图对话集[M]. 王太庆，译. 北京：商务印书馆，2012：33.
③ 柏拉图. 柏拉图对话集[M]. 王太庆，译. 北京：商务印书馆，2012：25-28.
④ 柏拉图. 柏拉图对话集[M]. 王太庆，译. 北京：商务印书馆，2012：27.

认为如此大学已经不是大学，丧失了传统，教育使"青年人反对老年人"①，让年轻人堕落。苏格拉底认为在民主制度下，公民最大最好的武器就是批判性思考。现在美国很多高校接受了苏格拉底的遗产，能够使学生围绕一个问题，进行独立思考，而后论辩，消除偏见，达到维持正义、认识真理、维护自由的目的。

斯多葛派继承了苏格拉底的教育遗产，他们在其哲学基础之上提出了博雅教育的理念。当时的古代人，有些人选择和表达并非他们自己真实的想法，他们或许言不由衷、行不由己，所言所行或是传统的权威，或是习俗的声音，或是家长朋友的想法。这样人没有了理性，失去了思考能力，也不能真正作出道德选择。鉴于此，他们认为教育的核心要求是要正视学生的被动状态，激发学生能主动思考，自主思维。古罗马雄辩家、悲剧作家、斯多葛派哲学家塞涅卡不赞成亚里士多德和西塞罗的古典博雅教育。他认为这种博雅教育（liberal studies）是对罗马传统和价值观的简单移入，而不是批判地吸收；这种教育不是真正意义上的博雅教育，博雅教育真正要培养自由民的能力是检查传统、质疑规范、审视习俗，让学生自己自由掌握自己思想的能力。

质言之，博雅教育首要内容在于培养人性当中的理性，使世界公民能够独立思考，批判性地解释传统与现象，但是这样的世界公民在人性方面仍然不是健全的，健全的人性还应该包括人的情感，特别是友爱与共情的能力。理性与情感之间应该展开对话。

7.4.2 培养人性在于人的情感

情感的是人性当中不可或缺的一部分，具体是指与其他公民共同生活和相互关爱，能够与其他成员产生共情的能力（empathy，或译作移情能力）。世界公民如果具有共情的能力就可以设身处地体验他人处境，就能达到感受和理解他人。

---

① 甘阳. 政治哲人施特劳斯——古典保守主义政治哲学的复兴[M]//施特劳斯·L. 自然权利与历史. 彭刚，译. 北京：生活·读书·新知三联书店，2003：10.

这里努斯鲍姆采用了能力路径（the Capability Approach）①，认为人的情感能力具体指人能够对自身之外的人和事产生情感；爱那些爱护和照顾我们的人，为他们的离去而悲伤；总的来说，能够爱、悲伤，体验渴望、感恩和合理的愤怒。不要让害怕和焦虑破坏一个人的情感发展。②而世界公民的培养即是这种能力扩展，把爱扩展到世界五大洲所有的人，能够体会他们的悲伤与友爱，爱护每一个人。

友爱和共情是人情感中的重要组成部分，但是两者实现建立在一个共同前提，就是理解世界上人与人之间休戚相关，荣辱与共的关系。努斯鲍姆站在世界公民的理念之上，认为人不仅仅局限于自己的国家，把自己视为某个特殊地域或特定团体的人，而是要确认自己与地球上其他的人都有着密切的关系，相互关心，相互认可是共同联系的纽带。今天的世界是一个全球化的世界，人与人之间的距离因网络更加亲近，就如海明威（Hemingway）借用约翰·多恩（John Donne）的诗《丧钟为谁而鸣》（《For Whom the Bell Tolls》）所表达的，地球上的人类是命运共同体，没有人成为一座孤岛，"所有人其实就是一个整体，别人的不幸就是你的不幸，不要以为丧钟为谁而鸣，它就是为你而鸣。"③我们当下正在面对这共同的自然灾害、饥荒问题、全球变暖、恐怖主义等，这些让我们与遥远国度的人联系在一起，个人在此意义上对于全世界的同胞都负有责任。在此，努斯鲍姆同意马可·奥勒留（Marcus Aurelius）的"四肢"说，他认为人与人都像身体的四肢（melos），而不是分离的部分（meros）④。人只有持有这种理念，才会发自内心地热爱自己的同胞，爱所有的人像爱你的四肢一样。而这种关爱也是一种情感，在关爱其他公民的基础之上，才会有对他人的同情与共情。

努斯鲍姆在公民教育的对象范围方面，虽然与古典博雅教育有所分歧：古典

---

① NUSSBAUM M.C.Frontiers of Justice：Disability，Nationality，Species Membership[M]. Massachusetts：Harvard University Press，2000：78.

② M.努斯鲍姆. 正义的界限[M]. 徐子婷，等译. 台北：韦伯文化国际出版有限公司，2008：79.

③ E.海明威. 丧钟为谁而鸣[M]. 程中瑞，译. 上海：上海译文出版社，1982：1.

④ M.奥勒留. 沉思录[M]. 何怀宏，译. 北京：中央编译出版社，2008：14.

博雅教育目的是培养城邦的好公民，而努斯鲍姆博雅教育则培养世界公民，但是两者在博雅教育公共性方面取得一致。比如亚里士多德认为博雅教育具有两个方面意义：首先是为了个人心智的解放，发挥人的潜能，实现个人的德性和理性，个人是目的，人是独立的，而不是别人的工具；另外个人还要在城邦中参与公共政治生活，履行自己的责任，为城邦整体幸福做出贡献。古典博雅教育具有个人性和公共性，个人性是说明个人需要自由与权利；公共性是对照责任与义务。个人在完备自己德性的同时，也要负起对城邦的责任。[①]而努斯鲍姆在博雅教育的公共性方面则要人负起世界公民的责任，去关爱地球上不同地域、种族、民族、性别的人，"你、我、他"都具有共同的人性。就如 2008 年北京奥运会开幕式主题曲所表达的"我和你，心连心，共住地球村；我和你，心连心，永远一家人。"

在当今美国民主社会，公民教育一直倡导理性教育，有意地避免激情与冲动的影响，害怕它们会影响人们的理智判断，会使我们重回蒙昧与奴役。但是，努斯鲍姆在《政治情感——爱之于正义》（《Political emotions：why love matters for justice》）中认为"任何一个社会都会充满情感，被各种情感所包围：愤怒、恐惧、同情、厌恶、妒忌、愧疚、悲哀和各种形式爱，民主社会也不能例外。"[②]所以，政治情感不是极权主义或民主社会保守的特权，民主社会也应该把情感提到它应该得到的位置。民主社会需要整体的人性，而健全的人性需要情感去滋养与维护。努斯鲍姆对情感的重视与其诗性正义观不无关系，诗性正义是要求人（读者、法官）应该使自己处于"中立的旁观者"的位置，尽力去同情和了解每一个人的特殊个性和所处独特环境，尽量以"畅想（fancy）"和文学想象去开阔人的视野，拓宽人的经验边界，从而建构一种中立的旁观者的"中立性"。功利主义的正义观一直把情感排除在外，"只观察那些能够进入实用主义计算的东西……对可观察世

---

① 梁美仪. 香港中文大学博雅教育与通识教育——论 21 世纪通识教育的意义[R]. 上海：复旦大学复旦学院，2014.

② NUSSBAUM M.C. Political Emotions：Why Love Matters for Justice[M]. Massachusetts: Harvard University Press, 2013：1-2.

界的质的丰富性视而不见；对人们的独立性，对他们的内心深处，他们的希望、爱和恐惧视而不见；对人类生活是怎么样的和如何赋予人类生活以人类意义视而不见。"①当然诗性正义是一种追求正义补充方式，代替不了功利主义的正义观。

在维系人与人的关系方面，努斯鲍姆认为友爱和共情能力是两种重要的情感因素。友爱是共情能力的前提，共情是友爱的结果。友爱是亚里士多德的《尼各马可伦理学》（《Nicomachean Ethics》）中的一个重要论题，他用第八、九卷两卷来论述这个主题。友爱在亚里士多德看来是一种包含感情成分最多的一种德性。②他以家庭中父母子女之爱作为起点，论述夫妻、兄弟姐妹、主人与奴隶、朋友之间的不同友爱，最后延伸到城邦之中公民之间的的友爱（团结）。城邦公民之间的友爱产生于城邦自由人的共同生活，为了共同的利益，属于政治友爱。这里就出现了两个问题：第一，城邦公民之间的友爱，不包括主人与奴隶之间的爱，奴隶与主人之间根本不存在友爱，就像僭主制中治理者与被治理者之间没有友爱一样，③那么在现代世界，人成为世界公民，如何能够爱和他不一样的人呢？第二，现代全世界有 70 多亿人口，人成为世界公民，如何能够爱这个世界如此众多的人，并且做到公正呢？这就需要世界公民的第三种能力——想象力与情感相互配合。文学和情感能够带来想象力，通过畅想能够关注世界的复杂性，关注其他世界弱势群体，能够尽量深入理解他们生活的每个方面，作为旁观者也会变得更加公正和明智。人对于他人的爱没有偏见，"她以一种顾全大局的方式去思考，而不是像某些特殊群体或派系那样去思考；她在'畅想'中了解每一个公民的内心世界的丰富性和复杂性"④

① NUSSBAUM M.C. Poetic Justice：The Literary Imagination and Public Life[M]. Boston：Beacon Press，1995：26-27.
② 亚里士多德. 尼各马可伦理学[M]. 廖中白，译. 北京：商务印书馆，2013：238
③ 亚里士多德. 尼各马可伦理学[M]. 廖中白，译. 北京：商务印书馆，2013：250.
④ NUSSBAUM M.C. Poetic Justice：The Literary Imagination and Public Life[M]. Boston：Beacon Press，1995：120.

7.4.3 培养人性在于叙事想象力

叙事想象力是和第二种能力相互联系的，指能够站在别人的角度看问题，阅读别人的故事，理解别人的故事发生时特定环境以及在此环境中所产生的特殊欲望、情感和渴望。人总是喜欢以自己为中心，总是会把自己的成功归结于自己的努力与天赋，认为失败原因是外在的环境；而把他人的成功归结于幸运与偶然，同时把他人的失败归结于能力和天赋。在与他人相处时我们也会有这样的习惯，我们总是认为自己是世界的核心，我们是受到关注的焦点，别人的行为也许是在针对我，这是一种典型的"自我焦点效应"。其实，我们并没有那么重要，我们也许只是一项任务中的小角色，因为你认为的别人也都是以自己为中心，我们也许只是别人的风景与陪衬。[①]所以，我们不应该过度地让自己的判断陷入对他人故事评判中，而应该做一个负责人的判断者，从他人的角度理解他人的世界和故事，从他人所处的历史和社会背景出发，才会得到他人所认为重要的东西。在关心其他公民的基础之上，我们才会发挥我们的想象力去理解他人。

叙事想象力是世界公民的核心能力之一。叙事想象力的思想建立在努斯鲍姆的诗性正义伦理学基础之上的。诗性正义批判功利主义的正义观，认为功利主义的正义观把人当做经济人，将经济学中关注事实和计算作为分析的范式应用到整个社会中，特别是公共生活当中，人被看作工具而不是目的，忽视了人作为个体的情感。为此，努斯鲍姆倡导一种诗性正义，通过弥补理性与事实表征和分析世界的缺陷，倡导通过叙事想象力，用情感和想象能力来还原整体的人性，从而达到社会正义，让人过一种美好生活。叙事想象力是一种"伦理立场的必需要素，一种要求人们关注自身的同时也要关注那些过着完全不同生活的人们的善的伦理立场。除非人们有能力通过想象进入遥远的他者的世界，并激起这种参与的情感，

---

① D.迈尔斯. 我们都是自己的陌生人[M]. 沈德灿，译. 北京：人民邮电出版社，2012：20.

否则一种公正的尊重人类尊严的伦理将不会融入真实的人群中"。①

公民要明智地履行其权利，三种核心能力比不可少，能力培养的关键在于完整的人性。完整人性的培养在于人理性、情感和欲望的和谐共处，不能忽视任何一个方面。新式博雅教育根本旨趣就是培养人性，而大学里人文学科最能实现这种旨趣。在美国人文学科不同于中国意义上的"文科"，而是指文学和艺术学科，包括哲学、历史、文学和语言，以及音乐、舞蹈、绘画及雕塑和建筑。它们更可能与物理学、化学及生物学有相似性，反而与中国的"文科"中的法律、经济学、金融学、管理学等相差甚远。

7.5 新博雅教育的课程与教学

任何美好的理想都要归于实践，行动才是理想坚实的土壤。努斯鲍姆新式博雅教育思想的实现，也是基于她对美国大博雅教育的实践教学的改革推动，主要表现为美国高校博雅教育的课程教学改革。世界公民的培养在于人性的培育，人性是人普遍的共性；人性既包括人的理性，也涵盖人的情感与想象力。为了培养人的理性，训练人批判思维能力、与人共情的能力及叙事想象的能力，人文学科的学习有其必要性。博雅教育的课程与教学是培养世界公民的基础，特别是哲学、文学、艺术以及多元化的综合课程更是努斯鲍姆新式博雅教育实践的创新之处。在教学实施方面，她积极倡导苏格拉底式的教育方式，使课程达到最好的实施效果。

7.5.1 人文学科与多元化课程

努斯鲍姆提到为了培养世界公民，美国各地有很多大学都开设了多元文化的课程，这种课程目的是使学生意识到本民族文化不是单一文化，而是由不同

---

① M.努斯鲍姆. 诗性正义——文学想象与公共生活[M]. 丁晓东，译. 北京：北京大学出版社，2010：7.

群体文化组成，每种文化都值得理解；美国人也是复数的美国人，美国人也有很多群体，每个人都应该得到尊重。在生活中，人会遇见各种问题，问题涉及人的不同种族、宗教、性别、阶层等，而问题的症结也正是基于这些差异，正视和理解这些差异，才会消除偏见，解决问题。课程目标是让学生能够理解自己是处于自身文化之中，意识到自己种族、性别、宗教信仰和社会阶层意味着什么，并且理解这种不同的分类和标准对各群体有什么影响；从而能够让学生能拥有开放的心胸，去思考解决问题。做世界公民"意味着人们要通过跨文化学习与研究，意识到他们原以为自然的和正常的生活，实质上只是盲从于习惯或者受限于狭隘的视野。"[①]课程内容要尽量的开阔，领域广泛，让学生能够熟悉各种公民的各种背景、环境和文化。比如哈佛大学阿玛·蒂亚森（Amartya Sen）开设的《贫困和饥荒》（《Poverty and Famines》），关注世界的非洲、中国及印度等国家的民主制度与饥饿存在的关系；圣劳伦斯大学（St. Lawrence University）的《文化的相遇：跨文化博雅教育》（《Cultural Encounters：Cross-Cultural liberal Education》），其课程以哲学为中心，涵盖艺术史、人类学、英语、宗教、生物学、管理学、经济学、地质学等多个领域，以印度文化和肯尼亚文化为例进行讨论分析，并且还让教师去他所研究的地区体验生活一个月，让他们能够从研究对象真正的生活环境中，获得第一手资料；美国加利福尼亚州珀玛纳学院（Pomona college）的人文核心课程《文化、知识和表征》，主要研究欧洲的启蒙思想，领域包括政治、历史、文学、宗教、艺术和音乐等，内容会涉及女权主义、非西方哲学、西方后现代思潮和前殖民地人民等。[②]

为了培养人的叙事想象力，努斯鲍姆特别重视设置文学和艺术课程，包括文学、音乐、舞蹈、绘画及雕塑和建筑。文学作品通过描述可能发生的事情，在政

---

① Nussbaum M.C. Cultivating Humanity: A Classical Defense of Reform in Liberal Education[M]. Massachusetts: Harvard University Press, 1997：39.

② M.努斯鲍姆. 培养人性——从古典学角度为通识教育改革辩护[M]. 李艳，译. 上海：上海三联书店，2013：62-65.

治生活更具有作用。她通过两部文学作品：索福克勒斯（Sophocles）的《菲罗克
忒忒斯》（《Philoctetes》）和拉尔夫·艾里森（Ralph Ellison）的《隐形人》（《Invisible
Man》，1952），论证了文学作品在促进人的想象力方面的独特作用，认为文学教
育是实现世界公民培养目标的最好办法。我们通常不可能真正的理解他人，无论
你对他多么体贴入微，想象力多么丰富，因为他们也许会自我封闭。但是通过文
学作品，作品中人的内心世界完全暴露于读者面前，我们就能够体会到作品中人
物的情感和痛苦，能够深深感受到其他人生活的环境以及事情发生的情景，唤醒
对他人的同情、怜悯，并与他人产生共情的能力；还能体会到人所处的环境会影
响到人的行动，影响到他们希望、渴望、恐惧和抱负。

　　同情心是想象力培养中的重要情感，是指人们意识到另外一个和自己某些方
面相似的人，正经历巨大痛苦或不幸，而原因并非由于他（她）自己的错。这是
一种感同身受的感觉，想到自己也许会遭遇类似的不幸和痛苦，或者想到这个受
苦的人正是我。文学作品会描写不同阶层、族群、性别、宗教和国家人的不同生
活，人们阅读小说可以了解他们作为自己文化的人所面临的特殊的困难与情景，
激发他们同情心。美国著名自由体诗人沃尔特·惠特曼（Walt Whitman）认为通
过解读文学艺术，可以发展人的理解力，培养其判断力，两种能力正是民主社会
的核心；所以文学艺术对于民主社会的公民教育具有不可让渡的价值。

　　世界公民的培养最终目标是建立一个正义的社会，并创建一个正义的世界，
让人能够过上欣欣向荣（flourishing）的生活。我们也许会产生疑问，文学和艺术
在培养世界公民中所起到的积极作用是否被高估，从而替代理性正义？努斯鲍姆
在这个问题上，她承认经济学观点对于我们生活影响更加深远，但现实的经济理
性生活对于培养人的同情心和想象力几乎无能为力。鉴于此，我们要提升文学在
教育和政治中的作用，文学对于公民教育迫切重要，它们能揭示他人的生活可能
与我们相似同时也可能具有深刻的差异。现实中，人的想象力近乎麻木迟钝，所
以应该以极大的勇气和决心去倡导文学被忽视的价值，使其成为高等教育的重要

组成部分。①当然，努斯鲍姆并没有忽视科学理性或社会制度对正义的作用，认为文学艺术所培养的同情心、想象力和经济学、道德政治理论是相互补充的，没有同情心和想象力的抽象理论是盲目和缺乏动机的，而没有经济学和道德政治理论，文学艺术可能会失去灵魂和方向。

7.5.2 苏格拉底式教学

努斯鲍姆认为其新博雅教育是秉承了苏格拉底和斯多葛派传统，认为论辩不仅给学生行动提供理由，也训练学生的理性，帮助学生以某种动机采取某些方式的行动，最终达到培养能够为自己负责，也能掌控自己理性和情感的人。这种新式博雅教育教学被努斯鲍姆称之为"苏格拉底式教育"，有以下特点：

第一，苏格拉底式教育对象是面向所有人。苏格拉底在雅典广场去找每一个人辩论，有诗人、政客、手艺人、富家子弟，②向他们问取智慧，却发现这些人都不如自己更有智慧。他知道自己无知，愿意过一种经过审视和反省的生活，能够批判地思考。斯多葛派也认为高等教育对每个人实现自我都具有重要意义。而今天的美国，就是要让每个大学生都必须享受博雅教育，试图建立博雅教育与专业教育沟通交流的学习模式。每个人都是人类的一部分，人人都权利接受高等教育，美国大学一直在努力做到扩大规模，增加招生量，开设更多的课程，以适合更多的人、种族和群体（黑人、女性、同性恋等）。"正因为高等教育使每个公民都具有实际理性能力的延伸，所以它可以普及每个人；正是因为高等教育与公民权利和家庭紧密相连，所以它的普及并不会威胁民主政治社会，反倒可能使之得到巩固。"③另外，教育对象不能排除女性，努斯鲍姆在斯多葛派那里也找到依据，她

---

① NUSSBAUM M.C. Cultivating Humanity: A Classical Defense of Reform in Liberal Education. [M]. Massachusetts: Harvard University Press, 1997: 85-97.
② 柏拉图. 柏拉图对话集[M]. 王太庆，译. 北京：商务印书馆，2012：31-32.
③ M.努斯鲍姆. 培养人性——从古典学角度为通识教育改革辩护[M]. 李艳，译. 上海：上海三联书店，2013：18.

认为公元 1 世纪斯多葛派就主张女性应该平等地享有教育的权利，也一样能够考察生活。塞涅卡也认为教育应该开发每个人的能力，使他们成为整全的人，让每个人都能自我认知、自我管理也能够承认和尊重其他人的人性。"无论他们身在何处，出生何地，处于什么样的社会地位，是什么性别和人种，只要我们共同生活，我们相互联系，我们就要培养我们的人性。"①

这种想法在柏来图看来却不正义，它违背人与人之间本性（nature）的差别。大多数人的灵魂是受到欲望、快乐和情绪的控制，而成为"自己的奴隶"②；只有极少数人是理智和信念战胜了欲望，学会节制，成为"自己的主人"③。只有这些少数人才可以接受哲学训练，才能最后成为国家的统治者。

第二，苏格拉底式教育要适应每个学生的环境和背景，走向多元化。教育必须是一件非常个人的事情，学生的实际情况和背景是应该引起高等教育者重视的因素。正如医生给病人看病，要通过"望、闻、问、切"了解病人情况，教师也应该了解学生实际所处环境和情景，需要什么样的课程，博雅教育的课程设置才会有的放矢，做到有针对性。为学生制定课程，如果不考虑学生本身的需求，就像给病人拿药，却不知道病人是什么病，也不知道病到什么程度，只是一味地开出主观臆测的"好药"。

今天高等教育的扩张，学生在"量"上增多了，同时"质"也日益多元化，阶层、种族、性别、性取向、宗教信仰都会有所差异。甚至在高等教育国际化的趋势下，各种文化背景的学生都会出现。在这样一个复杂的教育世界里，博雅教育要能够适应现在的需要，必须走向多元化。正视差别并不会导致把一种传统和规范设定为单一的规范，也不一定会削弱西方文化的地位。如果真如艾伦·布鲁姆所担心，多元化会造成一种杂多现象，西方优良的传统会遭到厌弃，那么只能

---

① NUSSBAUM M C. Education for Citizenship in an Era of Global Connection[J]. Studies in Philosophy & Education, 2002, 21(4):289-303.

② 柏拉图. 理想国[M]. 郭斌和，张竹明，译. 北京：商务印书馆，2012：152.

③ 柏拉图. 理想国[M]. 郭斌和，张竹明，译. 北京：商务印书馆，2012：153.

说明这种传统经不起审视和考察。

另外，努斯鲍姆给予哲学课特别的重视，哲学课是高等教育的必要组成部分。在哲学的课堂教学形式方面，她认为讲座式的大课堂教学面对数量很多的学生，几乎没有什么效果与作用，而只是在传授知识。依据苏格拉底式教育观点，课堂教学的关键是给予学生和教师之间足够交流的机会，教师能在写作方面给予认真评判和丰富有效的建议①。

第三，苏格拉底式教育确保书本不成为权威。努斯鲍姆认为苏格拉底不光本人不著书立说，而且也反对学生迷信书本知识，把书本视为权威。她认为书本知识，可能会成为一种固定的限制性的框架，会阻碍人们对真理的思考。如果大学生一味地相信课本，追求占有书本知识，就会认为自己学识渊博，"知道"很多知识，反而妨碍自己活跃的思考。她实际上是从一个侧面批判了美国艾德勒（Mortimer Jerome Adler）和哈钦斯等永恒主义代表的西方名著（great books）计划，认为新式博雅教育应该从根本上排斥这种反映道德权威的经典文献，"而保守派则经常把希腊人作为英雄搬出来，这绝对是一个讽刺，因为再没有比古希腊哲学家们更有能力证明和同意这种经典文本课程的有限性了。"②书本特别容易"变成膜拜和顺从的对象，嵌入人脑内不能独立思考"③，而独立思考恰恰是我们在纷繁复杂世界里解决问题的必经之路。

努斯鲍姆反对大学生对书本和知识的占有态度具有生存论意义。埃里希·弗洛姆（Erich Fromm）在《占有和生存》（《To Have or to Be》）分析，如果大学努力将知识作为文化财产传授给学生，学生就会追求知识的量化，就像占有物质财

① NUSSBAUM M.C. Education for Citizenship in an Era of Global Connection[J]. Studies in Philosophy & Education, 2002, 21(4):289-303.

② NUSSBAUM M.C．Cultivating Humanity：A Classical Defense of Reform in Liberal Education．[M]. Massachusetts： Harvard University Press，1997：33-34．

③ M.努斯鲍姆．培养人性——从古典学角度为通识教育改革辩护[M]. 李艳，译. 上海：上海三联书店，2013：21-22.

产一样，谁记住了著名哲学家的话，谁就是优秀的学生；占有了柏拉图（Plato）、亚里士多德（Aristotle）、笛卡尔（Descartes）、斯宾诺莎（Spinoza）、康德（Kant）、海德格尔（Heidegger）、萨特（Sartre）及尼采（Nietzsche）等哲学家的哲学理论，就可获得一个学位作为书面证明。但是，实际上学生除了占有一堆的概念和散乱的知识外，其他什么也没学到，"他们没有学会向这些哲学家提出疑问和与他们交谈；没有意识到哲学家自我矛盾的地方以及他们避而不谈的某些问题和题目；他们没有学会去区别作者的哪些观点在当时条件下是必然的，因为这些观点和看法在当时还是合理的，以及哪些观点是作者的新贡献。"①

人不应该成为知识的奴隶，书本的牵线木偶。人不应该把知识当作东西而占有，以意图获得安全感和认同感；不应该把知识当作教条，一味地让知识填充自己的大脑。相反，人应该忘记自己知道这些知识，能够摆脱所知知识的束缚，把知识作为一种思考的方式；人应该摆脱一切外在和内在的束缚，成为一个自由的人，才会换来人创造力的产生，最终，人能够达到完满的生存，实现真正的自我。

总之，苏格拉底和斯多葛派在古代就具有世界主义的胸怀，今天的教育更应该具有全球化的视野。大学的博雅教育不能像保守派那样固守古典博雅教育，应该守正出新。玛莎·纳斯鲍姆继承遗产，以世界公民为目的，培养人的基本人性：理性、情感和叙事想象力；在人文课程和多元化课程的实施教学中采取苏格拉底式的教学，真正赋予博雅教育思想新的意蕴，也在实践中取得积极效果。我国正处在通识教育改革关键时刻，为此，玛莎·努斯鲍姆的博雅教育思想我们不能不察。

---

① E.弗洛姆. 占有还是生存[M]. 关山，译. 上海：上海三联书店，1989：40-41.

参考文献

一、西方哲学和历史

[1] 汪子嵩. 希腊哲学史（第二卷）[M]. 北京：人民出版社，1993.

[2] 亚里士多德. 政治学[M]. 吴寿彭，译. 北京：商务印书馆，2013.

[3] 色诺芬. 回忆苏格拉底[M]. 吴永泉，译. 北京：商务印书馆，2014.

[4] 库郎热. 古代城邦[M]. 谭立铸，译. 上海：华东师范大学出版社，2006.

[5] 修昔底德. 伯罗奔尼撒战争史[M]. 谢德风，译. 北京：商务印书馆，1978.

[6] 柏拉图. 理想国[M]. 郭斌和，张竹明，译. 北京：商务印书馆，2012.

[7] 柏拉图. 柏拉图对话集[M]. 王太庆，译. 北京：商务印书馆，2012.

[8] 柏拉图. 柏拉图文艺对话集[M]. 朱光潜，译. 北京：人民文学出版社，1963.

[9] 亚里士多德. 形而上学[M]. 吴寿彭，译. 商务印书馆，1959.

[10] 亚里士多德. 政治学[M]. 吴寿彭，译. 北京：商务印书馆，2013.

[11] 亚里士多德. 尼各马可伦理学[M]. 廖中白，译. 北京：商务印书馆，2013.

[12] 亚里士多德. 尼各马可伦理学[M]. 苗力田，译. 北京：中国社会科学出版社，1990.

[13] 马可·奥勒留. 沉思录[M]. 何怀宏，译. 北京：中央编译出版社，2008：92.

[14] B. 罗素. 西方哲学史[M]. 何兆武，李约瑟，译. 北京：商务印书馆，1963.

[15] 梯利，伍德. 西方哲学史[M]. 葛力，译. 北京：商务印书馆，2015.

[16] 恩斯特·卡西尔（Ernst Cassirer）. 人论：人类文化哲学导引[M]. 甘阳，译. 上

海：上海译文出版社，2013.

[17] 列奥·施特劳斯. 自然权利与历史[M]. 彭刚，译. 北京：生活·读书·新知三联书店，2003.

[18] 列奥·施特劳斯. 苏格拉底问题与现代性——施特劳斯讲演与论文集（卷二）[M]. 李永晶，译. 北京：华夏出版社，2008.

[19] 亨利·皮雷纳. 中世纪城市[M]. 陈国梁，译. 北京：商务印书馆，1985.

[20] C. 沃伦·霍莱斯特. 欧洲中世纪简史[M]. 陶松寿，译. 北京：商务印书馆，1988：148.

[21] 雅克·勒戈夫. 中世纪的知识分子[M]. 张弘，译. 北京：商务印书馆，1996.

[22] 朱迪斯·M.本内特（Judith M.bennett），C.沃伦·霍利斯特（C.Warren Hollister）. 欧洲中世纪史（第10版）[M]. 杨宁，李韵，译. 上海：上海社会科学院出版社，2007.

[23] 斯塔夫里阿诺斯. 全球通史：从史前史到21世纪（第7版修订版）（上）[M]. 吴象婴，等译. 北京：北京大学出版社，2006.

[24] 乔治·萨拜因. 政治学说史（上卷、下卷）[M]. 邓正来，译. 上海：上海人民出版社，2008.

[25] 阿兰·布鲁姆. 巨人与侏儒[M]. 应星，译. 北京：华夏出版社，2003.

[26] C.P.斯诺. 两种文化[M]. 纪树立，译. 北京：生活·读书·新知三联书店，1994.

[27] 威廉·詹姆斯. 实用主义[M]. 燕晓冬，译. 重庆：重庆出版社，2006.

[28] 托克维尔. 美国的民主（上卷、下卷）[M]. 董果良，译. 北京：商务印书馆，1989.

[29] 凯瑟琳·德林克·鲍恩. 民主的奇迹[M]. 郑明萱，译. 北京：新星出版社，2013.

[30] 以赛亚·伯林. 自由论[M]，胡传胜，译. 南京：译林出版社，2003.

[31] 皮埃尔·莫内. 自由主义思想文化史[M]. 曹海军, 译. 长春: 吉林人民出版社, 2010.

[32] [意]圭多·德·拉吉罗. 欧洲自由主义史[M], 杨军, 译. 长春: 吉林人民出版社, 2001.

[33] 弗里德利希·冯·哈耶克. 自由秩序原理[M], 邓正来, 译. 北京: 生活·读书·新知三联书店, 1997.

[34] 约翰·格雷. 自由主义[M], 曹海军, 刘训练, 译. 长春: 吉林人民出版社, 2005.

[35] 卡尔·雅斯贝斯. 历史的起源与目标[M]. 魏楚雄, 俞新天, 译. 北京: 华夏出版社, 1989.

[36] 石元康. 当代西方自由主义理论[M]. 上海: 上海三联书店, 2000.

[37] 贡斯当. 古代人的自由与现代人的自由[M]. 阎克文, 刘满贵, 译. 上海: 上海人民出版社, 2003.

[38] 阿拉斯代尔·麦金太尔. 谁之正义? 何种合理性? [M]. 万俊人, 等译. 北京: 当代中国出版社, 1996.

[39] 阿拉斯代尔·麦金太尔. 德性之后[M]. 龚群, 等译. 北京: 中国社会科学出版社, 1995.

[40] W.C.丹皮尔. 科学史及其与哲学和宗教的关系[M]. 李珩, 译. 桂林: 广西师范大学出版社, 2001.

[41] 迈尔斯. 我们都是自己的陌生人[M]. 沈德灿, 译. 北京: 人民邮电出版社, 2012.

[42] 埃里希·弗洛姆. 占有还是生存[M]. 关山, 译. 上海: 三联书店, 1989.

[43] 约翰·杜威. 人的问题[M]. 傅统先, 等译. 北京: 人民教育出版社, 1965.

[44] 乌尔里希·贝克. 全球化危机[M]. 孙治本, 译. 台北: 台湾商务印书馆, 1999.

[45] M.努斯鲍姆. 正义的界限[M]. 徐子婷，等译. 台北：韦伯文化国际出版有限公司，2008.

[46] M.努斯鲍姆. 诗性正义——文学想象与公共生活[M]. 丁晓东，译. 北京：北京大学出版社，20107.

[47] 海明威，E. 丧钟为谁而鸣[M]. 程中瑞，译. 上海：上海译文出版社，1982.

[48] 费孝通. 乡土中国[M]. 南京：江苏文艺出版社，2011.

[49] 赵军华. 新编中华伦理[M]. 北京：首都师范大学出版社，1998.

[50] 张汝伦. 政治世界的思想者[M]. 上海： 复旦大学出版社，2009.

[51] 顾准. 希腊城邦制度——读希腊史笔记[M]//顾准文集（第 1 版）[M]. 北京：中国市场出版社，2007.

二、西方大学与教育

[52] 雅克·韦尔热. 中世纪大学[M]. 王晓辉，译. 上海：上海人民出版社，2007.

[53] 查尔斯·霍默·哈斯金斯. 大学的兴起[M]. 王建妮，译. 上海：上海人民出版社，2007：7-8.

[54] 黄宇红. 知识演化进程中的美国大学[M]. 北京：北京师范大学出版社，2008.

[55] 乔治·M.马斯登. 美国大学之魂[M]. 徐弢，程悦，译. 北京：北京大学出版社，2009.

[56] 克拉克·克尔. 大学之用[M]. 高铦，高戈，译. 北京：北京大学出版社，2008.

[57] 罗伯特·金·默顿. 科学、技术与社会[M]. 范岱年，译. 北京：商务印书馆，2000.

[58] 劳伦斯·维赛. 美国大学的崛起[M]. 栾鸾，译. 北京：北京大学出版社，2011.

[59] 弗兰克·罗德斯. 创造未来，美国大学的作用[M]. 王晓阳，蓝劲松，等译. 北

京：清华大学出版社，2007.

[60] 谢尔顿·罗斯布莱特. 现代大学及其图新——纽曼遗产在英国和美国的命运 [M]. 别敦荣，译. 北京：北京大学出版社，2013.

[61] 查尔斯·霍默·哈斯金斯. 大学的兴起[M]. 王建妮，译. 上海：上海人民出版社，2007.

[62] 艾伦·布卢姆. 美国精神的封闭[M]. 战旭英，译. 南京：译林出版社，2011.

[63] 德里克·博克. 走出象牙塔[M]. 除小洲，陈军，译. 杭州：浙江教育出版社，2001.

[64] 约翰·杜威. 民主主义与教育[M]. 王承绪，译. 北京：人民教育出版社，2001.

[65] 约翰·亨利·纽曼. 大学的理想[M]. 徐辉，译. 杭州：浙江教育出版社，2001.

[66] 约翰·范德格拉夫，等. 学术权力：七国高等教育管理体制比较[M]. 王承绪，张维平，徐辉，等译. 杭州：浙江教育出版社，2001.

[67] 奥尔特加·加塞特（OrtegaY.Gasset）. 大学的使命[M]. 徐小洲，陈军，译. 浙江教育出版社，2001.

[68] 罗伯特·M.哈钦斯. 美国高等教育[M]. 汪利兵，译. 杭州：浙江教育出版社，2001.

[69] 约翰·S.布鲁贝克. 高等教育哲学[M]. 王承绪，译. 杭州：浙江教育出版社，1998.

[70] 亚伯拉罕·弗莱克斯纳. 现代大学论——美英德大学研究[M]. 徐辉，陈晓菲，等译. 杭州：浙江教育出版社，2001.

[71] 克拉克·科尔. 大学的功用[M]. 陈学飞，等译. 南昌：江西教育出版社，1993.

[72] 列奥·施特劳斯. 古典传统与博雅教育[M]. 刘小枫，陈少明，译. 北京：

华夏出版社，2005.

[73] 哈钦斯. 大学与博雅教育[M]. 董成龙，译. 北京：华夏出版社，2015.

[74] 张楚廷. 大学的教育理念[M]. 重庆：西南师范大学出版社，2015.

[75] 张楚廷. 高等教育学导论[M]. 北京：人民教育出版社，2010.

[76] 甘阳. 文明·国家·大学[M]. 北京：生活·读书·新知三联书店，2012.

[77] 格莱夫斯. 中世教育史[M]. 上海：华东师范大学出版社，2005.

[78] 黄福涛. 外国高等教育史（第二版）[M]. 上海：上海教育出版社，2008.

[79] 贺国庆，王宝星，等. 外国高等教育史[M]. 北京：人民教育出版社，2006.

[80] 亚瑟·科恩. 美国高等教育通史[M]. 李子江，译. 北京：北京大学出版社，
2010.

[81] 约翰·塞林. 美国高等教育史[M]. 孙益，林伟，刘冬青，译. 北京：北京
大学出版社，2014.

[82] 约翰·杜威. 民主主义与教育[M]. 王承绪，译. 北京：人民教育出版社，
2001.

[83] 爱弥尔·涂尔干. 教育思想的演进[M]. 李康，译. 上海：上海人民出版社，
2006.

[84] 哈佛委员会. 哈佛通识教育红皮书[M]. 李曼丽，译. 北京：北京大学出版
社，2010.

[85] 哈瑞·刘易斯. 失去灵魂的卓越：哈佛是如何忘记教育宗旨的（第二版）[M].
侯定凯，译. 上海：华东师范大学出版社，2007.

[86] 法里德·扎卡里亚. 为人文教育辩护[M]. 梁栋，译. 北京：新星出版社出
版，2015.

[87] 玛莎·纳斯鲍姆. 培养人性——从古典学角度为通识教育改革辩护[M]. 李
艳，译. 上海：上海三联书店，2013.

[88] 玛莎·努斯鲍姆. 告别功利：人文教育忧思录[M]. 肖聿，译. 北京：新华

出版社，2010.

[89] 爱弥尔·涂尔干. 教育思想的演进[M]. 李康，译. 上海：上海人民出版社，2006.

[90] 刘小枫，陈少明. 古典传统与博雅教育[C]. 北京：华夏出版社，2005.

[91] 黄坤锦. 美国大学的通识教育[M]. 北京：北京大学出版社，2006.

[92] 庞海芍. 通识教育：困境与希望[M]. 北京：北京理工大学出版社，2009.

[93] 李曼丽. 通识教育：一种大学教育观[M]. 北京：清华大学出版社，1999.

[94] 黄俊杰. 全球化时代的大学通识教育[M]. 北京：北京大学出版社，2006.

[95] 沈文钦. 西方博雅教育思想的起源、发展和现代转型：概念史的视角[M]. 广州：广东高等教育出版社（第1版），2011.

[96] 施晓光. 美国大学思想论纲[M]. 北京：北京师范大学出版社，2001.

[97] 吴妍. 民主与大学的契合——西方博雅教育的政治哲学解读[M]. 重庆：重庆大学出版社，2014.

[98] 黄宇红. 知识演化进程中的美国大学[M]. 北京：北京师范大学出版社，2008.

[99] 王晓华. 断裂中的传统：人文视野下的大学理想[M]. 北京：首都师范大学出版社，2002.

[100] 德·朗特里. 西方教育词典[K]. 陈建平，等译. 上海：上海译文出版社，1988：170.

[101] 华东师大教育系，杭州大学教育系. 西方古代教育论著选[M]. 北京：人民教育出版社，1985.

[102] 瑟夫·皮珀. 闲暇：文化的基础[M]. 刘森尧，译. 北京：新星出版社，2005.

[103] J.曼蒂，L.奥杜姆. 闲暇教育理论与实践[M]. 叶京，等译. 北京：春秋出版社，1989.

[104] 任仲印. 世界教育名著通览[M]. 武汉：湖北教育出版社，1994.

三、学位论文

[105] 徐志强. 自由与使命——哈佛大学本科课程改革研究[D]. 保定：河北大学，2013.

[106] 沈文钦. 近代英国博雅教育及其古典渊源——概念史的视角[D]. 北京：北京大学，2008.

[107] 吴妍. 西方博雅教育的流变与分化——政治哲学视角下的博雅教育研究[D]. 重庆：西南大学，2009.

[108] 宋文红. 欧洲中世纪大学：历史描述与分析[D]. 武汉：华中科技大学，2005.

[109] 李长伟. 好人与好公民——古希腊公民教育思想史论[D]. 南京：南京师范大学，2005.

[110] 周力. 论弱者的尊严[D]. 重庆：西南政法大学，2014.

[111] 陈艳红. 思想政治教育与通识教育结合刍论[D]. 上海：复旦大学，2009.

[112] 杨颉. 大学通识教育课程研究[D]. 上海：华东师范大学，2003.

[113] 彭寿清. 大学通识教育课程设计研究[D]. 重庆：西南大学，2006.

[114] 周兴国. 教育自由及其限度[D]. 南京：南京师范大学，2007.

[115] 肖鹏. 技艺与世界[D]. 上海：同济大学，2009.

四、期刊论文

[116] 朱清华. 海德格尔对亚里士多德实践智慧（Phronesis）的存在论诠释[J]. 现代哲学，2009（6）：60-67.

[117] 张文涛. 古典教育与自由的三种概念[J]. 江汉论坛，2015（6）：80-84.

[118] 马凤岐. "博雅教育"涵义的演变[J]. 北京大学教育评论，2004，（2）：109-112.

[119] 涂艳国. 试论古典博雅教育的含义[J]. 清华大学教育研究，1999，（3）：15-18.

[120] 任剑涛. 古典教育与自由心灵——关于古典学习与研究宗旨的探问[J]. 学

术研究，2013（09）：9-16.

[121] 牛文明. 博雅教育与古典文本阅读——兼论一种新文本解释范式[J]. 社会
科学论坛，2010（8）：47-51.

[122] 陈界. 中世纪博雅教育初探[J]. 贵州社会科学，2012（10）：42-45.

[123] 董成武. 美国大学通识教育的内涵及其对中国的启示——基于本土化的视
角[J]. 复旦教育论坛，2014，12（1）：80-84.

[124] 高伟. 中国教育改革的文化逻辑[J]. 教育学报，2014，10（4）：3-11.

[125] 陈平原. 大学精神与大学的功用——答《人民日报》记者徐怀谦问[J]. 社
会科学论坛，2005（1）：101-110.

[126] 我们这个时代的"基础教育"[J]. 教师博览，2013（5）：9-10.

[127] Economist staff，侯俊霞. 美国高等教育成功的秘诀[J]. 新东方英语：大学
版，2005（12）：108-112.

[128] 王建华. 从复制到分享：高等教育质量管理的方向[J]. 复旦教育论坛，2010
（2）：67-72.

[129] 甘阳. 大学之道与文化自觉[J]. 教育，2008（5）：46-47.

[130] 李政涛. 没有灵魂的教育[J]. 新课程：综合版，2000（2）：1-1.

[131] 黄福涛. 从博雅教育到通识教育——历史与比较的视角[J]. 复旦教育论坛，
2006，4（4）：19-24.

[132]刘小枫. 当今教育状况的几点观察[J]. 中山大学学报（社会科学版），2006，
46（2）：1-3.

[133] 陈向明. 美国哈佛大学本科课程体系的四次改革浪潮[J]. 比较教育研究，
1997（3）：21-27.

[134] 杜志强，陈时见. 大学通识教育：回顾、反思与追求[J]. 教育科学，2009，
25（6）：51-54.

[135] 单中惠. 纽曼与《大学的理想》[J]. 教育史研究，2001（1）：53-58.

[136] 王岩．柏拉图、亚里士多德政治哲学比较研究[J]．政治学研究，2001（4）：32-45．

[137] 周雁翎，周志刚．隐匿的对话：通识教育与博雅教育的思想论争[J]．北京大学教育评论，2011，09（2）：80-93．

[138] 于建东．公与私的抵牾与和谐 一种中西比较的伦理视角[J]．伦理学研究，2013（2）：94-99．

[139] 江宜桦．从博雅到通识：大学教育理念的发展与现况团[J]．政治与社会哲学评论，2005（9）：54．

[140] 彭慧东．自然与约定之争——古希腊智者思想研究[J]．研究生法学，2012（2）：1-9．

[141] 白彤东．从美国通识教育反思中国大学教育改革[J]．高教探索，2010（6）：80-82．

[142] 李国庆．博雅教育思想影响下的英国教育实践及其启示[J]．陕西师范大学学报：哲学社会科学版，2005，34（3）：116-122．

[143] 夏剑．现代博雅教育的三种实践思路[J]．高等教育研究，2016（04）．

[144] 冯建军，万亚平．闲暇及闲暇教育[J]．教育研究，2000（9）：37-40．

[145] 贺国庆．中世纪大学和现代大学[J]．河北师范大学学报（教育科学版），2004（3）：22-28．

[146] 赵昌木．欧美国家大学教师身份及多元认同[J]．高等教育研究，2015（5）：63-69．

[147] 熊华军，李伟．美国大学的清教建制及其世俗消解[J]．高教发展与评估，2012，28（4）：58-63．

[148] 曹莉．西方课程溯源——"七艺"源流初探[J]．南京师大学报（社会科学版），1998（4）：71．

[149] 李德华，赵昌木．玛莎·努斯鲍姆博雅教育新意蕴辨析[J]．现代大学教育，

2016（6）：9-16.

[150] 姜元涛. 玛莎·纳斯鲍姆的"世界公民"教育思想探究[J]. 教育科学，2012，28（03）：93-96.

[151] 杨豹. 论努斯鲍姆思想中的世界主义[J]. 社会科学，2012（12）：128-134.

[152] 余创豪. 在全球化的脉络下探讨 Nussbaum 的世界主义和世界公民意识[J]. 开放时代，2006（03）：58-67.

五、外文文献

[153] Woody.T. Liberal Education for Free Men[M].Greenwood Press,1977.

[154] Hilde de Ridder-Symoens. A History of the university in Europe：v.I, Universities in the Middle Ages[M]. New York：Cambridge University Press，1992.

[155] Matheson M. The Tanner Lectures on Human Values[M]. Cambridge：Cambridge University Press，2011.

[156] Hunter J D. Culture Wars：The Struggle to Define America[M]. New York：BasicBooks，1991.

[157] Harvard Committee. General education in a free society：Report of the Harvard Committee[M]. Massachusetts：Harvard University Press，1946.

[158] Bloom A D. The closing of the American mind[M]. New York：Simon & Schuster，Inc，1987.

[159] Denicola D R. Learning to flourish：a philosophical exploration of liberal education[M]. New York：Continuum International Publishing Group，2012.

[160] Nussbaum M C. Cultivating Humanity：A Classical Defense of Reform in Liberal Education[M]. Massachusetts：Harvard University Press，2000.

[161] Nussbaum M C. Frontiers of Justice：Disability，Nationality，Species Membership[M]. Massachusetts：Harvard University Press，2000.

[162] Nussbaum M C. Political Emotions: Why Love Matters for Justice[M]. Massachusetts: Harvard University Press, 2013.

[163] Nussbaum M C. Poetic Justice: The Literary Imagination and Public Life[M]. Boston: Beacon Press, 1995.

[164] Nussbaum M C. Cultivating Humanity: A Classical Defense of Reform in Liberal Education[M]. Massachusetts: Harvard University Press, 1997.

[165] Robert M. Hutchins. The University of Utopia[M]. Chicago: The University of Chicago Press, 1964.

[166] Clarence J, Karier.Man. society and Education [M]. Illinois: Scott Foresman & CO, 1967.

[167] W.B.Carnochan. The Battleground of Curriculum-liberal Education and American Experience [M]. Stanford, Calif.: Stanford University Press, 1993: 5.

[168] Charles Bailey. Beyond the Present and the Particular: A Theory of Liberal Education [M]. London: Routledge, 1984.

[169] Woody T. Liberal education for free men[M]. Philadelphia: University of Pennsylvania Press, 1951.

[170] Kimball B A. Orators, Philosophers. A History of the Idea of Liberal Education[M]. New York: College Board Publications, 1994.

[171] Oakley, Francis. Community of Learning: The American College and the Liberal Arts Tradition[M]. New York: Oxford University Press, 1992.

[172] Ryan Topping. Happiness and Wisdom: Augustine's Early Theology of Education[M]. Washington D.C.: Catholic University of America Press, 2012.

[173] Jeffry C. Davis, Philip Graham Ryken, Leland Ryken, et al. Liberal Arts for the Christian Life. Crossway [M], 2012.

[174] Michael Davis. Wonderlust: Ruminations on Liberal Education [M]. St.

Augustine's Press，2006.

[175] Peter M. Smudde，et al. Humanistic Critique of Education：Teaching and Learning as Symbolic Action[M]. Parlor Press，2010.

[176] Christopher Roy Higgins. Practical Wisdom：Educational Philosophy as Liberal Teacher Education. Dissertation[M]. Columbia University，1998.

[177] Charlotte M. Mason. An Essay Towards a Philosophy of Education a Liberal Education for All [M]. Dent，1954.

[178] Bruce A. Kimball，Robert Orrill. The Condition of American Liberal Education Pragmatism and a Changing Tradition[M]. New York：College Board，1995.

[179] James V. Schall. A Student's Guide to Liberal Learning. Monograph Collection （Matt - Pseudo） [M]. 2000.

[180] STRAUSS L. What Is Liberal Education? [J]. Academic Questions，2003，17 （1）：31，32.

[181] Patrick J. Deneen，Science and the Decline of the Liberal Arts[J]. The New Atlantis，2009（11）60-68.

[182] Stuhr J J. Back to the Rough Ground：Phronesis and Techne in Modern Philosophy and in Aristotle（review）[J]. Philosophy & Literature，1994，18 （2）：360-361.

[183] Martha Nussbaum. UNDEMOCRATIC VISTAS[J]. Prometheus，1988，6（2）：382-400.

[184] Nussbaum M C. Education for Citizenship in an Era of Global Connection[J]. Studies in Philosophy & Education，2002，21（4）：289-303.

[185] Pak M S. The Yale Report of 1828：A new reading and new implications[J]. History of Education Quarterly，2008，48（1）：30-57.

后　记

　　研究是一项苦差事，你静下心来面对一个问题，有时感觉四处碰壁，不得要旨，四周处于黑暗之中，山穷水尽；有时你又会感到柳暗花明，豁然开朗，发现了世外桃源，后来你就又完全否定了自己当初颇为得意的灵感与想法，感觉自己抓到的稻草却不能承受其重。你心情跌入谷底，甚至恼恨悲伤、郁闷寡欢，但有良师益友在侧，你又感觉不是一个人在战斗，导师亦师亦友，同学亦友亦师。

　　本研究成果的顺利出版，与导师的谆谆教导分不开。特别感谢我的导师——山东师范大学博士生导师赵昌木教授。导师为人谦和，做事严谨，对学术一丝不苟；对我既严格又宽容；既恨铁不成钢，又时常鼓励加油。研究期间，我跟着导师读书、学习、讨论问题，有时会因导师的一句话而思考很久，有时又会因导师的一个想法而茅塞顿开，享受沉思带来的幸福。人说教育是灵魂的转向，师生相遇也许就是一次灵魂的交流。感谢导师对本专著的细心指导。

　　我还要感谢给予我很多帮助的老师：华东师范大学的唐汉卫教授、江苏师范大学的高伟教授、山东师范大学的于洪波教授、曾继耘教授和冯永刚教授，他们总会不吝赐教，传达深刻思想，使我深受启迪；他们热情饱满的讲演使我茅塞顿开；关于博雅教育，他们从各个角度对本研究提出的问题，让我的写作更加精进。感谢东北师范大学的柳海民教授、辽宁师范大学的傅维利教授、曲阜师范大学的唐爱民教授等对本专著提出的宝贵建议。感谢我的父母、妻子及儿女对我研究的无条件支持。

本书作为我科学研究的一个阶段性成果，它浸透着许多人的心血和付出。但是，由于资料和条件的限制，加之作者学识有限，书中难免会有遗漏、疏忽甚至错误等不当之处，真心希望读者批评指正。

济南·正心斋

2018 年 12 月